Disciplina Positiva
na sala de aula montessoriana

JANE NELSEN • CHIP DELORENZO

Disciplina Positiva
na sala de aula montessoriana

como promover respeito, gentileza e
responsabilidade em sala de aula

Tradução de Fernanda Lee

Título original em inglês: *Positive Discipline in the Montessori Classroom – Preparing an Environment that Fosters Respect, Kindness & Responsibility.*
Copyright © 2021 Jane Nelsen e Chip DeLorenzo. Todos os direitos reservados.
Publicado mediante acordo com Parent Child Press, uma divisão de Montessori Services.

Produção editorial: Retroflexo Serviços Editoriais

Tradução: Fernanda Lee
    Mestre em Educação, *master trainer* certificada em Disciplina Positiva para pais e professores, membro e conselheira internacional do corpo diretivo da Positive Discipline Association (PDA), membro-fundadora da PDA Brasil
    www.filosofiapositiva.com.br
Revisão de tradução e revisão de prova: Depto. editorial da Editora Manole
Diagramação: Elisabeth Miyuki Fucuda
Capa: Ricardo Yoshiaki Nitta Rodrigues
Imagem da capa: istockphoto

CIP-BRASIL. CATALOGAÇÃO NA PUBLICAÇÃO
SINDICATO NACIONAL DOS EDITORES DE LIVROS, RJ

N348d

    Nelsen, Jane
    Disciplina positiva na sala de aula montessoriana : como promover respeito, gentileza e responsabilidade em sala de aula / Jane Nelsen, Chip DeLorenzo ; tradução Fernanda Lee. - 1. ed. - Santana de Parnaíba [SP] : Manole, 2022.

    Tradução de: Positive discipline in the Montessori classroom : preparing an environment that fosters respect, kindness & responsibility
    ISBN 9786555766332

    1. Educação de crianças. 2. Disciplina escolar. 3. Responsabilidade em crianças. 4. Montessori, Método de educação. I. DeLorenzo, Chip. II. Lee, Fernanda. III. Título.

22-75633	CDD: 371.392
	CDU: 37.091.4*Montessori

Meri Gleice Rodrigues de Souza - Bibliotecária - CRB-7/6439

Todos os direitos reservados.
Nenhuma parte deste livro poderá ser reproduzida, por qualquer processo, sem a permissão expressa dos editores.
É proibida a reprodução por fotocópia.
A Editora Manole é filiada à ABDR – Associação Brasileira de Direitos Reprográficos.

Edição brasileira – 2022

Direitos em língua portuguesa adquiridos pela:
Editora Manole Ltda.
Alameda América, 876 – Tamboré
06543-315 – Santana de Parnaíba – SP – Brasil
Fone: (11) 4196-6000
www.manole.com.br | https://atendimento.manole.com.br

Impresso no Brasil | *Printed in Brazil*

O público montessoriano se tornou minha estrela-guia. É tão encorajador compartilhar a Disciplina Positiva com os montessorianos, que não precisam ser convencidos de que as crianças devem ser tratadas com dignidade e respeito.

Jane

Este livro é dedicado aos meus mentores, Margaret Ricks e Joe Keegan. Todos precisam de mentores e líderes, e eu tive os melhores.

Chip

Durante o processo de edição desta obra, foram tomados todos os cuidados para assegurar a publicação de informações técnicas, precisas e atualizadas conforme lei, normas e regras de órgãos de classe aplicáveis à matéria, incluindo códigos de ética, bem como sobre práticas geralmente aceitas pela comunidade acadêmica e/ou técnica, segundo a experiência do autor da obra, pesquisa científica e dados existentes até a data da publicação. As linhas de pesquisa ou de argumentação do autor, assim como suas opiniões, não são necessariamente as da Editora, de modo que esta não pode ser responsabilizada por quaisquer erros ou omissões desta obra que sirvam de apoio à prática profissional do leitor.

Do mesmo modo, foram empregados todos os esforços para garantir a proteção dos direitos de autor envolvidos na obra, inclusive quanto às obras de terceiros, imagens e ilustrações aqui reproduzidas. Caso algum autor se sinta prejudicado, favor entrar em contato com a Editora.

Finalmente, cabe orientar o leitor que a citação de passagens da obra com o objetivo de debate ou exemplificação ou ainda a reprodução de pequenos trechos da obra para uso privado, sem intuito comercial e desde que não prejudique a normal exploração da obra, são, por um lado, permitidas pela Lei de Direitos Autorais, art. 46, incisos II e III. Por outro, a mesma Lei de Direitos Autorais, no art. 29, incisos I, VI e VII, proíbe a reprodução parcial ou integral desta obra, sem prévia autorização, para uso coletivo, bem como o compartilhamento indiscriminado de cópias não autorizadas, inclusive em grupos de grande audiência em redes sociais e aplicativos de mensagens instantâneas. Essa prática prejudica a normal exploração da obra pelo seu autor, ameaçando a edição técnica e universitária de livros científicos e didáticos e a produção de novas obras de qualquer autor.

SUMÁRIO

Sobre os autores ix
Comentários sobre este livro xi
Prefácio xvii
Agradecimentos xxi
Introdução xxiii

Capítulo 1   Por que as crianças são tão diferentes hoje?. 1
Capítulo 2   A filosofia por trás da Disciplina Positiva. 8
Capítulo 3   As raízes do mau comportamento. 25
Capítulo 4   Conexão antes da correção 42
Capítulo 5   Preparar o ambiente para promover respeito mútuo,
cooperação e autorregulação 57
Capítulo 6   Encorajamento 77
Capítulo 7   Manter os limites 92
Capítulo 8   Passar de Consequências lógicas para soluções. 110
Capítulo 9   Mais ferramentas gentis e firmes que desenvolvem
respeito mútuo 126
Capítulo 10 A autorregulação e o cérebro. 137
Capítulo 11 Desenvolvimento de solucionadores de problemas
independentes. 150
Capítulo 12 O poder das perguntas... e da escuta. 158
Capítulo 13 Habilidades de comunicação. 171

Capítulo 14 Resolução de conflitos. 186

Capítulo 15 Visão geral da Reunião de classe. 199

Capítulo 16 Reunião de classe na educação infantil. 209

Capítulo 17 Reunião de classe nos ensinos fundamental e médio 229

Conclusão – Progresso, não perfeição. 258

Notas. 262

Índice remissivo 271

SOBRE OS AUTORES

Jane Nelsen, EdD, é uma terapeuta de família e de casais licenciada na Califórnia e autora ou coautora de quase vinte livros de Disciplina Positiva, incluindo *Positive Discipline Parenting Tools* [Disciplina Positiva para educar os filhos], com sua filha, Mary, e seu filho, Brad; e numerosos manuais de treinamentos experimentais para pais, professores, casais e empresas. Ela conquistou seu doutorado em educação na University of San Francisco, mas seu treinamento formal foi secundário ao seu treinamento prático como mãe de 7, avó de 22 e bisavó de 18. Ela agora compartilha essa riqueza de conhecimento e experiência como palestrante internacional e liderando cursos em todo o mundo. *positivediscipline.com*

Chip DeLorenzo, MEd, é consultor escolar e *trainer* de Disciplina Positiva. Ele é especialista em treinamento de equipes e gestores de escolas em práticas e metodologias da Disciplina Positiva em todo o mundo. Chip trabalhou como diretor de escola da Damariscotta Montessori, em Nobleboro, EUA, por vinte anos. Professor veterano e gestor escolar, iniciou sua carreira de docente em 1995, depois de servir na Força Aérea dos Estados Unidos e de trabalhar como consultor financeiro. Chip é pai de quatro incríveis crianças montessorianas. *chipdelorenzo.com*

COMENTÁRIOS SOBRE ESTE LIVRO

"A Disciplina Positiva é um método prático, holístico e não punitivo que complementa os princípios fundamentais da filosofia montessoriana da educação. Este livro é uma ferramenta essencial para os educadores montessorianos e as famílias, que oferece uma estrutura transformacional que respalda o ambiente preparado montessoriano e o ambiente em casa, criando expectativas fortes, positivas, saudáveis e respeitosas para as interações entre o adulto e a criança."
– Munir Shivji, diretor executivo, American Montessori Society

"*Disciplina Positiva na sala de aula montessoriana* está repleto de soluções práticas. É um recurso muito necessário que preenche uma lacuna significativa em muitos programas de treinamento montessorianos. Um guia abrangente com ferramentas práticas para a gestão da sala de aula, este livro ajudará os professores a preparar um ambiente que apoie o desenvolvimento socioemocional positivo para crianças do primeiro ao terceiro planos de desenvolvimento. Aqueles que seguem o método montessoriano vão ter o prazer de saber que todas as recomendações estão alinhadas com nosso treinamento. As estratégias claramente articuladas, ferramentas e exemplos, as citações de Montessori bem colocadas e os exemplos muito inspiradores de empatia tornam este livro um complemento necessário para cada *kit* de ferramentas do educador montessoriano. Embora seja voltado para professores montessorianos, acho que qualquer educador ou cuidador irá considerá-lo útil para apoiar sua compreensão e trabalho com as crianças que estão a seus cuidados. Recomendo fortemente este livro fantástico."

— Junnifa Uzodike, membro do Conselho Executivo, Association Montessori Internationale

"Chip e Jane capturaram a essência dos professores facilitando a capacidade de ação dos alunos. Seu livro emoldura a Disciplina Positiva pela perspectiva montessoriana e oferece exemplos de sala de aula reais e empáticas. Todas as escolas montessorianas e professores do programa de educação devem ter este livro como referência. Os capítulos são de fácil leitura, e cada um deles termina com ótimas perguntas para um diálogo contínuo."

— Betsy Coe, diretora, School of the Woods, Escola de ensinos fundamental II e médio

"Disciplina Positiva na sala de aula montessoriana é uma adaptação prática e completa da Disciplina Positiva, uma abordagem que está intimamente alinhada com os princípios e práticas montessorianos. O livro analisa a liderança positiva em sala de aula através da lente única do padrão multi-idade orientado pela parceria, encontrado em todas as verdadeiras escolas montessorianas. É uma expansão inestimável das habilidades apresentadas nos programas de formação de professores montessorianos e uma atualização perfeita para os guias experientes montessorianos que desejam melhorar a cultura da sala de aula, fortalecer seus relacionamentos com as crianças e famílias, bem como criar cada vez mais comunidades de aprendizagem pacíficas e harmoniosas."

— Tim Seldin, presidente, The Montessori Foundation

"Disciplina Positiva na sala de aula montessoriana está repleto de exemplos reais de poderosas histórias montessorianas que ilustram processos de resolução de problemas que funcionam. As ideias apresentadas não são simplesmente dicas e truques para gestão da sala de aula, mas estratégias baseadas no relacionamento, embasadas nas teorias montessoriana e adleriana, que foram desenvolvidas para promover o respeito e a cooperação. Os capítulos destacam citações da Dra. Montessori que ilustram a forte ligação entre a Disciplina Positiva na prática e a pedagogia montessoriana. O conteúdo oferece não apenas conselhos fundamentados e que elevam o entusiasmo pela vida sobre como orientar as crianças a se tornarem o que elas têm de melhor, mas também serve como um

Comentários sobre este livro

minicurso de atualização no método Montessori em suas conexões diretas entre as teorias de orientação e a aplicação prática."
– Teresa Ripple, professora assistente, St. Catherine's University

"Neste livro, Chip DeLorenzo compartilha suas experiências de vida real e os altos e baixos de sua própria jornada com a Disciplina Positiva ao longo de seus muitos anos de ensino em escolas montessorianas. Cheio de exemplos e dicas práticas para o professor em qualquer estágio de sua carreira, o livro *Disciplina Positiva na sala de aula montessoriana* examina como professores e pais podem aplicar as estratégias do trabalho de Jane Nelsen nas interações do dia a dia com as crianças de todas as idades."
– Mary Beth Ricks, diretora da escola, Bowman School

"Fiquei muito impressionada com a utilidade deste livro. Leitura obrigatória para os professores montessorianos novos e veteranos que desejam criar uma comunidade coesa onde todos saibam como tratar uns aos outros com dignidade e respeito. Os professores que lerem este livro e aplicarem os conceitos nele contidos verão resultados imediatos."
– Jody Malterre, professora formadora montessoriana, *trainer* certificada em Disciplina Positiva

"*Disciplina Positiva na sala de aula montessoriana* é uma leitura obrigatória para professores e líderes escolares montessorianos! Chip DeLorenzo compartilha histórias de sua própria jornada de ensino, fazendo este livro inspirar empatia. A Dra. Maria Montessori e o Dr. Alfred Adler não apenas eram contemporâneos como também compartilhavam a visão de um mundo mais pacífico. Nestas páginas, Chip e Jane Nelsen mostram claramente o alinhamento das filosofias desses dois grandes líderes e oferecem aos leitores os meios para ajudar as crianças a se tornarem solucionadoras de problemas mais capazes e compassivas."
– Vyju Kadambi, vice-diretora, Shining Stars Montessori Academy

"Este livro me mostrou o quanto um ser humano pode crescer nos aspectos cognitivo, emocional, espiritual, social e físico por meio da Disciplina Positiva. O método não é apenas para crianças, mas também para adultos, que podem adquirir a convicção interior a fim de desenvolver uma vida mais saudável."

— Maria Agudelo, professora auxiliar, Maria Montessori
Education Centre

"Disciplina Positiva na sala de aula montessoriana contém uma grande variedade de conselhos bem fundamentados em estudos, realistas e imensamente práticos para criar o microcosmo da comunidade que imaginamos para o futuro – um microcosmo harmonioso em que o respeito, a verdade e a compreensão sustentem tudo o que fazemos, pensamos e dizemos. Este livro é um verdadeiro tesouro!"

— Emma Wong Singh, palestrante da Família,
Maria Montessori Institute
Ex-diretora, Maria Montessori School Children's House
Ex-presidente, Association Montessori Internationale, Reino Unido

"Disciplina Positiva na Sala de Aula montessoriana é um guia completo com exemplos de desafios diários em sala de aula que os guias montessorianos vivenciam. Apresenta técnicas positivas, conscientes e reflexivas que os educadores montessorianos podem praticar para obter melhores resultados de comportamento do aluno. Este livro servirá como um guia prático de todas as escolas montessorianas para a Disciplina Positiva!"

— Athirai Baskaran, diretora da escola, Children's Garden
Montessori Academy
Diretora, Dallas Montessori Teacher Education Program

"Neste livro, Chip e Jane explicam de forma muito prática o 'como' complementar nosso 'o quê' e 'por quê' como montessorianos. *Disciplina Positiva na sala de aula montessoriana* é uma ferramenta essencial para aqueles que trabalham em escolas montessorianas e em creches, bem como babás, pais e educadores que trabalham em casa."

Gillian Corke, assistente montessoriana treinada pela
Association Montessori Internationale
Fundadora, Coach from the Heart

"Neste livro, Jane Nelsen e Chip DeLorenzo modernizam histórias, conceitos e linguagem enquanto permanecem fiéis aos estudos que tornaram a Disciplina Positiva mundialmente conhecida. Poderosamente eficaz, *Disciplina Positiva na sala de aula montessoriana* é um excelente recurso para professores empenhados em desenvolver o respeito mútuo nos relacionamentos em suas salas de aula."

– Tanya L. Ryskind, diretora da escola, NewGate School

"Conexão antes da correção é uma maneira útil de pensar sobre como os desafios comportamentais podem se tornar positivos tanto para o aluno como para o professor. Este livro está repleto de ferramentas que vêm de histórias de experiências em sala de aula que nós, professores, muitas vezes enfrentamos. É uma reformulação do nosso pensamento, e o resultado é uma vitória para a criança, o professor e a família!"

– Nancy St. John, professora principal da Children's House, Inly School

"As ferramentas compartilhadas em *Disciplina Positiva na sala de aula montessoriana* são simples de implementar em um ambiente montessoriano, ao mesmo tempo que preservam os princípios montessorianos, e podem ser facilmente discutidas nos eventos de educação parental. As informações que Jane e Chip apresentam podem nos ajudar a orientar as crianças para resolver conflitos, desenvolver a resolução de problemas independente e o pensamento crítico, além de estimular a curiosidade, o que leva à coesão, contribuição, cooperação e crescimento socioemocional dentro da sala de aula e da comunidade escolar. Ainda mais importante, a ferramenta da Disciplina Positiva de compreensão da crença ou da razão por trás do mau comportamento oferece uma maneira encorajadora para as crianças terem um senso de pertencimento. Como Jane Nelsen compartilha: "Quando as crianças se sentem melhores, elas agem melhor"."

– Yogi Patel, guia primário montessoriano, *trainer* em Disciplina
Positiva e consultora

"Leitura obrigatória para todos os professores, este livro oferece novas perspectivas para compreender o comportamento das crianças e agir com o maior respeito, fortalecendo, assim, a relação entre o professor e a criança."

– Divya Kurup, líder elementar superior, Malta Montessori

"O gerenciamento da sala de aula pode ser a coisa mais difícil para qualquer novo professor aprender. Essa é a peça que faltava em muitos programas de treinamento de professores. Jane Nelsen e Chip DeLorenzo escreveram o manual definitivo para lidar com situações que podem, realmente, surgir em todas as salas de aula montessorianas. Seus princípios (como a Conexão antes da correção), lembretes ('Os limites não são limites até que sejam testados' é o meu favorito!) e sugestões realistas (como permanecer 'Presente, amoroso e silencioso') são apoiados por cenários honestos que não idealizam o comportamento dos alunos montessorianos, e também abordam as mudanças sociais desde a época de Montessori. Cada capítulo é coroado com perguntas úteis de autorreflexão que levam o leitor a se aprofundar em busca de respostas para situações que, na maioria das vezes, começam com o adulto! Assim como Jane e Chip, a Disciplina Positiva e Montessori caminham juntas como goiabada e queijo, ou pão na chapa com manteiga!"

– Mark Powell, diretor de serviços educacionais, Montessori Austrália

"O curso de Disciplina Positiva com o Chip leva você por uma jornada que fortalece seus sentidos na cultura da sua sala de aula. Para mim, o aprendizado mais importante foi assumir a responsabilidade pessoal por tudo o que acontece na sala de aula e depois seguir em frente. Eu me ofereço para pagar por qualquer pessoa da minha escola que queira fazer o curso. É muito bom!"

– Katrina Woermann, diretora, Lakeshore Montessori School

PREFÁCIO

Sou montessoriana e educadora há mais de quarenta anos – como assistente, diretora dos ensinos fundamental e médio, fundadora de uma escola, diretora de escola e formadora de professores montessorianos. Ao ler *Disciplina Positiva na sala de aula montessoriana*, eu me vi revisitando todos esses papéis, sem mencionar meus papéis pessoais como mãe e avó. Em todas as páginas deste livro, experimentei estalos de novas ideias – bem como *flashbacks*. Eu me vi, bem como os professores, assistentes, pais da minha escola e estagiários que ensinei, em tantas das respostas equivocadas e confusas ao comportamento das crianças ao longo dos anos (e também em algumas das respostas de sucesso). Se todos nós tivéssemos este livro no início da nossa jornada montessoriana! Não tenho dúvida de que muitos desses erros ainda teriam ocorrido, mas a sabedoria neste livro teria ajudado a mim e aos outros a nos reconhecer e nos redirecionar e, ainda mais importante, teria nos ajudado a sair das sombras de dúvida e incerteza com muito mais rapidez.

Usei os livros de *Disciplina Positiva* de Jane Nelsen por anos, tanto na minha escola como em minhas aulas de formação de professores, mas o que Jane e Chip DeLorenzo fizeram com este livro – trazendo Disciplina Positiva e Montessori juntos – é inovador. Os autores ilustram fascinantes conexões históricas entre a obra e a filosofia de Alfred Adler e Rudolf Dreikurs (os pilares da Disciplina Positiva) e Maria Montessori. Agora que a Disciplina Positiva foi interpretada e integrada a um contexto montessoriano, será muito mais fácil para os educadores aplicá-la.

Ao longo dos anos, nossos manuais de liderança em sala de aula e treinamento escolar cresceram cada vez mais à medida que coletamos pesquisa e recursos sobre as necessidades socioemocionais das crianças. Este livro substitui facilmente todos esses recursos quando se trata de aspectos psicológicos, sociais, emocionais e espirituais da preparação do ambiente. Os autores teceram tudo isso de uma forma que exemplifica – e amplia – o pensamento montessoriano. Este livro se tornará um elemento básico na educação do professor, e irá complementar, ou mesmo substituir, uma parte importante dos manuais de treinamento nas escolas.

Disciplina Positiva na sala de aula montessoriana valida a complexidade verdadeira do trabalho interno de transformação do professor. Mover-se de uma posição de controle para uma posição de observação, orientação e apoio das crianças é um desafio, mesmo quando sabemos e acreditamos que é a coisa certa a fazer. O livro faz as perguntas e oferece evidências que nos ajudarão a reconhecer nossas próprias barreiras à mudança. Ainda mais criticamente, ele disponibiliza ferramentas e conselhos práticos para se mover em uma nova direção. Cada professor enfrenta momentos em que reage mal ou simplesmente não tem ideia de como proceder de forma eficaz e respeitosa. Neste livro, ele encontrará suporte, respostas e orientações claras. Se eu ainda estivesse na sala de aula, este livro provavelmente estaria ao lado da cama para aquelas noites sem dormir, quando eu estava tentando descobrir o que fazer com uma criança ou uma situação.

Há anos venho defendendo que a educação para a paz é mais do que a resolução de conflitos com a Mesa da paz e a Rosa da paz. Começa com o desenvolvimento das habilidades de autoconsciência, consciência social e consciência cultural que permitem resolver o conflito com os outros. *Disciplina Positiva na sala de aula montessoriana* aborda lindamente essas habilidades e, como resultado, torna-se a base para os segmentos de educação para a paz em nosso treinamento de professores, complementado pelos elementos antipreconceituosos e de consciência cultural que estamos enfrentando com novos olhos neste momento.

Sou grata a Jane e Chip por escreverem este livro e por compartilharem suas próprias histórias pessoais. Eles também compartilham muitas experiências da vida real com os filhos, com as quais acho que todos podemos nos relacionar. Os autores detalham respostas apropriadas e eficazes às situações por faixa etária, para que os leitores trabalhem com crianças pequenas ou adolescentes (ou qualquer idade entre eles), e apresentam aqui um material rico e relevante. As perguntas para discussão no final de cada capítulo aguçam o pensamento e podem ser facilmente convertidas em cenários e reflexões para tornar o uso instrucional mais ativo e envolvente.

Ler *Disciplina Positiva na sala de aula montessoriana* foi um verdadeiro prazer. Embora eu acredite que seja essencial ler o livro do começo ao fim para integrar os conceitos a sua prática, imagino que os leitores vão dobrar a pontinha das páginas de muitas seções e retornar a elas quando situações novas e desafiadoras surgirem. Jane e Chip nos deram um roteiro claro, contemporâneo e prático para todos os montessorianos seguirem, com dignidade e respeito por todas as crianças.

Mary Schneider
Diretora-executiva
Montessori Education Institute of the Pacific Northwest
Bothell, WA

AGRADECIMENTOS

Muitos anos atrás, Chip começou um *blog* onde compartilhou alguns exemplos de sua "vida real" do uso de estratégias da Disciplina Positiva em sua escola montessoriana. Amei tanto essas histórias que entrei em contato com ele com a ideia de escrever um livro para professores montessorianos. Tem sido uma jornada e tanto – mais de cinco anos de aventuras de vida, e aqui estamos na linha de chegada. Durante esse processo, aprendi muito com Chip, com a elegância que ele mostra quando confrontado com desafios e seu foco contínuo em soluções.

Ficamos entusiasmados em saber que Jane Campbell e Joe Campbell da Parent Child Press estavam interessados em publicar este livro. Eles têm sido os "editores dos sonhos". Carey Jones tem sido uma editora gentil e encorajadora – alegremente disposta a fazer nossa escrita parecer muito melhor. Mais do que nunca, meu marido Barry tem sido um apoiador incondicional. Ele gosta de brincar: "Você trabalha e eu vou jogar, e isso cria nosso equilíbrio". Felizmente ele está disposto a cuidar de todos os detalhes da vida que geram trabalho extra para mim.

Jane Nelsen

Em primeiro lugar, gostaria de agradecer à equipe da Escola Damariscotta Montessori por toda a dedicação às nossas crianças e por realizar o que prometem ao criar um ambiente onde as crianças desenvolvem respeito mútuo e cooperação e descobrem quão capazes elas são. Especificamente, eu gostaria de agradecer a Casey Beaudoin, Shawnaly Tabor, Karen Gardiner, Kathleen Rock, Samantha Mehlhorn, Kristen Robinson, Alison Roberts, Jill Baum, Kim Tolley e Michelle Wetlaufer. Obrigado por compartilharem suas histórias, por serem modelos para os adultos e crianças e pela sua inspiração! Uma segunda rodada de agradecimentos a Shawnaly Tabor, pela ajuda na identificação de pesquisas para este livro e pela assistência na edição.

Gostaria de agradecer especialmente aos meus filhos: Quinn, Nicholas, Peter e Teresa. Vocês são realmente os maiores presentes e me ensinaram mais do que eu jamais poderia ter imaginado (Salmos 127:3).

Obrigado, Kathy. Sou grato por ter uma companheira com quem posso conversar incansavelmente na linguagem montessoriana enquanto tomamos um café. Obrigado por seu amor, apoio e encorajamento.

Gostaria de expressar minha mais profunda gratidão a todos os educadores montessorianos e treinadores (*trainers*) em Disciplina Positiva que dedicam suas vidas para tornar o mundo um lugar melhor para as crianças.

Jane, foi um verdadeiro privilégio escrever este livro com você. Obrigado por todo o trabalho que você tem feito ao longo dos anos, ajudando adultos a se tornarem melhores pais e professores e a fazerem do mundo um lugar melhor. Enquanto escrevo este agradecimento, você está fazendo um curso no Zoom de três semanas para aprender mais sobre si mesma e os outros... aos 84 anos. Seu entusiasmo pela vida e pelo seu trabalho são inspiradores. Obrigado por me dar a oportunidade de trabalhar com você e de tornar esse trabalho mais acessível para a comunidade montessoriana. Sou eternamente grato.

Chip DeLorenzo

INTRODUÇÃO

A história de Jane

A Disciplina Positiva é baseada na filosofia e psicologia do psiquiatra austríaco Alfred Adler (1870-1937) e seu princípio mais básico de tratar a todos com dignidade e respeito – incluindo as crianças. Depois da morte de Adler, seu colega austríaco Rudolf Dreikurs (1897-1972) carregou a tocha e se concentrou em compartilhar essa filosofia com mães, pais e professores.

Felizmente eu era uma dessas mães. Eu não gostava de ser mãe quando as únicas estratégias que conhecia eram autoritarismo (usando punições e recompensas) ou permissividade. Eu oscilava entre essas duas estratégias, sendo muito "firme" até que não aguentava meu nível de "maldade"; e então sendo muito gentil até não aguentar meus filhos "mimados". Procurei ajuda me inscrevendo em um curso universitário sobre desenvolvimento infantil. Meu professor disse: "Eu não vou ensinar um monte de teorias, mas apenas uma teoria que inclui métodos para ajudar as crianças a desenvolver autodisciplina, responsabilidade, cooperação e habilidades para resolver problemas". Isso me pareceu muito promissor. No entanto, tenho que admitir que fui o que agora chamo de aluna "desagradável". Eu interrompia meu professor com comentários e objeções: "Fui punida e cresci bem". "Se eu não punir meus filhos, isso não significa deixá-los escapar com seu mau comportamento?"

Desistir de velhas crenças e comportamentos não é fácil. Mesmo assim, tentei muitas das "ferramentas parentais" que estavam sendo ensinadas, como fazer reuniões de família para compartilhar reconhecimentos e focar soluções para os problemas; lidar com a crença por trás do comportamento; ajudar meus filhos a experimentarem o pertencimento e a importância; e abraçar a ideia de que os erros são oportunidades para aprender em vez de ser muito dura comigo (ou com meus filhos). Comecei a gostar muito de ser mãe – e eu queria compartilhar o que estava aprendendo com outras pessoas.

Continuei indo à faculdade. Onze anos e cinco filhos depois, recebi meu bacharelado em Desenvolvimento Infantil e Relações Familiares. Meu sexto filho nasceu no meio do mestrado em Aconselhamento e Orientação. Escrevi minha tese sobre o uso dos métodos adlerianos/dreikursianos em crianças com diferenças emocionais e físicas. Muitos dos pais dessas crianças estavam sendo permissivos demais porque sentiam pena delas. Eles se mostraram agradavelmente surpresos com a melhora no comportamento de seus filhos quando os trataram com gentileza e firmeza.

Então, consegui um emprego como orientadora educacional do ensino fundamental I e tive a oportunidade de dirigir um projeto patrocinado pelo governo federal para desenvolver um programa para pais e professores chamado PROJETO ACEITAR ("ACEITAR" significa Aconselhamento Adleriano para Encorajar Pais e Professores, sendo a forma traduzida do acrônimo ACCEPT, em inglês, *Adlerian Counseling Concepts for Encouraging Parents and Teachers*). Esse projeto incluía o financiamento para um avaliador profissional desenvolver um sistema a fim de descobrir os resultados estatísticos de duas escolas experimentais (usando as ferramentas adlerianas) e um grupo de controle (uma escola que não utilizou as ferramentas adlerianas). Nossos resultados foram significativos, no nível 0,001. Ainda não entendo de estatísticas, mas me disseram que isso é muito bom. Como essa oportunidade parecia perfeita para uma tese, eu me inscrevi em um programa de doutorado na University of San Francisco quando meu sétimo filho tinha dez meses. Já mencionei que tenho um marido que me dá muito apoio?

Durante todo o tempo, pratiquei os métodos que aprendi e compartilhei os ensinamentos. Comecei a divulgar esses métodos em pequenos grupos de pais e, a seguir, em palestras para pré-escolas com a participação dos pais (também chamadas de cooperativas de educação infantil) e escolas montessorianas. Os pais e professores montessorianos tornaram-se meu grupo favorito para trabalhar porque não tive que convencê-los a aceitar os métodos que estava ensinando. Mais tarde, percebi o motivo conforme aprendia mais sobre a educação montessoriana, e descobri como os princípios montessorianos e adlerianos estavam profundamente conectados. A única diferença era que Montessori enfatizava um modelo educacional que "acompanhava a criança" com dignidade e respeito, enquanto Adler e Dreikurs se concentravam no comportamento e usavam métodos de "disciplina" baseados na dignidade e no respeito.

Em 1981, escrevi meu primeiro livro, *Disciplina Positiva,* para capturar muitas ferramentas específicas sobre "como fazer" baseadas nos ensinamentos de Adler e Dreikurs. O livro inclui exemplos reais de pais e professores que usaram essas ferramentas. Quarenta anos depois, a série *Disciplina Positiva* já vendeu mais de três milhões de cópias, e os livros são impressos em dezesseis idiomas. É uma surpresa e uma grande alegria que a Disciplina Positiva tenha se tornado relativamente popular em muitos países e em muitos idiomas. Acho que existem cinco razões para isso:

1. Os princípios básicos são universais. Todos querem ser tratados com dignidade e respeito.
2. Mesmo que as pessoas em todo o mundo tenham muitas diferenças culturais, também existem muitas semelhanças – especialmente quando se trata de crianças. Trabalho com pais e professores em todo o mundo. Quando pergunto a eles quais desafios enfrentam e que expectativas têm para suas crianças, as respostas são sempre quase idênticas.
3. Oferecemos "ferramentas" práticas. Em vez de nos concentrarmos muito no que os adultos não deveriam fazer (embora compartilhemos isso), compartilhamos muitos "o quê" e "como fazer".
4. Ensinamos com dinâmicas de grupo. (Isso pode ser o mais importante.) Quando pais e professores participam de atividades experimentais ao encenar o papel das crianças, eles vivenciam o que uma criança pode estar pensando, sentindo e decidindo com base na disciplina que eles receberam – e são capazes de aprender com sua própria experiência e em sua própria linguagem.
5. Bem, talvez este seja o mais importante. Centenas de pais e professores compartilharam comigo o quanto as ferramentas da Disciplina Positiva e os seus princípios mudaram suas vidas.

Tem sido um grande privilégio viajar para tantos países a fim de compartilhar a Disciplina Positiva, e uma honra peculiar ver esse trabalho sendo implementado em escolas montessorianas em todo o mundo. Muitos professores montessorianos que usaram a Disciplina Positiva em suas salas de aula agora estão ensinando esses princípios para outros professores e pais montessorianos. Tenho um grande respeito pelos educadores montessorianos.

Conheci um desses educadores montessorianos, Chip DeLorenzo, em 1997, quando ele fez um *workshop* em meu consultório em Sacramento, na Califórnia. Mantivemos contato e, finalmente, comecei a coescrever artigos sobre a Disciplina Positiva para várias publicações montessorianas. Em 2015, em uma Conferência da Disciplina Positiva, tivemos a ideia de escrever este livro. Nosso objetivo era (e ainda é) iluminar a profunda conexão que existe entre a Disciplina Positiva e Montessori, assim como ajudar os professores a criar comunidades de sala de aula onde crianças e adultos possam prosperar em uma atmosfera de dignidade e respeito.

A história de Chip

No outono de 1996, comecei minha jornada como um professor montessoriano em uma sala de ensino fundamental I em Palo Alto, na Califórnia, na Children's International School (agora chamada Bowman School). Eu tinha acabado de terminar a primeira temporada do meu treinamento de ensino fundamental e estaria servindo como estagiário com a diretora da escola, Margaret Ricks, que também era uma professora líder do ensino fundamental II. O plano era assumir gradualmente a sala de aula à medida que eu me tornasse mais competente, para que Margaret pudesse atender às obrigações administrativas da escola.

Como a maioria dos novos professores montessorianos, entrei em minha primeira sala de aula com muito entusiasmo, esperança no futuro, uma crença de que eu avançaria na causa da paz mundial, uma criança de cada vez, e, claro, um monte de pastas contendo uma infinidade de lições do currículo montessoriano de ensino fundamental. No entanto, como muitos de nós, minha esperança e entusiasmo seriam logo frustrados por minha aparente incapacidade de gerenciar problemas comuns de comportamento na sala de aula.

Seu nome era Max. Ele tinha cerca de um metro e vinte de altura, e, na metade do meu primeiro ano, eu tinha certeza de que ele havia sido enviado para me punir pelas transgressões na infância contra meus próprios professores.

Ele era desrespeitoso, arrogante, distraído, desorganizado e perturbador. Também tinha um senso de se achar no direito das coisas que passou a ser mais a regra do que a exceção nos últimos vinte anos. Eu deveria mencionar também que Max tinha o restante da minha pequena classe como plateia.

Eu estava perdendo a cabeça. Sempre que Margaret estava na sala trabalhando com as crianças, ela parecia possuir um "pó mágico" que fazia com que as crianças a escutassem, respeitassem e fizessem seu trabalho com entusiasmo. Eu não tinha certeza de onde ela conseguia esse "pó mágico", mas sabia que ele não ficava na sala quando ela saía. Sempre que ela se ausentava, Max e as outras crianças começavam a perder o foco, atrapalhar as aulas e circular, quebrando as regras básicas e tratando uns aos outros e a mim com desrespeito.

Depois de alguns meses, Max atingiu o meu limite! As crianças na classe estavam tendo dificuldade com o espírito esportivo quando jogávamos durante o tempo passado ao ar livre a cada dia. Um dia, Max ficou com raiva de mim porque discordou da decisão que tomei como árbitro. Pedi que ele ficasse sentado naquela rodada, o que era a minha regra. Max não se sentou. Ele começou a disparar uma lista de palavrões contra mim.

Não pude acreditar. Fiquei chocado e furioso. Ele tinha acabado de me insultar?! Não se fala com um professor dessa maneira! Pedi a outro professor que cuidasse das crianças enquanto eu seguia com Max até a diretoria para me encontrar com Margaret. Eu não tinha certeza do que iria acontecer com Max, mas sabia que não iria ser bom. Talvez uma suspensão ou expulsão?

Bem, nenhuma dessas coisas aconteceu. Felizmente para mim, eu tinha uma diretora gentil e firme, que se interessou pelo meu desenvolvimento como professor e era uma ouvinte maravilhosa. Margaret trabalhou comigo e com Max de modo a encontrar soluções para o problema ocorrido no parque. Então, Margaret e eu conversarmos em particular. Nossa conversa acabou sendo muito terapêutica e construtiva. Eu me abri com Margaret enquanto ela ouvia cuidadosamente. Expressei minha frustração por ser incapaz de manter a paz e a ordem em minha sala de aula. Eu sabia que era parte do problema. Percebia como as crianças se comportavam quando Margaret estava na sala. Estava desanimado porque não sabia o que fazer ou como mudar.

Quando terminei de falar, Margaret me deu um pouco de encorajamento. Ela mostrou confiança em minhas habilidades e recomendou que eu lesse um dos livros de Jane Nelsen sobre Disciplina Positiva. Por estar no meu "pior" com esses desafios de comportamento, aceitei rapidamente a sugestão de Margaret. Naquela noite eu parei na livraria e comprei *Positive Discipline: A Teacher's A–Z Guide*. Devorei o livro, e não muito tempo depois me inscrevi em um *workshop* de Disciplina Positiva na sala de aula.

Para meu alívio, descobri que muito do que Margaret fazia naturalmente depois de anos de ensino não era inédito ou místico. Os princípios de Adler defendidos no trabalho da Disciplina Positiva foram usados por escolas montessorianas (Association Montessori Internationale e American Montessori Society) por décadas. Eu tinha descoberto o "pó magico" de Margaret.

Ao iniciar minha jornada na Disciplina Positiva, conheci uma colega *trainer* que me inspirou. Como professora de sala de aula, ela teve grande sucesso em trabalhar com os problemas de comportamento mais difíceis na escola. Por causa de seu sucesso, a direção da escola muitas vezes designava os alunos mais desafiadores para sua sala de aula. Anualmente, no meio do ano, essa professora tinha uma das salas de aula mais pacíficas de sua escola, apesar de ter alguns dos alunos mais desafiadores. Essa professora reconheceu que os créditos do sucesso de seus alunos estavam em envolver toda a sala nas reuniões diárias de classe, em que os alunos ajudavam uns aos outros compartilhando reconhecimentos e resolução de problemas, identificando desafios e focando soluções. Ela alegou que sozinha não poderia ter realizado os aparentes milagres que aconteceram em sua sala. Eu queria ser como essa professora!

Treze anos depois, chegando ao meu último ano como professor líder em tempo integral, comecei o planejamento para o ano letivo que estava por vir. Os alunos do primeiro ano foram identificados como um "grupo difícil" por seus professores, com muitos desafios comportamentais e acadêmicos. Em vez de ficar preocupado, eu me vi ansioso para receber esses alunos em nossa classe. Eu sabia que a comunidade da nossa sala poderia ajudar esses alunos a obter sucesso social e acadêmico. Então me ocorreu que eu havia me tornado semelhante à professora que me inspirou quando fui apresentado à Disciplina Positiva. Ao praticar os princípios sobre os quais você lerá neste livro, aprendi a ser gentil e firme em minhas interações, a usar as Reuniões de classe* para resolver problemas reais, a identificar e resolver a raiz do mau comportamento e a criar um ambiente de respeito mútuo e cooperação com meus alunos.

---

* Ao longo deste livro, as ferramentas e princípios da Disciplina Positiva estarão com letra inicial maiúscula.

Sou apaixonado por este trabalho por dois motivos. O primeiro é o fato de que não desenvolvi naturalmente as habilidades descritas neste livro. Mesmo assim fui capaz de adquiri-las e de ajudar os alunos que realmente estavam passando por dificuldades. O segundo é que, quando criança, eu mesmo era um desafio comportamental. Eu era como Max. Entendo o que é vir para a escola todos os dias e voltar para casa sentindo como se você tivesse falhado e acreditando que os professores não gostam de você. Eu sei o que é desistir na escola e parar de tentar. Eu sei o que é ter um professor que se conecta com você e quer fazer a diferença, mudar sua perspectiva sobre a escola e sobre si mesmo. Agora eu sei o que é ser aquele professor que faz a diferença.

Em 2001, tornei-me diretor da Damariscotta Montessori School, em Maine, nos EUA, e também comecei minha jornada como pai montessoriano (agora eu tenho quatro filhos montessorianos). Foi na Damariscotta Montessori School que comecei a ensinar os princípios e práticas da Disciplina Positiva para pais e professores. Tudo começou em nossa comunidade escolar, mas em pouco tempo fui convidado a fazer *workshops* com professores e pais de outras escolas montessorianas em Maine e, mais tarde, em toda a Nova Inglaterra. Depois de alguns anos eu estava trabalhando com escolas em todos os Estados Unidos em meu "tempo livre". Mais recentemente, esses esforços se espalharam em nível internacional. Tem sido uma experiência incrivelmente gratificante ver professores montessorianos, pais e escolas de muitas culturas diferentes aprenderem a criar um ambiente onde a cooperação e o respeito mútuo reinam supremos, e as crianças encontram um profundo senso de pertencimento e importância, além de descobrir quão capazes elas são.

O desafio

Fomos apresentados a um presente incrível como educadores montessorianos. Não só temos um método e uma filosofia que se comprovaram ser incrivelmente eficazes, e que agora estão sendo validados a cada passo pelos atuais estudos sobre o cérebro, mas também recebemos ferramentas muito específicas para implementar esse método e essa filosofia. Comparados com os métodos tradicionais de educação para professores, os montessorianos têm um inventário de materiais educacionais e um currículo bem desenvolvidos, testados pelo tempo, com base científica e que foram trabalhados com sucesso em crianças por mais de cem anos.

No entanto, quando os professores concluem seu treinamento, a curva de aprendizado é íngreme. Eles ficam com muitas perguntas, por exemplo: como, quando e em que ordem apresentar as aulas (e, em seguida, como encontrar tempo para aplicá-las); como manter registros e se preparar para conferências; o que fazer com as crianças que não estão trabalhando e como lidar com pais preocupados. Acima de tudo isso, claro, estão os problemas comportamentais estressantes que surgem na sala de aula.

Os novos professores montessorianos podem aprender logística, escopo e sequência, a preparação da sala de aula com professores veteranos e obter respostas concretas para estratégias de manutenção de registros e relatórios de conferências. No entanto, ensinar habilidades socioemocionais essenciais e respostas aos desafios comportamentais de uma maneira que as crianças possam aprender com seus erros e desenvolver características e habilidades para a vida é muito mais abstrato, e nosso treinamento de professores pode apenas introduzir estratégias e métodos que se alinham com a filosofia montessoriana. Gerenciar o comportamento e criar um ambiente que suscite o comportamento positivo e respeitoso é uma tarefa monumental. Ao contrário de praticar com materiais, preparar o ambiente socioemocional e responder eficazmente aos desafios comportamentais só podem ser praticados "no trabalho" com crianças reais.

O objetivo

O foco deste livro é ajudar professores e gestores a desenvolver uma metodologia mais sistemática e consistente para abordar o comportamento na sala de aula montessoriana, além de fazê-lo de um modo que seja consistente com nossas crenças centrais em relação ao respeito pela criança. Nada do que você ler neste livro pretende ser o "pó mágico", embora você, sem dúvida, perceba que algumas ferramentas começarão a funcionar imediatamente.

Como uma declaração, gostaríamos de reconhecer que este livro pressupõe que o método montessoriano para normalização da criança no ambiente da sala de aula se baseia em conectá-la a um trabalho significativo na classe; que o papel do professor é preparar o ambiente no qual a criança se normaliza por meio do trabalho de escolha própria; e que o professor serve como um guia e um canal entre a criança e os materiais no ambiente preparado.

O ambiente socioemocional é parte do ambiente da sala de aula. Estamos seguros a ponto de dizer que, sem a preparação bem-sucedida de uma atmosfera socioemocional segura e de apoio, a habilidade da criança de normalizar por meio do trabalho é muito reduzida, senão impossível. Nós, que lecionamos há alguns anos, sabemos como os problemas comportamentais perturbadores crônicos afetam nossa capacidade de dar aulas e afetam a capacidade de outras crianças de aumentar a concentração e, assim, melhorar.

Em seu livro *Montessori: The Science Behind the Genius* (Montessori: a ciência por trás do gênio, em tradução livre), a Dra. Angeline Stoll Lillard identifica estudos que validam elementos fundamentais da educação montessoriana. O que temos conhecido e praticado há mais de cem anos está – e isso não surpreende – sendo agora validado por estudos neurocientíficos atuais. É um momento emocionante para ser um educador montessoriano.

Os "Oito Princípios da Educação Montessoriana" que a Dra. Lillard identificou como validados pelos estudos atuais são:[1]

- Movimento e cognição: "movimento e cognição estão intimamente entrelaçados, e o movimento pode melhorar o pensamento e a aprendizagem".
- Escolha e controle percebido: "aprendizagem e bem-estar são melhorados quando as pessoas têm um senso de controle sobre suas vidas".
- Interesse na aprendizagem humana: "as pessoas aprendem melhor quando estão interessadas no que estão aprendendo".
- Motivação intrínseca: "vincular recompensas extrínsecas a uma atividade, como dinheiro para leitura ou notas altas para testes, impacta negativamente a motivação para se envolver nessa atividade quando a recompensa for removida".
- Aprender com os colegas: "arranjos colaborativos podem ser muito propícios à aprendizagem".
- Contexto para a aprendizagem: "a aprendizagem situada em contextos significativos é muitas vezes mais profunda e rica do que a aprendizagem em contextos abstratos".
- Estilos de interação dos adultos: "formas particulares de interação dos adultos são associadas a resultados ideais nas crianças".

- Ordem no ambiente e na mente: "a ordem no ambiente é benéfica para as crianças".

O sétimo princípio, "estilos de interação dos adultos", refere-se à maneira como vemos e nos relacionamos com as crianças. Conforme discutiremos mais adiante no Capítulo 2, nossa relação com as crianças constitui a base do ambiente socioemocional. Preparar-se para essas relações é o trabalho do professor, e o foco do nosso livro. Em sua discussão sobre os estilos de interação dos adultos, Lillard nos lembra que Montessori era muito específica sobre a maneira como os professores devem interagir com as crianças, e demonstra que as "recomendações montessorianas alinham-se intimamente com os comportamentos que os estudos recentes apontam como associados a melhores resultados para a criança".[2]

Quando uma professora prepara a área de vida prática em uma sala de educação infantil, ela se concentra no objetivo direto dos materiais de vida prática, que é o desenvolvimento da concentração, coordenação, independência e ordem (CCIO). Essas características são essenciais para acessar o restante dos materiais na sala com sucesso e, em última análise, essencial para a normalização. O objetivo direto da preparação bem-sucedida de um ambiente socioemocional é desenvolver habilidades sociais e emocionais que levam à cooperação, contribuição e respeito mútuo entre os membros da comunidade. Um ambiente onde as crianças não são capazes de trabalhar harmoniosamente é um ambiente onde a normalização não ocorrerá. Preparar o ambiente socioemocional é tão importante quanto preparar o ambiente físico, e tão essencial quanto a normalização.

Neste livro, você descobrirá como criar um ambiente socioemocional que promove a cooperação, a contribuição e o respeito mútuo. E, como um professor montessoriano que muitas vezes tem que lidar com o "mau comportamento", receberá ferramentas concretas para ajudá-lo a cumprir esses objetivos, incluindo como estabelecer e manter limites com crianças de forma eficaz, como promover a autorregulação e a responsabilidade, como encorajar a comunicação aberta e como realizar Reuniões de classe, em que as crianças aprendem habilidades essenciais para a vida, tais como empatia, liderança e resolução cooperativa de problemas.

1

POR QUE AS CRIANÇAS SÃO TÃO DIFERENTES HOJE?

Ao trabalhar com professores montessorianos, sempre começamos pedindo que eles listem seus estressores atuais. Inevitavelmente, eles compartilham que as crianças exibem um alto grau de desrespeito, se acham no direito de tudo e falta de autorregulação. As crianças não escutam os adultos. Os professores concordam massivamente que esses comportamentos são mais frequentes e evidentes agora do que quando cresceram ou quando começaram a trabalhar com crianças.

Professores que já exercem o ofício há algum tempo observam que o mau comportamento em toda escola parece mais intenso do que nas gerações anteriores. Eles costumam perguntar: "O que aconteceu com os bons tempos, quando as crianças respeitavam os adultos?" "De onde vêm todos esses problemas comportamentais?" "É o ambiente?" "É a maneira de criar os filhos?" "Muito tempo de tela?".

A mudança de cultura

Será que realmente existe algo como os "bons e velhos tempos"? Sabemos que, desde que existem crianças, existe mau comportamento. No entanto, tem havido algumas mudanças significativas na sociedade nos últimos cinquenta anos que impactaram as crianças. Essas mudanças oferecem uma explicação para algumas das diferenças que estamos vendo no seu comportamento hoje, e podem nos ajudar a preparar o ambiente socioemocional em nossas salas para ajudar a compensar fatores externos que estão além do nosso controle (*videogames*, dieta, materialismo, atitudes egocêntricas e lares centrados nas crianças, onde elas decidem o que e onde comer, o que assistir na TV etc.).

Cinquenta anos atrás, o mundo estava repleto de modelos de líderes autoritários e submissão. Você pode encontrar exemplos em casa, onde a palavra final era do pai. Nos locais de trabalho, onde quem mandava era o patrão; e nas escolas, onde o professor era considerado uma figura de autoridade altamente respeitada. Naqueles "bons e velhos tempos" havia apoio cultural para a liderança de cima para baixo (ou vertical). Os pais não "advogavam" em favor dos filhos. Se uma criança fosse repreendida na escola ou na vizinhança, seus pais provavelmente ouviriam o que aconteceu de um adulto, sem muito interesse pelo que o filho tinha a dizer. Os vizinhos podiam disciplinar os filhos uns dos outros com a bênção completa dos pais.

Através dos óculos cor-de-rosa de educadores que cresceram em uma cultura autoritária, pode parecer que os métodos autoritários "funcionavam" porque as crianças são lembradas como mais submissas e obedientes. Em um dia difícil, crianças submissas e obedientes podem parecer água no deserto para um professor desencorajado. Mas quais são os resultados de longo prazo quando exigimos que as crianças sejam submissas e obedientes? Muitas vezes elas se tornam "viciadas em aprovação" ou "rebeldes sem causa" – exceto quando precisam provar: "Você não pode me obrigar".

Montessori escreveu: "Nenhum problema social é tão universal quanto a opressão da criança".[3] Embora possa parecer que foi mais fácil exigir que as crianças obedecessem a uma cultura autoritária, o resultado foi a opressão do seu espírito. E é exatamente contra a opressão que os direitos humanos têm lutado há décadas. Montessori sentiu que a opressão era a causa inicial da guerra.

Na virada do século passado, os pioneiros da educação e da psicologia como Maria Montessori e Alfred Adler estavam escrevendo e dando palestras sobre uma ideia radical: igualdade até mesmo para as crianças (incluindo direitos iguais à dignidade e ao respeito). Embora essa ideia não encontre muita resistência hoje, foi considerada contracultura na época.

Permissividade

Durante as décadas de 1960 e 1970, os movimentos dos direitos humanos ganharam força. A ideia de que todas as pessoas eram merecedoras de dignidade e respeito ganhou aceitação mais ampla nas culturas ocidentais. No entanto, foi um processo confuso e árduo, especialmente para os pais e educadores.

As regras estavam sendo reescritas, mas os pais e professores ainda não tinham apoio cultural e acesso a ferramentas disciplinares respeitosas para substituir os velhos métodos autoritários. Como resultado, de maneira semelhante à maioria dos movimentos contraculturais, o pêndulo oscilou para o outro lado, e a criação e a educação permissivas tornaram-se mais comuns. Ainda estamos nos recuperando dessa oscilação do pêndulo.

Em pouco tempo modelos alternativos ou experimentais de criação de filhos ganharam força. Especialmente em casa, os gritos foram substituídos por discussões, barganhas e negociação. As palmadas foram substituídas por pausas. Punições foram substituídas por recompensas. As crianças receberam mais liberdade e mais escolhas, mas se viram sem limites ou responsabilidades. O modelo autoritário de cima para baixo (vertical) de parentalidade e ensino foi substituído pela permissividade.

O problema com a permissividade, porém, é o fato de ainda ser de cima para baixo. É que os papéis estão invertidos. No modelo permissivo, a criança está no topo e o adulto embaixo. Como Maria Montessori escreveu: "Permitir que a criança faça o que quiser quando ainda não desenvolveu nenhum poder de controle é trair a ideia de liberdade".[4]

Indulgência

As crianças de hoje estão expostas a inúmeros estímulos que competem por sua atenção. Elas têm mais coisas, mais entretenimento, mais experiências recreacionais, mais brinquedos, mais mídia, mais experiências "educacionais" que disponibilizam informações sem interação verdadeira, mais atividades, mais tudo. As crianças são o centro do universo. Muitas vezes, elas decidem quais refeições são preparadas em casa e aonde a família deve ir quando sair para comer. Por outro lado, muitas vezes elas não aprendem muitas habilidades do mundo real. Em nosso frenesi de progresso, inadvertidamente roubamos oportunidades de verdadeira conexão humana, descoberta e exploração.

Menos oportunidades para a responsabilidade real

Não *precisamos* de crianças como no início do século XX. As crianças, geralmente, não são mais necessárias para ajudar na fazenda ou nos afazeres domésticos, ou para trazer renda para a casa.

Eu (Chip) cresci em uma comunidade agrícola no interior do estado de Nova York. Não era incomum para alguns dos meus colegas de classe estarem acordados antes de o sol nascer para realizar tarefas a fim de ajudar a manter a fazenda da família funcionando. A maioria dos meninos de 12 anos que viviam em fazendas tinha licença para dirigir tratores. Eles não passavam os fins de semana jogando futebol, fazendo aulas de dança ou se divertindo. Aqueles de nós que não viviam em fazendas tinham que entregar folhetos, cortar a grama, trabalhar em pequenas oficinas e tinham responsabilidades em casa. Era trabalho de verdade. Era responsabilidade de verdade.

A verdadeira responsabilidade deu aos jovens a oportunidade de desenvolver algumas habilidades de vida incríveis. Eles sabiam que eram necessários e que eram capazes. Eles tiveram a oportunidade de desenvolver habilidades práticas para a vida, além de qualidades como resiliência, perseverança, autodisciplina, responsabilidade e sentido de ética no trabalho. As crianças eram necessárias, mas geralmente não eram respeitadas ou tratadas como igual em valor aos adultos.

Eu (Jane) cresci na cidade, mas ainda se esperava que as crianças fizessem tarefas, incluindo limpar banheiros. Ter lição de casa não era uma desculpa aceitável. E meus pais não ajudavam com o dever de casa, que era considerado minha responsabilidade. Não havia qualquer pressão para tirar boas notas e entrar em uma boa faculdade. A maioria das meninas se casava logo após o ensino médio, e era esperado que se tornassem esposas e mães que ficavam em casa. Felizmente, um mentor sábio me aconselhou a fazer uma aula por semestre na faculdade para obter um certificado na época em que meus filhos cresceram. Onze anos e cinco filhos depois, eu recebi meu diploma de bacharelado.

À medida que o movimento de valorização das crianças ganhou impulso, oferecemos a elas menos oportunidades de realmente se sentirem necessárias.

Hoje, a maioria das crianças não prepara seu próprio lanche para a escola, e muitas não realizam tarefas domésticas. Em nome do amor, elas recebem muito e fazem muito pouco. Elas desenvolvem uma atitude de se achar no direito de tudo. Em um esforço para dar às crianças "o melhor", os adultos roubaram delas a oportunidade de desenvolver um caráter forte, e de vivenciar o senso de pertencimento (amor incondicional) e importância (capacidade e responsabilidade) que vem com uma contribuição significativa.

Muitas pessoas são atraídas pela Disciplina Positiva porque são contra a punição e os métodos autoritários de disciplina. No entanto, alguns seguidores da Disciplina Positiva erroneamente interpretam que a melhor maneira de evitar métodos autoritários consiste em simplesmente oferecer amor. Isso pode levar à permissividade, porque esses pais são *gentis* (oferecem amor) mas não são *firmes* (o que ajuda as crianças a vivenciar a significância por meio do aprendizado de habilidades para a responsabilidade e a capacidade).

Você pode *dar* amor às crianças, mas elas precisam *desenvolver* responsabilidades. Quando os pais não entendem a importância de ajudar os filhos a desenvolver responsabilidade, eles muitas vezes caem na armadilha do mimo – o que muitas vezes leva as crianças a desenvolverem uma mentalidade de se achar no direito. Quando os pais entendem a diferença entre pertencimento e significância, e o importante equilíbrio entre ambos, eles podem ajudar as crianças a desenvolver as características e habilidades para a vida de que precisam para viver com sucesso.

O currículo montessoriano é projetado para que as crianças desenvolvam um senso de **significância** por meio da responsabilidade e da capacidade. Como você verá em breve, o senso de **pertencimento** é criado por meio do conceito básico da Disciplina Positiva de Conexão antes da correção e do envolvimento nas Reuniões de classe diárias a fim de dar e receber reconhecimento e de se concentrar em soluções.

Menos irmãos

Outra dinâmica a ser mencionada é a do tamanho da família, além da ordem de nascimento. Além disso, na vida agitada de hoje, em que as crianças recebem mais e são menos exigidas, as famílias também têm tido menos filhos do que em qualquer outro momento de nossa história recente. A maioria das famílias hoje tem um ou dois filhos. Não é incomum que uma sala de aula tenha a presença de muitos filhos únicos. Recentemente, minha escola (a de Chip) tinha uma classe de 22 crianças, das quais dezessete eram filhos únicos e as demais irmãos mais novos (sem filhos do meio). Embora o estudo sobre a ordem de nascimento seja controverso, muitos professores relatam efeitos casuais perceptíveis. Com as famílias menores vêm mais ajuda e maior intervenção de adultos. Existem menos oportunidades para as crianças desenvolverem a responsabilidade e mais oportunidades para os pais fazerem pelas crianças o que elas podem fazer por si mesmas. Oferecer oportunidades para as crianças contribuírem de maneiras significativas e desenvolver a verdadeira responsabilidade, agora, exige intencionalidade. É um trabalho duro.

Se você já teve uma turma pequena, sabe como pode ser difícil promover a independência entre as crianças, e quão intencional você precisa ser para fazer isso. Quando eu (Chip) era um jovem professor e estava aprendendo o básico, achei que preferiria uma turma menor. Parecia mais administrável de muitas maneiras (dando aulas, mantendo a organização, gerenciando o comportamento etc.). No entanto, acabou sendo muito mais trabalhoso do que eu esperava. Embora eu pudesse dar às crianças uma atenção mais individualizada, quanto mais eu dava, mais elas pareciam precisar, tanto social quanto academicamente.

Depois de alguns anos de experiência, recebi uma turma muito maior, de trinta alunos. Com mais alunos, as crianças tiveram que se tornar mais independentes. Por necessidade, tive que aprender a confiar nas crianças, e, como resultado, descobri que elas podem ser responsáveis, independentes e capazes. Ainda mais importante, elas descobriram suas próprias capacidades. Foi incrível vê-las se superando, assim como Montessori disse que fariam.

Outros fatores

Além do aumento da permissividade dos pais, da redução de oportunidades para verdadeiras responsabilidades e do menor número de irmãos, temos outros fatores externos que afetam o comportamento das crianças. O tempo de tela agora domina as horas passadas em casa. As crianças estão sobrecarregadas. Algumas raramente veem seus pais por causa dos horários de trabalho. Há uma variedade de opções de estilo de vida e de estruturas familiares. Existem *videogames* violentos e *cyberbullying*.

A boa notícia

A boa notícia é que, embora os fatores modernos que afetam as crianças sejam reais e significativos, o mau comportamento não é novidade. Em *O Segredo da Infância*, uma professora escreve a Montessori sobre sua experiência com "crianças mimadas":

Uma professora americana, Srta. G., escreveu-me o seguinte de Washington:

"As crianças arrancavam os objetos das mãos umas das outras. Se eu tentava mostrar algo para uma delas, os outros largavam o que tinham nas mãos e se juntavam ruidosamente em torno de mim. Quando eu terminava de explicar um objeto, todos o disputavam. As crianças não mostravam nenhum interesse real pelos vários materiais. Elas passavam de um objeto para outro sem interesse por qualquer um deles. Uma criança era tão incapaz de ficar em um lugar que não conseguia permanecer sentada por tempo suficiente para passar as mãos sobre qualquer um dos objetos dados a ela. Em muitos casos, o movimento das crianças ficava sem rumo: elas simplesmente corriam pela sala sem se importar com o dano feito. Elas corriam para a mesa, viravam cadeiras e pisoteavam o material fornecido a elas. Às vezes, elas começavam a trabalhar em um local, depois corriam, pegavam outro objeto e o abandonavam sem nenhuma razão aparente."[5]

Soa familiar? Esse é um lembrete maravilhoso de que não estamos sozinhos e de que os "bons velhos tempos" nem sempre foram fáceis. Os problemas de hoje não são novos problemas, mesmo que alguns comportamentos sejam exacerbados por diferentes fatores.

Maria Montessori, Alfred Adler e Rudolf Dreikurs foram brilhantes pensadores. Suas filosofias sobreviveram e cresceram enquanto muitas outras vieram e se foram. E temos que admitir que estamos muito satisfeitos que a neurociência agora valida a eficácia desses métodos que têm contribuído muito para o mundo de pais, professores e filhos mais felizes.

2

A FILOSOFIA POR TRÁS DA DISCIPLINA POSITIVA

A Disciplina Positiva é desenvolvida com base no trabalho de Alfred Adler e Rudolf Dreikurs. Adler é considerado um dos pais da psicologia moderna. Suas experiências de vida e seus pontos de vista sobre as crianças e o desenvolvimento de sua personalidade eram notavelmente semelhantes aos de Maria Montessori. Embora exista apenas um encontro gravado entre os dois, eles frequentaram os mesmos círculos construtivistas (Piaget, Séguin, Dewey etc.). Adler nasceu em 1870 (no mesmo ano de Montessori) perto de Viena. Ele era médico e um dos primeiros a ser chamado de psiquiatra. Formou-se na Escola de Medicina da Universidade de Viena em 1895. Seu interesse em tratar os pacientes como seres holísticos e integrados o levou a se interessar pela psicologia desde cedo em sua carreira médica.

Assim como Montessori, Adler foi profundamente moldado pelas duas guerras mundiais às quais sobreviveu. Durante a Primeira Guerra Mundial, passou três anos se dedicando ao serviço no hospital militar austríaco e se mostrou fortemente preocupado com o impacto da guerra na consciência coletiva da humanidade. Ele se tornou um defensor da paz e da ideia revolucionária de que as crianças merecem a mesma dignidade e respeito que os adultos. Acreditava fortemente que a personalidade das crianças era formada nos primeiros seis anos de vida e, assim como Montessori, que as restrições à liberdade e autoafirmação infantis eram uma causa direta de problemas psicológicos posteriores. Adler foi o primeiro psiquiatra a aplicar conceitos psicológicos no ambiente escolar. Junto com Montessori, acreditava fielmente em uma visão holística do desenvolvimento humano, considerando fatores cognitivos e sociais, em vez de apenas sintomas físicos.

Embora o foco de Montessori fosse o modo como as crianças aprendem e se desenvolvem, Adler se concentrou no motivo pelo qual as pessoas se comportam dessa maneira. Montessori e Adler promoveram a necessidade de respeito mútuo, cooperação e responsabilidade social como elementos fundamentais do desenvolvimento humano. Ambos acreditavam que as pessoas se tornam quem são com base nas decisões que tomam, e que o ambiente em que vive uma criança influencia essas decisões e pode alavancar o desenvolvimento ideal. Para Montessori, esse desenvolvimento ideal vinha do ambiente educacional; e para Adler, sua fonte era o ambiente socioemocional.

Em 1932, Adler deixou Viena, fugindo da perseguição nazista. (Dois anos depois, Montessori deixou a Itália, que estava sob o controle do regime fascista.) Adler imigrou para os Estados Unidos e tornou-se professor na Long Island College of Medicine, professor visitante da Columbia University e palestrante em muitas partes do mundo. Em 1937, ele morreu de ataque ao coração durante uma turnê de palestras na Escócia.

Rudolf Dreikurs foi aluno e colega de Alfred Adler. Ele nasceu em Viena em 1897 e imigrou para os Estados Unidos antes da Segunda Guerra Mundial, onde mais tarde se tornou professor de psiquiatria na Chicago Medical School. Assim como Adler, Dreikurs acreditava que os *insights* da psicologia poderiam ser ensinados e usados por uma pessoa comum (como pais e professores), não apenas por acadêmicos e psiquiatras. Ele amava trabalhar em um fórum público onde todos podiam aprender com os pais, professores e crianças que ele entrevistava. Considerando o respeito e o encorajamento que as pessoas recebiam de Dreikurs, elas não se sentiam envergonhadas de compartilhar seus desafios na frente do público; em vez disso, experimentavam um senso de "interesse social" por ajudar os outros ao mesmo tempo que encontravam ajuda para si próprias. Dreikurs demonstrava uma abordagem clara e pragmática para compreender as raízes do mau comportamento em crianças e desenvolver nelas um comportamento cooperativo e respeitoso sem o uso de punições e recompensas.

Em 1964, ele publicou o livro *Children: The Challenge*, que posteriormente foi usado por muitos centros de treinamento montessorianos e professores como um guia para a disciplina respeitosa. Dreikurs morreu em 1972.

Princípios da Disciplina Positiva

A Disciplina Positiva ressoa profundamente com os montessorianos, em parte porque as ferramentas e a "metodologia" desse trabalho são baseadas em princípios que se alinham com o sistema de crenças de Montessori. A Disciplina Positiva não é uma maleta de truques do professor para manter o controle na sala de aula, mas uma abordagem disciplinar bem pensada, pesquisada e praticada, enraizada na ideia fundamental de que as crianças devem ser tratadas com dignidade e respeito.

Veja a seguir uma lista de princípios básicos de Adler que serão úteis para a compreensão à medida que você começa a implementar a abordagem da Disciplina Positiva.

1. Crianças são seres sociais.
2. O comportamento é orientado para objetivos.
3. Uma criança que se comporta mal é uma criança desencorajada.
4. Interesse social/senso de comunidade.
5. Igualdade.
6. Erros são oportunidades de aprendizagem.
7. Gentileza e firmeza ao mesmo tempo.

1: Crianças são seres sociais

Devemos caminhar juntos neste caminho da vida, pois todas as coisas fazem parte do universo e estão conectadas umas às outras para formar uma unidade inteira. Essa ideia ajuda a mente da criança a se fixar, a parar de vagar na busca por conhecimento sem um alvo definido. A criança se mostra satisfeita, tendo encontrado o centro universal de si mesma com todas as coisas. – Maria Montessori[6]

Tanto Montessori como Adler viam cada pessoa como um indivíduo único e parte inseparável de um todo maior, incluindo sua família, a comunidade, o planeta e o universo. Somos seres sociais. Como tal, desenvolvemos um profundo senso de segurança e bem-estar por vivermos em harmonia e nos sentirmos conectados às pessoas ao nosso redor. O desejo de nos sentirmos conectados com os outros é uma força poderosa e motivadora dentro de nós e parte fundamental da nossa formação como seres humanos. Adler chamava isso de *Gemeinschaftsgefühl*, uma palavra alemã que ele cunhou para indicar o sentimento social, o interesse social e o desejo de contribuir para o bem-estar de nossos semelhantes, nossa comunidade e nosso mundo. Adler tinha uma opinião tão forte sobre *Gemeinschaftsgefühl* que acreditava ser uma medida de saúde mental.

2: O comportamento é orientado para objetivos (pertencimento e importância)

> *Devemos tentar entender que existe uma razão inteligível por trás das atividades da criança. Ela não faz nada sem uma razão, algum motivo. É fácil dizer que toda reação infantil é um capricho, mas um capricho é algo mais. É um problema a ser resolvido, um enigma a ser respondido.* – Maria Montessori[7]

À medida que as crianças viajam nessa jornada social e desenvolvem relacionamentos com os que estão ao seu redor, elas constantemente tomam decisões e formam crenças sobre como sobreviver ou prosperar em sua casa e na comunidade. Algumas dessas decisões são menores e momentâneas, mas algumas são importantes e vitalícias. Algumas das decisões/crenças mais importantes se referem à maneira de se comportar para ter suas necessidades de amor e significância satisfeitas; se elas são capazes; e como elas se veem em relação aos outros.

As decisões e os sistemas de crenças que as crianças desenvolvem são influenciados pelo modo como elas percebem e interpretam o mundo ao seu redor. Embora os adultos não possam tomar decisões pelas crianças, nós temos profunda influência sobre essas decisões. Assim como ocorre com o ambiente acadêmico na sala montessoriana, podemos preparar um ambiente socioemocional baseado em respeito mútuo e cooperação, que estimulará as crianças a tomarem decisões que levam a uma autopercepção saudável, a interações sociais positivas e produtivas, bem como a conexões seguras com os membros de sua comunidade.

Montessori e Adler observaram que o comportamento das crianças é orientado por um objetivo. Adler acreditava que o principal objetivo social das crianças (e adultos) era pertencer e se sentir importante dentro de sua família ou grupo social. Embora nem sempre estejam conscientes desse objetivo, as crianças ajustam constantemente seus comportamentos para alcançar um senso de aceitação (conexão) e significado (responsabilidade e capacidade).

O senso de aceitação se refere a sentirmos que fazemos parte do nosso ambiente social, família ou comunidade. Eu sou um de vocês? Você é como eu? Você me aceita? Estou sendo incluído? Você me quer? Se não, o que devo fazer para pertencer e me conectar com você? Não é difícil lembrar de quão poderosos aqueles pensamentos e sentimentos eram quando você era criança. Eles são poderosos para os adultos também.

Significância se refere a sentirmos ou não que somos importantes e que podemos fazer a diferença dentro do nosso grupo social. Eu sou capaz? Sou responsável? Minhas contribuições são valorizadas? Quando as crianças se sentem capazes, responsáveis e conseguem fazer a diferença, elas também ganham um senso de pertencimento.

Quando as crianças sabem que pertencem e são importantes, elas se sentem melhor. Quando se sentem melhor, elas agem melhor. Estudos mostram que, quando se sentem conectadas, as pessoas são mais propensas a cooperar, a serem gentis, a respeitar os outros, a demonstrar empatia e a serem úteis.

3: Uma criança que se comporta mal é uma criança desencorajada

A birra [mau comportamento] é como uma tempestade que impede a alma da criança de sair de seu retiro oculto e de se mostrar ao mundo. – Maria Montessori[8]

Nos primeiros seis anos de vida, as crianças desenvolvem sua personalidade com base na maneira como vivenciam o pertencimento e a importância com sua família e sua comunidade. Sua personalidade é moldada pelo sucesso ou fracasso ao ter essas necessidades básicas atendidas. Quando vivenciam um forte senso de pertencimento e importância, elas tomam decisões sobre a vida e sobre si próprias para criar uma personalidade "saudável". Quando não experimentam um senso forte de pertencimento e importância, em geral tomam decisões prejudiciais como forma de compensação. Isso geralmente leva ao "mau comportamento". Dreikurs descobriu quatro categorias básicas de "mau comportamento":

- **Atenção indevida:** "Serei aceito e me sentirei importante SE você prestar atenção em mim".

- **Poder mal direcionado:** "Serei aceito e me sentirei importante SE for o 'chefe', ou pelo menos se eu não deixar você mandar em mim".
- **Vingança:** "Sinto-me magoado por não ser aceito e não me sentir importante, então vou magoar de volta".
- **Inadequação assumida:** "Não consigo ser aceito, e não consigo me sentir importante, então eu desisto".

As crianças não estão cientes das decisões que tomam, mas essas decisões formam suas personalidades e seu caminho de vida.

Uma criança que se comporta mal é uma criança desencorajada. Elas querem se sentir conectadas, e nem sempre sabem como fazer isso. As habilidades sociais são adquiridas por meio do ensino direto e da imitação das pessoas ao nosso redor. Uma vez que as crianças não estão totalmente conscientes de seu objetivo em busca de pertencimento, suas tentativas de buscar relacionamentos significativos muitas vezes parecem estranhas ou inadequadas. Para a maioria das crianças, a aquisição de habilidades sociais se dá principalmente por tentativa e erro, com ênfase nos erros.

Tentativas estranhas de adaptação podem parecer um comportamento desrespeitoso. Quando as crianças são rudes com seus amigos ou professores, muitas vezes encontram impaciência, crítica, repreensão ou punição. O mau comportamento da criança convida o mau comportamento nos adultos e em outras crianças. Isso pode levar a um senso de rejeição e isolamento das próprias pessoas das quais estão tentando ganhar aceitação.

Em resposta, a criança desencorajada muitas vezes redobra seus esforços, envolvendo-se de maneiras ainda mais ineficazes de se conectar. Isso convida a mais mau comportamento de amigos e adultos, e o ciclo continua. Soa familiar? No coração de cada criança que se comporta mal há um ser de pouca idade que simplesmente quer pertencer, mas não sabe como. A parte difícil para os adultos é que o mau comportamento raramente se parece com uma criança que está simplesmente dizendo: "Eu só quero pertencer". Nesse momento pode tomar a forma de: bater, magoar, provocar, disputar o poder, desrespeitar etc. Poderíamos fazer uma longa lista!

Em um artigo que destaca como a conexão social se correlaciona com a saúde física e o bem-estar, a Dra. Emma Seppälä escreveu que "a verdade em questão é que o senso de conexão social é uma das nossas necessidades humanas fundamentais".[9] Segundo sua pesquisa, quando nos esforçamos para obter ganho material, *status* social ou elogios, estamos realmente tentando encontrar nosso pertencimento e importância sociais. No mesmo artigo, a Dra. Brené Brown é citada: "Um profundo senso de amor e pertencimento é a necessidade irresistível de todas as pessoas. Somos programados nos aspectos biológico, cognitivo, físico e espiritual para amar, sermos amados e aceitos. Quando essas necessidades não são atendidas, não funcionamos como deveríamos. Nós nos desestruturamos. Nós nos desintegramos. Nós nos anestesiamos. Nós sofremos. Nós magoamos os outros. Nós adoecemos".

À medida que começamos a entender que as crianças se comportam mal porque estão desencorajadas e simplesmente buscam pertencimento e importância, nossas lentes começam a mudar, e a imagem começa a ficar diferente. Nós vemos as pinceladas que compõem a imagem e passamos a atender a criança com compreensão. Compreender é o primeiro passo para desenvolver compaixão pelas crianças cujos comportamentos parecem, na superfície, dizer ao mundo que elas sentem rejeição e isolamento. Mas elas anseiam por algo mais. Qual é a resposta?

4: Interesse social/senso de comunidade

Há um grande senso de comunidade na sala de aula Montessori, onde crianças de diferentes idades trabalham juntas em uma atmosfera de cooperação e não de competitividade. Há respeito pelo ambiente e pelos indivíduos que estão nele, conseguido da experiência de liberdade dentro da comunidade. – Maria Montessori[10]

Como já mencionado, Adler deu um nome para esse senso de pertencimento que vem por meio do interesse social e do senso de comunidade: *Gemeinschaftsgefühl.* Ele observou que as pessoas que se sentem desencorajadas, isoladas e desconectadas exibem um comportamento antissocial, e, quando são capazes de se interessar pelos outros, elas sentem maior senso de pertencimento e exibem um comportamento mais harmonioso e cooperativo.[11]

As crianças agem melhor quando se sentem melhor. Elas se sentem melhor quando vivenciam o pertencimento (amor) e a importância (responsabilidade por meio da contribuição à comunidade). Esse é o antídoto para o desencorajamento que as crianças vivenciam quando estão se comportando mal. Você pode ter observado esse fenômeno em uma sala de aula montessoriana: uma criança que está se comportando de maneira difícil começa a melhorar rapidamente quando suas habilidades especiais ou interesses são aproveitados para ajudar os outros. Quase imediatamente a criança começará a fazer conexões mais profundas com os outros membros da sala, e seu comportamento começará a mudar à medida que ela ganhar o senso de pertencimento por meio de sua contribuição. As Reuniões de classe também oferecem às crianças a oportunidade de vivenciar o pertencimento e a importância dia a dia, como será discutido ao longo dos Capítulos 15 a 17.

Embora o interesse social pareça ser mais natural para algumas crianças, ele também pode ser ensinado e encorajado. Na sala de aula montessoriana, temos um campo fértil para plantar as sementes da conexão da comunidade quando implementamos a filosofia montessoriana com integridade. Temos grupos com idades variadas, com base em períodos sensíveis de desenvolvimento, nos quais as crianças mais velhas são encorajadas a ajudar as mais novas. As crianças trabalham no seu próprio ritmo, de forma independente, para que possam desenvolver o verdadeiro domínio, e, em seguida, ensinam as outras. As responsabilidades na sala de aula permitem oportunidades de conexão por meio do cuidado com o ambiente compartilhado. Existem oportunidades ilimitadas para ajudar os outros e receber ajuda. Em uma sala de aula bem gerida, os alunos que estão lá há três anos ficam radiantes ao se tornarem os líderes da sala, dando aulas, ajudando o professor com tarefas mais desafiadoras, lendo histórias para alunos mais jovens ou ajudando a amarrar um sapato, a fechar o zíper de uma jaqueta ou a fazer um *tour* pela sala de aula com os potenciais novos alunos. Eles não fazem essas coisas só porque são os mais velhos ou os mais inteligentes ou para ganhar reconhecimento. Os alunos começam a adquirir um verdadeiro senso de responsabilidade e conexão à medida que cada vez mais veem seu próprio valor individual e percebem que realmente beneficiam o grupo todo. Eles desenvolvem autonomia na comunidade da sala de aula, liderando com o sincero desejo de contribuir.

5: Igualdade

> *As crianças são seres humanos a quem se deve respeito, superiores a nós em razão de sua inocência e das grandes possibilidades de seu futuro... Vamos tratá-las com toda a gentileza que desejamos desenvolver nelas.* – Maria Montessori[12]

A ideia de que as crianças merecem a mesma dignidade e respeito que os adultos foi revolucionária na virada do século XX, quando Montessori e Adler estavam escrevendo e palestrando. As crianças deveriam ser vistas e não ouvidas. A sociedade era estruturada de forma muito autoritária, e a família refletia isso. As relações entre crianças e adultos eram verticais, com os adultos na parte superior e as crianças na parte inferior. Obediência era o ideal. Hoje, o modelo permissivo de criar filhos é a norma, mas o modelo ainda é vertical, com a criança em cima e o adulto embaixo.

Durante o processo de admissão na minha escola, eu (Chip) ocasionalmente ouvia de futuros pais que gostariam que seu filho de 3 anos participasse do processo de tomada de decisão na escolha da pré-escola. Embora as intenções dos pais pudessem ser puras, qual contexto a criança tem para tomar essa decisão? Eu admiro o desejo dos pais de desenvolver um forte nível de comunicação e de incluir seus filhos nas decisões, dando a eles voz no que é importante para a família, mas uma criança de 3 anos não tem a experiência de vida ou o desenvolvimento cognitivo necessários para tomar uma decisão tão importante. Esses pais não estão entendendo e respeitando as limitações de desenvolvimento de seus filhos.

Igualdade não significa que as pessoas são todas iguais, mas sim que elas têm os mesmos direitos à dignidade e ao respeito. É importante enfatizar que tratar as crianças com a mesma dignidade e respeito que um adulto não significa ignorar as necessidades e capacidades de desenvolvimento das crianças. O modelo permissivo de criação dos filhos/ensino nas escolas comete três erros fundamentais. Primeiro, atribui habilidades às crianças que elas não possuem; os adultos tratam as crianças como pequenos adultos, muitas vezes dando a elas o direito de tomar decisões para as quais não estão preparadas. Em segundo lugar, não leva em consideração quão capazes as crianças podem ser; frequentemente os adultos tratam as crianças como incompetentes. Terceiro, pais/professores permissivos não estão cientes das decisões que as crianças estão tomando que atuarão como filtros para saber como elas veem o mundo no futuro. Muitas vezes um desses filtros é a crença de que amar significa ser tratado como o centro do universo.

Maria Montessori e Alfred Adler acreditavam que as crianças merecem dignidade, respeito e ter suas capacidades honradas. As crianças não têm a mesma sabedoria, experiência e habilidades dos adultos, mas podem ser incrivelmente capazes quando têm oportunidades para desenvolver seu potencial e as crenças que lhes servirão bem no futuro.

6: Erros são oportunidades de aprendizagem

A criança indisciplinada entra na disciplina trabalhando na companhia dos outros, e não dizendo que ela é travessa. Disciplina é, portanto, primordialmente uma experiência de aprendizagem e menos uma experiência punitiva quando tratada de forma apropriada. – Maria Montessori[13]

A sala de aula montessoriana é como um laboratório onde as crianças têm liberdade para aprender a partir de sua própria descoberta em um ambiente preparado que não apenas incentiva como também exige que cometam erros para aprender. Esse é o princípio fundamental (e encorajador e otimista) por trás dos materiais de autocorreção de Montessori. A ideia de que os erros são oportunidades para aprender está enraizada na confiança na criança e na própria natureza humana – a confiança no fato de que a criança deseja aprender e descobrir o mundo ao seu redor.

Dito isso, é fácil ver os erros acadêmicos como oportunidades de aprendizado. Um erro ao usar o jogo de carimbos, que é então corrigido, é facilmente encontrado com confiança e paciência por um adulto observador. O adulto pode permitir que as crianças corrijam os próprios erros, se puderem, ou pode retornar e dar outra lição. Como resultado, as crianças montessorianas tendem a ser muito confiantes em enfrentar novos desafios e se mostram confortáveis em aprender com seus erros acadêmicos. Mas e quanto aos erros de comportamento? Todos nós gostaríamos de pensar que responderíamos com a mesma paciência a um erro no jogo de carimbos como faríamos quando uma criança se comporta mal, mas a verdade é que é muito mais difícil.

Mesmo que as crianças se comportem mal porque estão desencorajadas, seu mau comportamento pode ser bem pouco atraente e prejudicial. Pode incluir agressão, provocação, exclusão, rebeldia, obstinação, destruição de propriedade ou apenas um desrespeito geral. No calor do momento, especialmente se o comportamento de uma criança tem sido doloroso e repetitivo, muitos de nós não vemos a situação como uma oportunidade de aprender a desenvolver habilidades sociais para a vida toda. É difícil ver a criança desencorajada através do véu do mau comportamento dela – e ser encorajada durante esses momentos.

Aprender e praticar habilidades para conseguir alcançar esse objetivo é o foco principal deste livro. Principalmente porque, em vez de punir as crianças por seus erros, nós as envolvemos na busca de soluções para corrigi-los.

Não importa se uma criança tem 3 ou 13 anos, ela está envolvida no longo processo da vida de aprender a desenvolver relacionamentos, a interagir de maneira respeitosa umas com as outras, aprender como tratar os amigos, o que fazer quando seus sentimentos são magoados, como pedir ajuda, como dizer apropriadamente "não" a um amigo, o que fazer quando um amigo diz "não" etc. As crianças aprendem essas e outras habilidades sociais *fazendo*. Elas se comportam mal, cometem erros e tentam novamente. As crianças prosperam em um ambiente onde não passam vergonha, culpa nem humilhação quando se comportam mal. Seu desejo natural de cooperar e contribuir é nutrido e desenvolvido quando os adultos veem os erros de comportamento como uma oportunidade de aprendizagem. Isso não significa permissividade, como você vai descobrir.

Estudos descobriram que os erros são benéficos para a aprendizagem, mas apenas quando o aluno recebe apoio de maneira segura e encorajadora. Erros podem encorajar o pensamento complexo, estimular mais educação e crescimento, e podem levar a entendimentos mais profundos.[14]

Então, como criar um ambiente socioemocional consistente, seguro e que permita que as crianças aprendam com seus erros sem medo da vergonha ou da humilhação? A chave, que discutiremos em detalhes nos próximos capítulos, é criar um ambiente de sala de aula onde:

- Os adultos entendam as razões pelas quais as crianças se comportam mal e veem erros como oportunidades de aprendizagem.
- As crianças observem adultos que admitam livremente seus erros e os reparem abertamente.
- Os adultos entendam que as habilidades sociais são aprendidas e reservem tempo para treinamento por meio do ensino direto da Graça e Cortesia e das habilidades sociais.
- As crianças estejam envolvidas na resolução de problemas, tanto individuais quanto coletivos.
- As interações adultas sejam gentis e firmes.

- As crianças vivenciem uma abordagem respeitosa, consistente e previsível à disciplina, com expectativas claras e consistentes, com acompanhamento e apoio pelos adultos.

7: Gentileza e firmeza ao mesmo tempo

Os jovens devem ter liberdade suficiente que lhes permita agir com iniciativa individual. No entanto, para que a ação individual seja livre e útil ao mesmo tempo, deve ser restringida com certos limites e regras que forneçam a orientação necessária.
– Maria Montessori[15]

Disciplina eficaz é baseada no respeito mútuo e na cooperação, e é gentil e firme *ao mesmo tempo*, tanto guiando o comportamento atual quanto permitindo que as crianças aprendam com seus erros. É solidária e encorajadora. Esse é o "molho especial" da Disciplina Positiva.

A palavra *disciplina* vem do latim e significa "ensino", "instrução" ou "lição". A disciplina eficaz permite que as crianças aprendam e desenvolvam a independência socioemocional à medida que aprendem a ser membros capazes e contribuidores de suas comunidades.

Na década de 1970, a psicóloga do desenvolvimento Diana Baumrind conduziu estudos extensivos de interações adulto-criança, procurando pelos efeitos de diferentes estilos parentais. Mesmo que sua pesquisa tenha acontecido no ambiente doméstico, teve profunda importância para quem trabalha com crianças e é claramente aplicável em sala de aula. A Dra. Baumrind identificou quatro estilos primários de parentalidade:[16]

Autoritário

Nessa relação vertical ou de cima para baixo, o adulto exibe um grau alto de controle e firmeza, mas um grau baixo de gentileza. Os adultos tomam todas as decisões e criam as regras, e espera-se que as crianças as sigam. Esse é o modelo "porque eu disse". Existem grandes expectativas estabelecidas pelos adultos e pouca flexibilidade. A responsabilidade de buscar a compreensão recai sobre a criança. O resultado de quebrar as regras geralmente é a punição, e o resultado de seguir as regras costuma ser uma recompensa ou um elogio.

Em sua pesquisa, Baumrind descobriu que crianças em ambientes autoritários podem ser obedientes, mas também tendem a não ter independência, mostram sinais de agressão ou retraimento, podem ter baixa capacidade de autorregulação emocional e baixa autoestima, podendo apresentar dificuldades acadêmicas. Em outras palavras, elas podem desenvolver um forte senso de importância (responsabilidade e capacidade), mas não terão um forte senso de pertencimento (amor incondicional).

Permissivo

A relação permissiva adulto-criança também é uma relação vertical. Porém, não é o adulto que está em cima, mas sim a criança. Há um alto grau de gentileza, mas não existe muita firmeza ou controle. Os adultos em um ambiente permissivo atendem às necessidades de seus filhos e os mimam em um esforço de proporcionar felicidade e de evitar decepções ou constrangimentos fortes. Existem menos regras nesse ambiente, e os adultos têm baixas expectativas de maturidade, independência e autorregulação da criança. (Alguns afirmam que seus filhos terão muito tempo para aprender sobre responsabilidade mais tarde na vida. Esses pais não entendem como se formam as decisões na vida durante os primeiros anos.) Esses adultos são receptivos e amigáveis, mas inconsistentes, lenientes e lentos para disciplinar seus filhos. As crianças são envolvidas em muitas decisões, e muitas vezes recebem mais autoridade do que são capazes de assumir.

Ambientes permissivos muitas vezes promovem baixa autorregulação e baixa autodisciplina. As crianças tendem a ter um mau desempenho na escola, têm dificuldade com limites sociais, têm os níveis de agressão e ansiedade mais elevados e tendem a ser egocêntricas e exigentes. Filhos de lares permissivos também mostram maior taxa de uso de drogas, álcool e delinquência em adolescentes. Em outras palavras, essas crianças podem ter um senso de amor incondicional (pertencimento), mas não desenvolvem um forte senso de importância (responsabilidade e capacidade).

Não envolvido

O modelo não envolvido é caracterizado por baixa firmeza e baixa gentileza. Esses adultos são desligados da vida de seus filhos, e, mesmo que existam poucas regras e expectativas, há também um baixo grau de envolvimento do adulto. Isso pode ser decorrente de alcoolismo, abuso de drogas, vício em trabalho ou de uma depressão grave (talvez causada pela morte de um cônjuge ou de outro filho, ou pela perda de um emprego). Em situações extremas, os adultos podem abusar de seus filhos e negligenciá-los, e ignorar suas necessidades básicas.

No seu extremo, o estilo parental não envolvido pode levar a problemas psicológicos mais sérios, como ansiedade, depressão e transtornos traumáticos. Em casos menos extremos, as crianças de um lar com pais não envolvidos têm baixa autoestima, baixa autorregulação, mau desempenho na escola e exibem comportamentos antissociais e de risco, como abuso de substâncias ou violência. Essas crianças não desenvolvem um senso de pertencimento ou importância.

Autoritativo

O modelo autoritativo é gentil e firme *ao mesmo tempo*. Bsumrind descreve os adultos autoritativos da seguinte forma: "Eles monitoram e transmitem padrões claros sobre a conduta de seus filhos. Eles são assertivos, mas não invasivos e restritivos. Seus métodos disciplinares são mais favoráveis do que punitivos. Eles querem que seus filhos sejam assertivos, bem como socialmente responsáveis; e autorregulados, bem como cooperativos".[17]

Esse modelo de paternidade ou de trabalho com as crianças se concentra na liberdade com ordem, em escolhas limitadas e no envolvimento das crianças na tomada de decisões quando é apropriado. Ambientes autoritativos operam com um alto grau de amorosidade e gentileza, mas existem regras e um respeito fundamentado pela dignidade tanto dos adultos como das crianças. Quando os adultos estão confortáveis em liderar, orientar e ser a figura de autoridade, eles também são responsivos e estão dispostos a ouvir, exercer a liderança democrática e se envolver na resolução de problemas com as crianças em vez de puni-las.

Baumrind et al. descobriram que crianças de ambientes autoritativos tendem a ser felizes, autoconfiantes e grandes realizadoras. Elas possuem alto grau de autorregulação, independência e automotivação. As crianças em ambientes autoritativos também são mais propensas a serem confiantes, socialmente responsáveis e mais prontamente aceitas por seus colegas. Em outras palavras, essas crianças são mais propensas a desenvolver um forte senso de pertencimento e importância.

O quadro a seguir inclui uma lista de características que as crianças podem desenvolver dependendo do modelo parental que vivenciam.

AUTORITÁRIO	PERMISSIVO
Regulado externamente	Não autorregulado
Nervoso	Agressivo
Crítico	Exigente
Obediente	Indisciplinado
Dependente	Confiante em excesso
Não confiante	Dependente
Pretensioso	Ansioso
Retraído	Socialmente inconsciente
Super-responsável	Irresponsável
Rígido	Egocêntrico
Ressentido	Se acha no direito a tudo
Controlador	Baixo desempenho
Motivado externamente	Desmotivado
Desonesto	Passivo
	Manipulador
NÃO ENVOLVIDO	**AUTORITATIVO**
Não regulado	Autorregulado
Depressivo	Gentil
Ansioso	Receptivo
Viciado	Disciplinado
Retraído	Confiante
Mentalmente doente	Independente
Traumatizado	Seguro
Violento	Socialmente consciente
Antissocial	Responsável
Perigoso/alguém que magoa	Empático
Autoflagelador	Grato
Hiper-realizador	Alto desempenho
Baixo desempenho	Automotivado
Derrotado	Assertivo
Vitimizado	Honesto

Para que a disciplina seja eficaz, as crianças devem sentir que são uma parte importante da comunidade, que possuem uma autoestima saudável, que podem aprender habilidades de resolução de problemas e que têm a oportunidade de contribuir em sua comunidade de forma significativa. Esses são princípios importantes da abordagem da Disciplina Positiva, e eles são resumidos do seguinte modo:

Cinco critérios da Disciplina Positiva

1. *Os adultos são gentis e firmes ao mesmo tempo.* A Disciplina Positiva não é nem controladora nem permissiva. É respeitosa com a criança e com o seu direito à dignidade e ao respeito, e é respeitosa com a responsabilidade do adulto de manter as crianças seguras e de promover a responsabilidade social e o respeito pelos outros.
2. *As crianças desenvolvem um senso de pertencimento/aceitação (amor) e importância (responsabilidade).* Quando as crianças sabem e sentem que pertencem e são importantes, ainda haverá algum "mau comportamento" à medida que elas passam pela individualização e testam seu poder e seus limites, porém a necessidade de se comportar mal é mais rapidamente substituída pelo desejo de ajudar, cooperar e contribuir.
3. *Os métodos são eficazes em longo prazo.* Se o seu único objetivo é parar o comportamento, a punição pode funcionar em curto prazo. Mas quais são os resultados de longo prazo? Quais habilidades as crianças aprenderam e quais decisões elas estão tomando? Na Disciplina Positiva, os resultados de longo prazo são tão importantes quanto os resultados imediatos, de acordo com os próximos dois pontos.
4. *Os métodos ensinam valiosas habilidades sociais e de vida.* A peça fundamental de uma disciplina efetiva é criar um ambiente que promova respeito, preocupação com os outros, resolução de problemas e cooperação, bem como as habilidades para contribuir no lar, na escola ou na comunidade maior. A Disciplina Positiva considera que os filhos se tornarão pessoas autênticas, e que habilidades sociais e de vida podem ser ensinadas, praticadas e vivenciadas.
5. *Os métodos convidam as crianças a descobrirem quão capazes são.* As crianças têm um potencial incrível para se tornarem membros capazes e contribuidores de suas comunidades. A Disciplina Positiva permite que elas estejam envolvidas na tomada de decisões adequadas ao desenvolvimento, e encoraja o uso construtivo do poder pessoal e da autonomia. Quando as crianças contribuem mais para sua comunidade, elas se sentem conectadas. Quando se sentem conectadas, elas continuam a desenvolver empatia, autoestima positiva e responsabilidade social, além de fazer contribuições ainda mais significativas. É um poderoso ciclo positivo!

PERGUNTAS PARA DISCUSSÃO

1. Rudolf Dreikurs disse: "Uma criança que se comporta mal é uma criança desencorajada". Isso nem sempre é aparente. Descreva um momento em que você foi capaz de observar esse princípio claramente em um aluno.
2. Maria Montessori e Alfred Adler acreditavam que o comportamento humano é orientado para um objetivo. Qual é o principal objetivo social das crianças?
3. Considere um momento em sua própria vida em que você sentiu um profundo senso de pertencimento e importância. Qual a probabilidade de você se comportar mal? Esse senso de conexão pode ter levado você a se comportar de que maneira?
4. Ao encorajar uma criança a ajudar os outros (interesse social), como isso poderia ajudá-las a desenvolver um senso de conexão?
5. Em sua opinião, como os adultos podem desenvolver um senso egocêntrico quando estão tentando exibir um espírito de igualdade?
6. Você já teve um professor, chefe, treinador ou pai que tratava os erros como oportunidades de aprendizagem? Como foi estar naquele ambiente? Que decisões você tomou sobre si mesmo?
7. Quais características você acha que as crianças em um ambiente permissivo desenvolvem?
8. Quais características você acha que as crianças em um ambiente autoritário desenvolvem?
9. Você se lembra de um adulto de sua infância que foi gentil e firme ao mesmo tempo? Qual era a sensação quando essa pessoa estava no comando? Como você respondia a essa liderança?

3

AS RAÍZES DO MAU COMPORTAMENTO

Uma criança malcomportada é uma criança desencorajada. – Rudolf Dreikurs[18]

Dizer a uma criança que ela é travessa ou estúpida apenas a humilha. Isso ofende e insulta, mas não a melhora. Para que uma criança pare de cometer erros, ela deve se tornar mais hábil, e como ela pode fazer isso se, além de já estar abaixo do padrão, também está desencorajada? – Maria Montessori[19]

Isabella era uma aluna do quinto ano do ensino fundamental na minha sala (de Chip). Ela era uma estudante interessada, trabalhadora e cheia de energia. Era também sarcástica, espirituosa e precoce. Isabella ajudou a me ensinar a importância de entender por que as crianças se comportam mal antes que possamos efetivamente encorajar a melhoria do seu comportamento. Veja o que aconteceu.

As primeiras semanas do ano letivo começaram como um sonho. Eu tinha aprendido muito no meu primeiro ano de ensino, graças a um mentor fantástico e a muito trabalho duro. Fui encorajado pelo sucesso que minha sala de aula vinha alcançando durante as primeiras quatro semanas de escola. Meus planos de aula e a sala estavam bem preparados, as rotinas bem definidas e as crianças respondiam com entusiasmo. Então... as coisas começaram a desmoronar, e Isabella foi o principal catalisador.

Isabella havia começado o ano com muito entusiasmo. Ela estava cooperando, animada para fazer seu trabalho, era amigável e respeitosa. A mudança começou com pequenas interrupções na roda. Em pouco tempo, eu não conseguia avançar uma aula ou fazer uma reunião sem precisar pedir para ela sair. Isabella fazia comentários desrespeitosos e observações sarcásticas, e desprezava as outras crianças (ou eu). Ela não resistia a revirar os olhos, dar risadas inapropriadas e se levantar da roda sem permissão. Nada podia ser feito nas aulas ou reuniões de classe se Isabella estivesse na roda. Era muito desencorajador.

Fora da roda, Isabella estava tendo dificuldades com seus amigos. Ela vinha discutindo com eles sobre questões relativamente pequenas e sempre parecia estar envolvida em conflitos sociais durante o ciclo de trabalho. Provocar, excluir e discutir faziam parte de sua rotina diária.

Minha primeira reação à situação foi a raiva. Eu inevitavelmente "pedia" a ela para sair do grupo. Ela pisava duro e retrucava com as outras crianças como se tivesse acabado de cumprir sua missão. Na próxima vez que nos encontrávamos como um grupo, Isabella pegava o gancho exatamente onde havia deixado da última vez. Fora da roda, minha resposta à sua indelicadeza era lhe mostrar as consequências, tais como fazê-la trabalhar sozinha. Embora ela obedecesse no momento, seu comportamento só se intensificaria mais tarde.

Tentei tudo em que pude pensar para "administrar" o comportamento de Isabella, mas as coisas só pareciam piorar. Eu não estava no controle, e a classe sabia disso. Essa dinâmica agora estava estimulando o mau comportamento das outras crianças. Algumas pareciam estar agindo mal apenas porque a pessoa responsável pela classe parecia ter perdido o controle.

Isabella era obviamente capaz de mostrar cooperação e respeito, porque ela o havia demonstrado no início do ano. O que tinha acontecido? Por que ela estava fazendo isso?

O que é mau comportamento?

O mau comportamento nada mais é que a falta de compreensão da criança sobre como encontrar pertencimento e importância, ou a falta de habilidades sociais. Sem a compreensão ou sem habilidades para se conectar socialmente, as crianças se tornam desencorajadas em sua tentativa de se conectar com as outras pessoas.

As crianças são mais bem-sucedidas em desenvolver habilidades sociais e consciência quando são ensinadas diretamente e quando veem essas habilidades modeladas por outros, especialmente pelos adultos. Maria Montessori nos deu um presente maravilhoso quando desenvolveu o conceito de Graça e Cortesia. Ela entendeu que aprender a lidar com o mundo social era fundamental para o desenvolvimento da criança. Montessori escreveu: "O que é a vida social senão a resolução dos problemas sociais, comportar-se apropriadamente e alcançar objetivos aceitáveis para todos?".[20]

Isabella não tinha as habilidades para negociar com eficácia seus relacionamentos com amigos e professores. Ela não sabia como encontrar seu lugar no grupo sem interromper a roda ou se envolver em uma disputa por poder comigo.

A boa notícia, como iremos mencionar repetidamente neste livro, é que os erros são oportunidades de aprendizado. Quando as crianças têm a oportunidade de aprender com seus erros sem medo da punição, criamos um ambiente onde elas podem florescer e se tornar membros respeitosos e contribuidores de sua comunidade.

Lógica pessoal

Todos veem o mundo ao seu redor de maneira um pouco diferente. "Lógica pessoal" é o termo usado por Rudolf Dreikurs para descrever as suposições errôneas das crianças ou interpretações de si mesmas, dos outros e do mundo ao seu redor. Por causa dessas **interpretações** errôneas, as crianças desenvolvem **crenças** equivocadas e **tomam decisões** sobre como encontrar pertencimento e importância em suas famílias e comunidades. Essas crenças e decisões raramente são conscientes, e o comportamento que resulta disso é muitas vezes socialmente ineficaz e não leva à obtenção de pertencimento e importância.

Interpretação → Crença → Decisão

Na história acima, Isabella estava procurando um senso de pertencimento. Ela tinha 11 anos e ainda estava tentando encontrar seu lugar no grupo. No entanto, ela parecia acreditar que, para ter um lugar na comunidade, precisava estar no controle e ser a chefe. Ela estava usando o "objetivo equivocado" do

Poder mal direcionado como uma tentativa de atingir esse objetivo. O resultado era que ela estava entrando em conflito com seus amigos e professores. Em outras palavras, ela não estava alcançando seu objetivo de pertencer. O curioso é que as outras crianças realmente queriam ser amigas de Isabella. Ela era engraçada, envolvente e criativa. Para um observador, o comportamento de Isabella era contraproducente e autossabotador. Mas, por causa da própria lógica pessoal de Isabella, suas ações faziam todo o sentido para ela. Como escreveu Dreikurs: "Por meio de sua própria lógica pessoal, seu comportamento torna-se apropriado para ele".[21]

De acordo com Adler e Dreikurs, as crianças desenvolvem sua própria lógica pessoal como resultado da compreensão e interpretação de suas primeiras experiências na infância. Embora a lógica pessoal seja muito persistente em toda a vida, as pessoas são capazes de "mudar de ideia" e de adotar maneiras mais produtivas de encontrar pertencimento e importância se estiverem em um ambiente que promova a conexão e o desenvolvimento de habilidades sociais produtivas.

Desencorajamento

À medida que as crianças lidam com o seu mundo social e se comportam mal ou cometem erros sociais, elas raramente conseguem a conexão que de fato procuram. Na verdade, seu comportamento muitas vezes estimula uma reação negativa dos outros e, então, elas ficam desencorajadas. Esse desencorajamento leva a mais tentativas ineficazes de conexão e cria um ciclo autodestrutivo de mau comportamento.

Isabella estava em um ciclo de mau comportamento. Ela não tinha as habilidades ou a compreensão para obter o senso de pertencimento e importância que tão profundamente desejava. Seu mau comportamento provocava disputas por poder com professores e colegas. Ela não conseguiu a conexão que procurava, e muitos de seus amigos passaram a excluí-la de seus grupos de trabalho e das brincadeiras no parque. Seu professor a excluiu da roda. Como será que Isabella se sentia no final do dia? Ela estava desencorajada, o que a levou a mais mau comportamento, o que levou a mais desencorajamento, o que levou a mais mau comportamento... Isso soa familiar?

Orientar uma criança desencorajada para interromper o ciclo do mau comportamento requer percepção, paciência e respostas habilidosas que convidem a criança a se sentir segura, encorajada e apoiada. Isabella precisava de alguém que respondesse dessa maneira. Embora não soubesse na época, eu seria esse alguém.

Objetivos equivocados

Quando as crianças se sentem apoiadas e encorajadas em seu ambiente e sabem que pertencem (são amadas/aceitas) e se sentem importantes (por meio de responsabilidade e contribuição), elas prosperam. Com orientação, elas descobrem como são capazes. Elas se interessam pelos outros e os tratam com gentileza e respeito. Elas desenvolvem um senso de responsabilidade para com sua comunidade. Seu respeito, cooperação e consideração convidam a sentimentos de apreciação dos adultos e seus colegas.

Quando as crianças se sentem desencorajadas, elas se comportam mal, porque têm uma crença equivocada sobre como pertencer e se sentir importantes. À medida que Rudolf Dreikurs observou crianças, ele identificou quatro objetivos equivocados que elas adotam quando estão desencorajadas:

- **Atenção indevida:** para manter os outros ocupados com elas ou para receber vantagens especiais.
- **Poder mal direcionado:** ser o chefe ou estar no controle.
- **Vingança:** vingar-se, porque não pertencer dói.
- **Inadequação assumida:** desistir e ser deixado sozinho.

Quando perguntado "Por que você continua colocando crianças nessas classificações?", Dreikurs respondeu: "Eu não as coloco lá; eu continuo encontrando-as lá". As crianças não estão cientes da crença por trás de seu comportamento. Se você tivesse perguntado a Isabella por que ela estava se comportando mal, ela teria dito: "Eu não sei". Ela estaria dizendo a verdade. Quando as crianças se comportam mal, elas estão falando em código. A boa notícia é que o código é decifrável. Quando os adultos aprendem a identificar as crenças por trás do comportamento das crianças e a decifrar o código, eles podem responder de forma eficaz, atendendo às necessidades da criança, em vez de apenas interromper o comportamento temporariamente.

Vamos dar uma olhada nos objetivos equivocados novamente. Desta vez, as crenças equivocadas por trás do objetivo equivocado foram incluídas, bem como o código (a pista) para ajudar a criança a se sentir encorajada e, assim, mudar seu comportamento. Enquanto você ler cada uma das crenças equivocadas, pare por um momento e considere os alunos em sua sala de aula. Algum nome ou rosto vem à sua mente?

- **Atenção indevida**
  Crença equivocada: eu pertenço apenas quando estou sendo percebido ou recebendo alguma vantagem especial. Eu sou importante apenas quando mantenho você ocupado comigo ou quando você faz algo por mim que eu poderia fazer por mim mesmo.
  Mensagem codificada: perceba-me. Envolva-me de maneira útil.

- **Poder mal direcionado**
  Crença equivocada: eu pertenço apenas quando sou o chefe, quando estou no controle ou quando provo que ninguém pode mandar em mim. Você não pode me obrigar.
  Mensagem codificada: permita-me ajudar. Dê-me escolhas.

- **Vingança**
  Crença equivocada: eu não pertenço. Eu não posso ser querido ou amado, então vou magoar os outros quando me sinto magoado.
  Mensagem codificada: estou sofrendo. Valide meus sentimentos.

- **Inadequação assumida**
  Crença equivocada: não posso pertencer porque não sou perfeito, então vou convencer os outros a não esperar nada de mim. Não adianta tentar, porque não vou fazer direito.
  Mensagem codificada: não desista de mim. Mostre-me um pequeno passo.

O Quadro de objetivos equivocados (páginas 32-33) oferece uma maneira de identificar o objetivo equivocado da criança, as crenças por trás de seu objetivo e as soluções para oferecer a elas o encorajamento e o apoio de que precisam para encontrar o pertencimento e a importância em sua comunidade.

Como usar o Quadro de objetivos equivocados

Passo 1:

A primeira coluna do quadro lista sentimentos que descrevem a reação emocional do adulto em relação ao mau comportamento da criança para cada objetivo equivocado. A primeira pista para a motivação por trás do mau comportamento de uma criança é o sentimento principal do adulto. Então, quando uma criança se comporta mal, observe qual dos sentimentos na primeira coluna descreve com mais precisão a sua resposta emocional ao comportamento da criança.

Por exemplo, se a criança está interrompendo, e isso faz com que você se sinta desafiado, ameaçado ou derrotado, o objetivo equivocado da criança provavelmente é o Poder mal direcionado. Se o adulto se sentir aborrecido, irritado, preocupado ou culpado, então o objetivo equivocado da criança é provavelmente a Atenção indevida. Se o adulto se sentir magoado, desapontado ou descrente, o objetivo equivocado provavelmente será a Vingança. Se o adulto está se sentindo desamparado ou inadequado, é provável que o objetivo equivocado seja a Inadequação assumida. (Cuidado: às vezes o adulto pode se sentir "desamparado" para ganhar a disputa por poder.)

A resposta emocional do adulto é a primeira pista para decifrar o objetivo equivocado da criança.

Passo 2:

As colunas dois e três no quadro nos dão a próxima pista para o objetivo equivocado da criança. Esse é o "roteiro" que se desenrola entre o adulto e a criança. Na primeira coluna, você identificou qual sentimento o comportamento da criança despertou em você. A segunda coluna descreve a sua reação ao comportamento. A terceira coluna descreve a resposta da criança à sua reação.

Se você está tendo dificuldade para identificar seus sentimentos desde a primeira coluna, tudo bem. É comum ficar confuso sobre como você se sente, especialmente se você estiver sobrecarregado em um ciclo do mau comportamento. Basta escolher um sentimento que mais se aproxime. Em seguida, teste a sua hipótese: veja se o roteiro na segunda e terceira colunas descreve a interação que ocorre entre você e a criança.

Disciplina Positiva na sala de aula montessoriana

QUADRO DE OBJETIVOS EQUIVOCADOS

1	2	3	4
Se o pai/ professor sente:	**E tende a reagir:**	**E se, em resposta, a criança:**	**O objetivo equivocado da criança é:**
Incomodado Irritado Preocupado Culpado	Lembrando Adulando Fazendo coisas pela criança que ela mesma poderia fazer para si	Para temporariamente, mas depois retoma o mesmo ou outro comportamento perturbador Para quando recebe atenção exclusiva	**Atenção indevida** (manter os outros ocupados ou ganhar vantagem especial)
Bravo Desafiado Ameaçado Derrotado	Briga Cede Pensa "Você não pode escapar dessa" ou "Vou forçá-lo" Quer estar certo	Intensifica o comportamento Obedece, mas com resistência Sente que ganhou quando o pai/professor está irritado Demonstra poder passivo	**Poder mal direcionado** (ser o chefe)
Magoado Desapontado Descrente Ressentido	Retaliação Ajuste de contas Pensa "Como você pode fazer isso comigo?" Leva o comportamento para o lado pessoal	Faz retaliações Magoa os outros Danifica coisas Fica quites Intensifica/aumenta o mesmo comportamento ou escolhe outra arma	**Vingança** (ficar quite)
Desesperado Desesperançoso Desamparado Inadequado	Desiste Faz pelo outro Ajuda demais Mostra falta de confiança	Recua ainda mais Torna-se passivo Não mostra melhorias Não responde Evita tentar	**Inadequação assumida** (desiste e quer ser deixado sozinho)

As raízes do mau comportamento

5 A crença por trás do comportamento da criança é:	6 Mensagens codificadas	7 Respostas proativas e empoderadoras do professor incluem:
"Eu conto (pertenço/ sou aceito) apenas quando estou sendo notado ou recebendo atenção especial." "Eu sou importante apenas quando estou mantendo você ocupado comigo."	Perceba-me. Envolva-me de maneira útil.	Redirecione envolvendo a criança em uma tarefa necessária para ganhar atenção útil. Diga o que você vai fazer: "Eu me importo com você e _____ ". (Exemplo: "Eu me importo com você e passarei um tempo com você mais tarde".) Evite dar tratamentos especiais. Diga apenas uma vez e depois aja. Tenha confiança na criança para lidar com os sentimentos (não conserte ou resgate). Planeje um tempo especial. Envolva a criança ao criar rotinas. Toque sem palavras. Combinem sinais não verbais. Envolva a criança na busca de soluções durante as reuniões de classe – e um a um.
"Eu pertenço apenas quando sou o chefe, estou no controle ou provando que ninguém pode mandar em mim." "Você não pode me obrigar."	Deixa-me ajudar. Dê-me escolhas.	Reconheça que você não pode obrigar a criança a fazer algo e os redirecione para o poder positivo pedindo ajuda. Ofereça uma escolha limitada. Não dispute o poder e não ceda. Afaste-se do conflito e se acalme. Seja firme e gentil. Aja, sem falar. Decida o que você vai fazer. Deixe que as rotinas liderem. Desenvolva o respeito mútuo. Peça ajuda da criança para definir alguns poucos limites razoáveis. Pratique o acompanhamento. Envolva a criança na busca de soluções durante as reuniões de classe – e um a um.
"Eu acho que não pertenço, então vou magoar os outros do mesmo jeito que eu me sinto magoado." "Eu não posso ser querido ou amado."	Estou sofrendo. Valide meus sentimentos.	Valide os sentimentos feridos da criança (talvez você tenha que adivinhar o que a criança está sentindo). Não leve o comportamento para o lado pessoal. Quebre o ciclo da vingança evitando a punição e a retaliação. Sugira uma pausa positiva para vocês dois e, depois, concentrem-se juntos nas soluções. Use a escuta reflexiva. Compartilhe seus sentimentos usando uma frase que comece com "eu". Peça desculpas e faça as pazes. Estimule os pontos fortes. Coloque a criança no mesmo barco. Envolva a criança na busca de soluções durante as reuniões de classe – e um a um.
"Eu não acredito que posso pertencer, então vou convencer os outros a não esperar nada de mim." "Estou desamparado e incapaz." "Não adianta tentar, porque não vou fazer direito."	Não desista de mim. Mostre-me um pequeno passo.	Divida as tarefas em pequenos passos. Facilite a tarefa até que a criança tenha sucesso. Crie oportunidades para o sucesso. Reserve um tempo para o treinamento. Ensine habilidades/mostre como, mas não faça por ela. Pare todas as críticas. Incentive qualquer tentativa positiva, não importa quão pequena ela seja. Mostre confiança nas habilidades da criança. Enfatize os pontos fortes. Não tenha pena. Não desista. Aprecie seu filho. Desenvolva atividades com base nos interesses da criança. Envolva-a em encontrar soluções durante as reuniões de classe – e um a um.

O "roteiro" que se desenrola entre o adulto e a criança, encontrado na segunda e na terceira colunas, é a segunda pista para identificar o objetivo equivocado da criança.

Passo 3:

Usando as pistas das três primeiras colunas, você agora identificou o objetivo equivocado da criança, que está listado na quarta coluna. Cuidado para não usar o título do objetivo equivocado para rotular o mau comportamento da criança. Os títulos dos objetivos equivocados não descrevem o comportamento. Eles descrevem o motivo por trás do comportamento. Por exemplo, em resposta a uma criança que corre pela sala de aula, o professor pode pensar: "Rosa fará de tudo para ter minha atenção", e supor que o objetivo equivocado da criança seja Atenção *indevida*. No entanto, ao usar o Quadro de objetivos equivocados, o professor pode encontrar que ele se sente ameaçado e desafiado quando Rosa está correndo na sala. Se for esse o caso, então Rosa está realmente tentando mostrar ao professor que ela é a chefe. O Poder mal direcionado seria o objetivo equivocado de Rosa. Com esse entendimento, o professor agora pode abordar a raiz do comportamento de Rosa em vez do sintoma.

Identificar o objetivo equivocado de uma criança ajudará a mudar sua visão quanto às motivações da criança para que você possa lidar efetivamente com o mau comportamento com encorajamento, paciência e habilidade.

Passo 4:

Agora vamos dar uma olhada na quinta coluna. É aqui que muitos professores têm "revelações". As informações nessa coluna identificam a "crença por trás do comportamento" – o que Dreikurs identificou como a lógica pessoal da criança. Isto é, a crença equivocada por trás do objetivo equivocado de comportamento. O título do objetivo equivocado (quarta coluna) descreve a crença equivocada por trás do objetivo equivocado de forma sucinta.

A "crença por trás do comportamento" é a lógica pessoal da criança – o que ela acredita que precisa fazer para encontrar pertencimento e importância.

Passo 5:

A sexta coluna contém a "mensagem codificada". Essa é uma pista do que as crianças estão realmente pedindo, e o que as ajudará a ter um senso de pertencimento e importância na sala de aula. Por exemplo, uma criança com o objetivo equivocado da Atenção indevida está realmente pedindo para ser notada e se envolver de forma útil. A mensagem codificada é a chave que desvenda o mistério do redirecionamento do comportamento da criança de forma eficaz. É o caminho para aquela criança ganhar mais facilmente a conexão que procura. Quando as crianças se sentem conectadas, eles agem melhor!

A "mensagem codificada" ajuda os adultos a interpretar o que a criança está realmente pedindo, à medida que a criança busca pertencimento e importância.

Passo 6:

As soluções! A sétima e última coluna é simplesmente uma lista de respostas ou soluções proativas que foram consideradas mais eficazes para cada objetivo equivocado. Essas soluções ajudam a orientar efetivamente o comportamento da criança, conduzindo-a para formas mais socialmente eficazes de encontrar pertencimento e importância, ensinar habilidades sociais para toda a vida e estimular a cooperação e o respeito mútuo.

Vamos oferecer uma explicação mais completa dessas respostas e soluções ao longo do livro.

Respostas proativas e empoderadoras são sugestões específicas que ajudam a atender as necessidades sociais descobertas na mensagem codificada.

O fim da história

Por meio de minhas interações com Isabella, aprendi quão eficaz era o Quadro de objetivos equivocados. O objetivo equivocado de Isabella era o Poder mal direcionado. Sempre que Isabella interrompia a roda, ou brigava com os amigos, eu me sentia desafiado e ameaçado. Senti que ela ameaçava minha autoridade com os outros alunos. A segunda coluna do Quadro de objetivos equivocados diz que o adulto tende a reagir pensando: "Você não pode escapar dessa" ou "Vou forçá-lo". Quando li isso, senti como se alguém estivesse lendo minha mente! Esses sentimentos refletiam quase perfeitamente meu diálogo interno. Por sua vez, a resposta de Isabella espelhou a terceira coluna quase exatamente. Quando agi de acordo com minha resposta, geralmente tentando controlar o comportamento dela, ela intensificou a disputa por poder e agiu como se tivesse vencido. Isso só validou sua crença, conforme descrito na quinta coluna. Para minha grande tristeza, percebi que eu contribuí para o comportamento dela, engajando-me na disputa por poder, tentando provar que eu estava no controle e que Isabella deveria fazer o que eu exigia.

Depois de usar o Quadro de objetivos equivocados para Isabella, comecei a ganhar uma nova compreensão do que estava motivando seu comportamento. Ela precisava de escolhas e também sentir que poderia ser útil. Essa foi sua mensagem codificada. Passei a ter uma nova esperança e comecei a trabalhar.

O que aconteceu a seguir pareceu um milagre para mim como um novo professor. Comecei a usar algumas das sugestões da última coluna do Quadro de objetivos equivocados. Especificamente, dei a Isabella algumas responsabilidades na hora da roda e ofereci mais opções na criação de seu plano de trabalho a cada dia. Isabella tinha ótima caligrafia e adorava escrever. Perguntei se ela gostaria de fazer as anotações para nossas reuniões de classe e aulas, e ela aproveitou a chance. Imediatamente, seu comportamento na roda tornou-se positivo e produtivo. Conforme fui dando a Isabella mais opções sobre como e quando ela poderia fazer seu trabalho durante o dia, ela começou a ser uma das alunas mais produtivas da classe. Isso não só ajudou Isabella como me ensinou uma lição valiosa sobre um dos nossos princípios montessorianos fundamentais – a importância da escolha na sala. O mais interessante para mim foi que o relacionamento de Isabella com os colegas melhorou à medida que seu relacionamento comigo melhorou.

Hoje penso em Isabella com muito carinho, e acredito que ela diria o mesmo de mim. Até o final do ano, Isabella não apenas se tornou um verdadeiro membro da comunidade escolar como era vista como líder pelos outros alunos. Ela era a criança com quem todos podíamos contar.

Usei a teoria dos objetivos equivocados por mais de 25 anos e posso dizer que nem todas as crianças que apresentam um desafio comportamental respondem de forma tão drástica e permanente quanto Isabella. Muitas vezes leva algum tempo para identificar o objetivo equivocado da criança e para encontrar soluções que são eficazes com ela. No entanto, muitas crianças respondem dessa forma, e, na maioria das vezes, mesmo aquelas que não respondem de forma drástica fazem melhorias significativas ao longo do tempo.

Objetivos equivocados: perguntas e respostas

1. Os objetivos equivocados são uma progressão?

Rudolf Dreikurs acreditava que as crianças podem progredir ao longo dos objetivos equivocados, de Atenção indevida a Inadequação assumida, pois elas se tornam mais desencorajadas. Alguns que não conseguem vencer as disputas por poder podem chegar à Vingança. No entanto, algumas que não se sentem aceitas por meio de atenção apropriada podem pular o Poder mal direcionado e a Vingança e ir diretamente para a Inadequação assumida. Cada criança é única. Muitos de nós que usamos o Quadro de objetivos equivocados também descobrimos que algumas crianças parecem ser programadas na forma como respondem ao mundo, sem qualquer explicação externa para um desencorajamento progressivo. A boa notícia é que, se as crianças progridem nos objetivos equivocados, ou se elas simplesmente são predispostas a um sistema de crença equivocada em particular, o Quadro de objetivos equivocados funciona!

2. Uma criança pode ter mais de uma meta equivocada ao mesmo tempo?

Não. De acordo com Dreikurs, embora as crianças possam testar métodos alternativos para conseguir pertencimento e importância, com base na personalidade do adulto e em suas próprias observações do que "funciona" com o adulto, seu próprio objetivo equivocado parece permanecer bastante consistente. Por exemplo, uma criança com o objetivo equivocado de Atenção indevida pode se envolver em disputas por poder com um adulto que tem uma personalidade mais controladora e convida à disputa com seus alunos. E há momentos em que a criança se sente desencorajada por situações que acontecem fora da sala de aula. Talvez os pais possam estar estimulando objetivos equivocados com seu próprio comportamento.

3. E se eu estiver tendo dificuldade em identificar o objetivo equivocado da criança?

Às vezes é difícil identificar o objetivo equivocado da criança se você estiver sobrecarregado com o ciclo de mau comportamento dela. Pode parecer que você está vivenciando muitos dos sentimentos da primeira coluna do quadro. Quando os adultos sentem que uma criança pode ter mais de um objetivo equivocado, é mais provável que eles estejam confusos sobre seus próprios sentimentos, não que a criança tenha múltiplos objetivos equivocados. Aceite, isso é muito comum. Aqui estão algumas sugestões para tentar quando você se encontrar diante de dificuldades para identificar um objetivo equivocado:

- Deixe o quadro de lado e faça uma pausa. Dê a si mesmo alguma distância da situação e, em seguida, volte ao quadro quando estiver se sentindo mais centrado e desapegado. Tente olhar para ele em um domingo à noite, com uma taça de vinho ou outra bebida favorita.
- Peça ajuda a um colega. Às vezes estamos próximos demais. As crianças testam nossos limites, e nossa reação é muito forte. Um colega que tem uma relação diferente com a criança, ou que é mais desapegado do comportamento dela, pode ser capaz de ajudá-lo a identificar mais claramente como você está se sentindo e respondendo (o roteiro), então você poderá identificar com mais clareza o objetivo equivocado da criança.
- Lembre-se de que, não importa o objetivo equivocado, há muitas ferramentas da Disciplina Positiva que são encorajadoras e úteis para a criança.

4. E se eu errar o objetivo equivocado?

Em algumas situações você vai achar mais fácil identificar o objetivo equivocado da criança. Quando isso acontece, é muito satisfatório, porque muitas vezes o comportamento da criança começará a mudar rapidamente e ela começará a se tornar mais bem-sucedida socialmente. Às vezes a identificação correta é mais como um processo. Não se preocupe! A pior coisa que pode acontecer é você colocar em prática uma série de respostas respeitosas ou sugestões proativas que não são tão eficazes quanto outro conjunto de respostas ou sugestões respeitosas.

5. E quanto às crianças com deficiência?

Nem todo comportamento socialmente ineficaz é mau comportamento. Algumas crianças têm diferenças fisiológicas que as fazem se comportar de maneira diferente das crianças com desenvolvimento físico típico. Seu comportamento pode não atender às normas sociais e pode ser mal interpretado como mau comportamento. Por exemplo, uma criança com TDAH (transtorno do déficit de atenção com hiperatividade) pode ter dificuldade em ficar sentada durante as aulas e trabalhar calmamente durante o ciclo de trabalho matinal. Suas ações não são movidas por uma ideia equivocada de como encontrar pertencimento. Seu comportamento é causado por uma diferença fisiológica sobre a qual tem pouco ou nenhum controle. Usamos o termo Comportamento inocente para descrever o comportamento socialmente ineficaz causado por fatores fisiológicos ou diferenças de desenvolvimento. (O livro *Disciplina Positiva para crianças com deficiência*, de Jane Nelsen, Steven Foster e Arlene Raphael, pode ser uma leitura útil.)

Todas as crianças se comportam mal. Crianças com deficiência podem até se comportar mal de maneira mais intensa do que as crianças típicas. Antes de um diagnóstico preciso por um profissional licenciado e do desenvolvimento de um plano de educação que apoie e acomode suas necessidades especiais, a criança com Comportamentos inocentes (comportamentos que são sintomáticos da deficiência) pode se comportar mal com frequência e intensidade porque é facilmente desencorajada. Seus Comportamentos inocentes são frequentemente rotulados como comportamentos inadequados, e pressupõe-se que elas têm controle sobre o próprio comportamento, o que, na verdade, não ocorre. Elas se sentem rejeitadas, excluídas, diferentes. Tornam-se desencorajadas. Comportam-se mal. O mau comportamento associado aos Comportamentos inocentes leva rapidamente ao desencorajamento e a um ciclo intenso de mau comportamento.

Como todas as crianças se comportam mal, o Quadro de objetivos equivocados pode ser útil para todas as crianças, incluindo crianças com Comportamentos inocentes. Muitos pais de crianças com deficiência relatam que as ferramentas da Disciplina Positiva os ajudam com o mau comportamento, e têm o benefício adicional de fortalecer o relacionamento pais-criança. Um estudo na Suécia descobriu que a "resolução de problemas colaborativa reduziu significativamente o TOD (transtorno opositivo-desafiador), o TDAH (transtorno do déficit de atenção com hiperatividade) e sintomas de instabilidade emocional".[22]

Se uma criança não foi diagnosticada com deficiência, usar o Quadro de objetivos equivocados pode ajudar os professores a responder ao mau comportamento da criança com mais compreensão e eficácia. Quando os professores são capazes de responder de maneira mais eficaz ao mau comportamento da criança, torna-se mais evidente se essa criança tiver Comportamentos inocentes sobre os quais ela tem pouco controle. Aqui está um exemplo real:

Teresa estava tendo muita dificuldade para ficar sentada durante a roda. Ela tinha dificuldade em prestar atenção ao que estava sendo dito e dificuldade em manter o corpo parado. Conforme a roda progredia, ela interrompia a professora ou começava a conversar com uma de suas amigas. A professora usou o Quadro de objetivos equivocados e descobriu que o objetivo equivocado de Teresa era a Atenção indevida. A professora de Teresa trabalhou com ela para combinar um sinal secreto que levava Teresa a fazer uma pausa na roda quando ela estava sentindo inquieta. Teresa poderia voltar à roda quando se sentisse pronta para ficar sentada calmamente.

O plano funcionou muito bem. Teresa seguiu o acordo. Em vez de ser retirada da roda por causa das interrupções, ela e sua professora descobriram uma maneira respeitosa de fazer uma pausa necessária. Ela parou de perturbar os amigos e de interromper a roda. No entanto, após algumas semanas de implementação do sistema de sinalização, a professora de Teresa percebeu que não houve melhora em sua habilidade de sentar na roda. Embora Teresa não estivesse mais distraindo e interrompendo, ela ainda não conseguia se sentar na roda. Ficou claro para a professora que Teresa não tinha a capacidade de controlar sua inquietação quando estava na roda. Ela tinha Comportamentos inocentes.

Essa observação dos Comportamentos inocentes de Teresa foi descoberta porque sua professora usou o Quadro de objetivos equivocados para lidar de forma eficaz com o mau comportamento. Logo depois, Teresa foi formalmente diagnosticada com TDAH, e um plano de apoio educacional formal foi colocado em prática, o qual incluiu acomodações para seu diagnóstico, bem como soluções do Quadro de objetivos equivocados sobre como prevenir e responder ao mau comportamento de Teresa. Como resultado, a segunda metade do ano foi de muito sucesso para essa aluna.

PERGUNTAS PARA DISCUSSÃO

1. Você se lembra de uma época de sua vida em que se sentiu desencorajado em sua habilidade de encontrar pertencimento? Como você se sentiu com isso? Quais decisões você tomou sobre si mesmo e o que precisou fazer para encontrar conexão?
2. Qual você acha que era o seu objetivo equivocado quando criança?
3. Quando você considera a citação de Rudolf Dreikurs: "Uma criança mal-comportada é uma criança desencorajada", qual de seus alunos atuais ou ex-alunos vêm à sua mente?
4. Quais reações dos adultos ao mau comportamento podem levar as crianças a sentir mais desencorajamento e, por sua vez, comportar-se ainda pior?
5. Como o entendimento sobre a crença por trás do comportamento da criança afeta a maneira como você interage com ela quando se comporta mal?
6. Pense em uma criança que está tendo dificuldades comportamentais em sua sala. Use o Quadro de objetivos equivocados para identificar seus objetivos equivocados. Quais são as soluções da última coluna do Quadro que você acha que podem convidar a cooperação daquela criança?

4

CONEXÃO ANTES DA CORREÇÃO

De todas as coisas, o amor é a mais potente. – Maria Montessori[23]

Uma quantidade incalculável de tensão e esforço inútil seria poupada neste mundo se percebêssemos que a cooperação e o amor nunca podem ser conquistados à força.
– Alfred Adler[24]

Salena, uma professora do ensino fundamental I, estava no corredor durante a despedida das crianças do período matinal, junto a Nicholas e Peter, de 3 anos. Nicholas estava visivelmente zangado com Peter, e Peter estava de braços cruzados. Salena estava preocupada que Nicholas pudesse bater em Peter. Ela se ajoelhou ao lado dele e disse: "Nicholas, posso ganhar um abraço?". Nicholas hesitou e, então, estendeu os braços para Salena e deu-lhe um grande abraço em volta do pescoço. Seu rosto se suavizou e seus olhos se encheram de lágrimas. Salena disse: "Será que você poderia ir até o Peter e dizer a ele que você precisa de um abraço? Você pode dizer a ele: 'Preciso de um abraço' e talvez ele te dê um abraço e se sinta melhor também". Nicholas se aproximou de seu amigo e disse: "Peter, preciso de um abraço". Peter deu-lhe um grande abraço e os dois meninos saíram para brincar, de mãos dadas.

Conexão antes da correção

Estudos mostram que um dos maiores indicadores de sucesso do aluno é a percepção da criança de que seu professor se preocupa com ela. Em suma, as crianças agem melhor quando se sentem conectadas ao professor e aos colegas. Quando a cultura da sala é construída com base em relacionamentos afetuosos, as crianças prosperam (assim como os adultos).

Um estudo publicado em 2011 descobriu que a relação professor-aluno era extremamente importante para o sucesso do aluno em curto e longo prazos. De acordo com o estudo, as salas de aula devem ser colaborativas e encorajadoras, mas não permissivas. A abordagem da Disciplina Positiva apoia a construção de relacionamentos socioemocionais. "Essas conexões positivas desenvolvem habilidades de resiliência que são essenciais para os alunos."[25]

A ideia fundamental por trás da Conexão antes da correção é que as crianças estão mais abertas à correção quando se sentem seguras - quando confiam que os adultos estão do seu lado. A regra é colocar o relacionamento em primeiro lugar. Isso não significa que os adultos devem ser permissivos em nome da construção de relacionamentos. Na verdade, a permissividade irá corroer a confiança. Na Disciplina Positiva, nós enfatizamos as práticas gentis e firmes que empoderam os professores a responder ao mau comportamento das crianças de forma eficaz e, ao mesmo tempo, construir relacionamentos fortes e de confiança. Vamos dar uma olhada em algumas práticas intencionais que ajudam a construir um senso de conexão na sala.

1. Envolva as crianças na criação de rotinas e regras básicas

As rotinas dão às crianças a oportunidade de prever o que vai acontecer a seguir. Isso oferece a elas o poder de tomar decisões sobre como podem se preparar melhor, de forma prática e emocional, para a próxima etapa (transições, coisas de que gostam ou não gostam etc.). Rotinas consistentes criam um ambiente que nutre a autorregulação.

As regras básicas permitem que as crianças saibam quais são as limitações, ou limites, dentro dos quais podem lidar na comunidade da sala de aula, mantendo respeito e cooperação mútuos. Em uma sala de aula montessoriana, as regras básicas são poucas e simples, e ensinamos as habilidades necessárias para seguir as regras básicas.

O envolvimento das crianças na criação de regras básicas e nas rotinas aumenta seu desejo de seguir o que ajudaram a criar, estimulando assim a cooperação, o respeito e o senso de conexão nelas. As crianças desenvolvem um senso de pertencimento e comunidade quando têm a chance de compartilhar suas preocupações e opiniões. Não é de surpreender que as crianças também ajudem a manter as regras e rotinas básicas quando seus colegas cometem erros ou testam limites. E por que elas deixariam de fazer isso? Elas ajudaram a preparar o ambiente. Isso cria a Conexão antes da correção!

Envolver as crianças na criação de rotinas e regras básicas não deveria ser confundido com deixá-las criar as rotinas e as regras básicas. Liberdade dentro dos limites é o princípio orientador aqui. Sempre que possível, nós simplesmente tentamos incluir as crianças no processo de preparação do ambiente. Então, se você está trabalhando com crianças pequenas, em vez de dizer a elas que sempre devem andar em volta do tapete de trabalho no chão, você pode perguntar: "Como poderíamos ter certeza de que não pisaremos no trabalho de outra pessoa quando o vemos no tapete de trabalho?". Se você estiver trabalhando com alunos do ensino fundamental ou adolescentes, em vez de afirmar que espera que eles falem baixo durante o ciclo matinal de trabalho, pense em perguntar: "Que dificuldades alguns de vocês tiveram quando estavam tentando ficar concentrados em seu trabalho?". Escute as opiniões. Em seguida, pergunte: "O que poderíamos fazer para nos certificar de que a sala está silenciosa e sem distração?".

Para o aluno adolescente, estar envolvido na criação de regras básicas é incrivelmente importante, pois o autoritarismo percebido pode convidar ao desrespeito e a disputas por poder significativas. Quando convidado a criar regras em um processo democrático, o adolescente geralmente pensa nas mesmas regras (ou mais severas!) do que o que os adultos podem "impor" a eles.

Discutiremos as regras básicas, rotinas e procedimentos de sala de aula em muito mais detalhes no próximo capítulo.

2. Crie tradições

Como as tradições familiares, as tradições de sala de aula dão às crianças um senso de identidade como membros da comunidade da sala. As tradições marcam o tempo, o crescimento e a maturidade. Caminhadas de aniversário, comemorações de feriados, bem como aulas e atividades anuais, são sinais para as crianças e as ajudam a se ver como parte de algo maior.

Nas salas de aula montessorianas, uma vez que mantemos as crianças por três anos, temos uma oportunidade incrível de desenvolver tradições de sala de aula que serão lembradas por nossas crianças e suas famílias por anos – lembranças do tempo que compartilhamos juntos e da conexão que sempre teremos. As tradições dão à comunidade a oportunidade de planejar juntos, e de ver esse plano se concretizar.

Eu (Chip) adorava contar histórias aos meus alunos. Ao longo dos anos, acumulei uma série de histórias que contava uma vez por semana depois do almoço. Meus alunos amavam isso e mal podiam esperar pelo "dia da história". Os mais velhos imploravam para que eu recontasse as suas favoritas, e eles mesmos tentavam recontar as histórias para seus pais e alunos mais novos na sala. Anos depois de os meus alunos saírem da minha sala, eles se lembrariam não apenas das histórias, mas dos momentos especiais e do senso de pertencimento que compartilharam com seus amigos e comigo na sala.

3. Abrace seu senso de humor

Quando os adultos compartilham seu senso de humor com as crianças, riem de si mesmos e das piadas das crianças, ou compartilham suas próprias piadas, eles se tornam vulneráveis. Eles mostram às crianças que são humanos e se tornam modelos de vulnerabilidade para as crianças. O humor alivia o estresse em situações difíceis e ajuda todos a se lembrarem do que é realmente importante. Rir realmente é o melhor remédio!

Usar seu senso de humor pode ser uma maneira eficaz de lidar com o mau comportamento e de ir ao cerne da questão, ao mesmo tempo que estabelece a conexão com um aluno e preserva a dignidade de todos intacta. O professor de Monique, Deion, viu-a deslizando seu livro de literatura embaixo da estante durante o ciclo de trabalho matinal. Mais tarde, Monique explicou a Deion que não conseguia encontrar o livro, então ela teria que entregar o trabalho de literatura no dia seguinte. Deion sorriu confiante e disse: "Você já procurou embaixo da estante de geometria?". Percebendo que tinha sido pega, Monique sorriu de volta e pegou seu livro.

A risada é uma forma espiritual de comunhão: sem palavras, podemos dizer um para o outro: "Estou com você. Eu entendo". – Brené Brown[26]

4. Escute

Escutar profundamente a outra pessoa cria um profundo senso de conexão humana. Quando as crianças se sentem ouvidas e compreendidas, elas experimentam um senso de pertencimento. A importância de escutar não pode ser superestimada no desenvolvimento de relacionamentos com as crianças.

Um estudo publicado em 2003, conduzido pela pesquisadora Faye Doell, descobriu que há dois tipos de escuta: escutar para compreender e escutar para responder.[27] Aqueles que escutam para compreender relatam altos graus de satisfação em seus relacionamentos. Se você já passou um tempo com alguém que realmente escuta para entender, em vez de escutar para que possa falar a seguir, então você captou a diferença. Sentir-se compreendido, ou mesmo que alguém está tentando entender você, é uma das experiências humanas de conexão mais poderosas que alguém pode encontrar.

Algumas pessoas parecem ter nascido boas ouvintes. Elas têm uma capacidade inata de estarem presentes e de escutar para compreender. O resto de nós tem que praticar para se tornar bons ouvintes. A boa notícia é que habilidades de escuta são apenas isso – habilidades. Elas podem ser ensinadas e aprendidas. Uma notícia melhor ainda é que boas habilidades de escuta mudarão a maneira como você se comunica e se conecta com todos. No Capítulo 13, "Habilidades de comunicação", discutiremos maneiras de tornar mais acessível a comunicação com as crianças de modo a aprofundar a compreensão e a conexão.

5. Verifique primeiro

Verificar a compreensão antes de presumir é uma tarefa simples e, ao mesmo tempo, uma maneira profunda de desenvolver confiança, cooperação e conexão com as crianças. Muitas vezes os adultos veem uma situação, fazem suposições sobre o que viram e, em seguida, agem. Frequentemente a história envolve mais coisas do que vemos. Isso é especialmente verdadeiro quando os adultos respondem a uma criança que apresentou desafios comportamentais na sala de aula.

A professora montessoriana Shawnaly observou Amal, um menino de 4 anos, andando pra lá e pra cá na sala a fim de pegar o papel para um trabalho que ele estava fazendo. Cada vez que ele pegava um papel da bandeja, ele energicamente o jogava no chão, sorria, pegava do chão e voltava para sua mesa. Ela o viu fazendo isso várias vezes antes de intervir.

Meu primeiro pensamento foi me levantar e interrompê-lo, para dizer que precisamos tratar os materiais com respeito. Felizmente, lembrei-me do curso de Disciplina Positiva e decidi verificar com ele antes de presumir que estava sendo desrespeitoso. Ele me disse que só deveria pegar um papel de cada vez, mas às vezes as folhas ficavam grudadas. Então, ele as estava jogando no chão porque elas se separavam quando os jogava. Depois que se separavam, ele colocava as folhas extras de volta. Sob a perspectiva do adulto, vi uma criança maltratando os materiais. Mas o que realmente estava acontecendo é que uma criança descobriu sua própria maneira de seguir as regras na sala. Mostrei a ele como separar os papéis sem jogá-los, e nós dois aprendemos algo. Sou muito grata por ter verificado com ele. Em vez de desencorajá-lo, consegui abrir a porta para uma maior comunicação e compreensão.

Imagine ver uma criança jogando papel no chão de forma agressiva, repetidas vezes. Seria muito fácil fazer a suposição errada e logo realizar uma correção rápida em nome da conveniência. "Nós sempre tratamos nossos materiais com cuidado, Amal. Você pode usar esse material com respeito ou guardá-lo." Como a experiência de Amal teria sido diferente se Shawnaly o tivesse abordado dessa forma? Ela não o fez. Ela deu a ele o benefício da dúvida.

6. Planejem a diversão juntos

Reservar um tempo para se divertirem juntos é uma parte importante da conexão com as crianças. Há tanto a fazer e tão pouco tempo. Os três anos que as crianças permanecem em cada sala de aula montessoriana passam muito rápido. Não vamos nos esquecer de aproveitar as crianças enquanto elas estão conosco.

Mary, uma professora da educação infantil, escreve:

Algumas das minhas memórias favoritas na sala de aula são dos momentos em que o recreio acontecia dentro da sala por causa de chuva forte ou lama. Tomei a decisão consciente de não supervisionar o recreio de forma passiva, mas sim de me engajar ativamente com as crianças enquanto brincavam. Eu queria passar tempo com elas sem uma agenda ou tentando ensinar algo, resolver conflitos ou ajudá-las em uma tarefa. Eu tirava da prateleira quebra-cabeças, jogos ou materiais de arte, me sentava com as crianças e brincava ou criava com elas. Isso levou a conversas maravilhosas em que aprendi muito sobre cada aluno. Essa atividade aparentemente improdutiva promovia a conexão entre todos nós. Para mim, permitiu que as crianças se tornassem sujeitos, e não objetos. Eu descobri quem elas eram, como eram engraçadas e o quanto eu gostava delas como pessoas. Tivemos a chance de nos conhecer. Foi uma maneira poderosa de conexão, e valeu a pena cada momento que eu investi. Mais tarde, quando uma criança precisava ser redirecionada, eu conseguia abordá-la com mais compreensão, e ela, por sua vez, respondia com mais cooperação.

7. Crie um Momento especial

Lindsey, uma aluna do ensino fundamental I, entrava na sala de aula a cada manhã com muita fanfarrice. Ela aparecia na porta da sala e corria para encontrar o amigo Sam, então contava a ele tudo o que havia perdido desde que se viram pela última vez no dia anterior. Poucos minutos depois da sua chegada, Lindsey e Sam brigavam, e Sam normalmente acabava em lágrimas. Zhen, seu professor, passava os 10 a 15 minutos seguintes tentando ajudar esses dois a resolverem o conflito. Rapidamente se tornou claro para Zhen que Lindsey estava hostilizando Sam de propósito nessas interações. Ele suspeitou de que fosse uma tentativa de chamar sua atenção.

Zhen tirou alguns momentos do almoço para falar com Lindsey e disse: "Lindsey, eu realmente gostaria de passar mais algum tempo lendo com você durante o ciclo de trabalho matinal. Você gostaria disso?". Lindsey respondeu com entusiasmo. Zhen continuou: "Assim que você chegar à escola, a primeira coisa que vamos fazer de manhã é ler juntos. Quando você entrar, pode vir direto até mim e se sentar ao meu lado. Assim que eu estiver pronto, vamos ler juntos. O que acha disso?". Lindsey gostou muito da ideia.

Pouco depois de Zhen e Lindsey criarem sua rotina para os momentos especiais, os conflitos matinais com Sam terminaram, e Zhen e Lindsey mantiveram seu tempo de leitura para o resto do ano. Zhen refletiu: "Bastou cerca de cinco minutos para ler com Lindsey todas as manhãs. Acho que salvei dez minutos por dia criando aquele momento especial com ela. E nossas primeiras interações do dia passaram de negativas para positivas. Depois de uma semana, eu realmente estava animado para passarmos tempo juntos, e nós desenvolvemos um relacionamento muito bom".

Alguns professores podem se perguntar: "E se cada aluno quiser algo especial de manhã?". Geralmente não é o caso. No entanto, se isso se tornar um problema, poderá ser colocado na pauta de Reunião de classe para permitir que as crianças façam um cronograma ou cheguem a outra solução, assim como se revezar para ser o saudador da manhã.

O Momento especial é o tempo reservado com o propósito de fomentar a conexão e desenvolver um relacionamento mais profundo com as crianças da sua sala. Não precisa ser muito tempo, nem precisa estar fora da sua rotina normal. Os montessorianos passam grande parte do dia, durante o ciclo de trabalho de três horas, trabalhando individualmente com as crianças. Você terá uma oportunidade maravilhosa de fazer conexões individuais com elas.

Aqui estão alguns exemplos de como criar momentos especiais individuais com os alunos:

- Almoçar com um aluno por dia em uma mesa de dois lugares.
- Reservar um momento para perguntar a uma criança sobre alguns de seus interesses ou atividades fora da escola.
- Criar uma rotina que permita às crianças contarem com a sua presença. Por exemplo, definir um horário específico a cada dia para que uma criança leia para você.
- Fazer um trabalho especial na sala juntos todos os dias, como limpar a área de lanche ou endireitar as prateleiras.
- Participar de um evento do aluno após a escola (futebol, dança etc.).

Criar um Momento especial é uma ferramenta de conexão especialmente poderosa para crianças cujo objetivo equivocado é a Atenção indevida. O momento especial programado ajuda as crianças com Atenção indevida a atenderem suas necessidades de conexão de forma construtiva e proativa. Se você for consistente sobre como manter a rotina, os momentos especiais programados também ajudam a desenvolver a autonomia e a autorregulação das crianças. Contar com você para prestar atenção regular as ajuda a aprender a gerenciar suas próprias emoções e desejos enquanto antecipam esse momento.

8. Aprecie e encoraje a singularidade

Você já percebeu que as maiores fraquezas das crianças também parecem ser seus maiores pontos fortes? Uma criança bagunceira que também é muito criativa. Uma criança controladora que também é muito organizada. Uma criança agressiva que sempre defende seus amigos. Uma criança excessivamente sensível que é delicada e compassiva quando os outros são magoados. Assim como os adultos, a maioria das crianças tem consciência de suas dificuldades e dá o melhor de si, mesmo que não pareça.

Todas as crianças apresentam uma mistura de características e talentos únicos para elas. Essas características individuais as tornam as pessoas que são. Quando você reserva um tempo para reconhecer e encorajar a singularidade de uma criança, você permite que ela saiba que é aceita e valorizada por quem é. Você se torna uma ponte que a conecta à comunidade da sala.

"Thomas, eu percebi que você realmente cuida de seus amigos. Sou grato por você fazer parte da nossa classe."

"Minda, você sempre usa vários meios de comunicação diferentes para se expressar."

"Hope, você demonstra muita sensibilidade e cuidado com o que as outras pessoas sentem."

"Asher, você trabalhou muito para garantir que seu armário ficasse organizado. Percebi que você ajudou o Ben também."

Lembrar as crianças de suas dificuldades pode ser desencorajador. Compreender que por trás de cada dificuldade há uma dádiva, e apreciar essas dádivas, encoraja as crianças e cria conexão com elas.

9. Expresse confiança dando às crianças oportunidades para contribuir significativamente

Um princípio básico da filosofia montessoriana é o de que as crianças são capazes. Acreditamos que as crianças têm um desejo inato de aprender e contribuir para suas comunidades. Nós confiamos nelas e, ainda mais, confiamos na bondade inata da humanidade que habita em cada uma delas. Nós preparamos um ambiente que irá desencadear o incrível potencial que existe em todas as crianças. As crianças se desenvolvem e experimentam um senso de importância e contribuição quando há confiança nelas de que irão contribuir de maneiras significativas.

Tanto Montessori como Dreikurs enfatizaram a importância de desenvolver independência e capacidade nas crianças. Esse é um ponto de partida, mas não termina aí. As crianças se sentem conectadas, e como se pertencessem, quando podem usar essa independência e capacidade de contribuir com sua comunidade de forma significativa. É nossa obrigação ajudar as crianças a se tornarem independentes. No entanto, devemos também dar a elas as ferramentas para se tornarem membros contribuidores de suas comunidades. Oferecer oportunidades para contribuições significativas é uma das maneiras mais poderosas de atingir esse objetivo vital.

Aqui estão algumas maneiras de incentivar a contribuição significativa das crianças:

- Concentre-se nos pontos fortes. Descubra quais são os talentos das crianças e ofereça oportunidades para elas ajudarem os outros!
- Procure todas as oportunidades de delegar tarefas às crianças na sala de aula (tirando cópias, fazendo trabalhos de limpeza reais, plastificando os papéis, ajudando a preparar eventos, ajudando a elaborar material de sala de aula, liderando uma roda). Observe as tarefas que você realiza a cada dia e considere as coisas que as crianças podem fazer. Lembre-se, elas não estão fazendo isso por você. Você está dando a elas uma oportunidade de fazer contribuições para a comunidade e de descobrir um senso de pertencimento e importância.
- Não espere que as crianças ajudem umas às outras no trabalho da sala. Encoraje-as a procurar crianças específicas que possam ajudar. Por exemplo, se uma criança está apenas começando o Quadro de divisão e precisa de ajuda, peça a alguém que acabou de dominar esse material para ajudá-la, ou peça à criança que precisa de ajuda para pedir ao aluno que domina o material.
- Certifique-se de que as tarefas da sala (afazeres) sejam realmente significativas. Por exemplo, se houver 25 crianças em sua sala de aula, e apenas

20 tarefas que realmente precisem ser feitas, evite criar trabalhos coringas apenas para que todos tenham uma tarefa a cumprir. As crianças sabem quando o trabalho não é um trabalho real; elas agirão de acordo, e até mesmo vão se infiltrar em outras tarefas significativas. Em várias salas as crianças criam um livro ilustrado de "Descrição da tarefa".

- Tenha cuidado para não atribuir trabalho significativo apenas para as crianças que "conquistaram" sua confiança. Crianças que se comportam mal querem conexão, e a maneira mais poderosa de obter isso é por meio do interesse social ou da ajuda a outras pessoas. Quando as crianças encontram um senso de pertencimento e importância, sua necessidade de se comportar mal se dissipa.

10. Enfatize o progresso, não a perfeição

Conforme crescemos, muitos de nós aprendemos que as expectativas comportamentais eram "aprovado/reprovado". Ou você passou ou não. O foco sempre recaiu sobre o que poderíamos fazer melhor, quais eram nossas falhas e o que precisávamos fazer para corrigir essas falhas. O problema com esse tipo de pensamento é que, muitas vezes, leva ao desencorajamento. E se o foco fosse reconhecer o progresso e a melhoria ao buscar alcançar esse objetivo?

Um artigo da Mayo Clinic explica que enfatizar a perfeição pode ser prejudicial para alcançar nossos objetivos. Isso nos retarda, incentiva a autopercepção negativa e dificulta a resolução de problemas. Por outro lado, quando nossa mente está concentrada no progresso, podemos continuar avançando: "Ao priorizar o progresso, você pode superar os obstáculos com mais facilidade, porque sabe que haverá altos e baixos. Você sabe que não precisa ser perfeito. Você sabe que o caminho para o sucesso não é uma linha reta. Esse saber mantém você no caminho do sucesso".[28]

Susan estava fazendo uma Reunião de classe com sua turma do ensino médio. A Reunião era sobre um menino, James, que tinha machucado intencionalmente outras crianças. As crianças gostavam de James, mas estavam frustradas porque James continuava a bater, embora muitos deles tivessem falado com ele sobre isso na Mesa da paz. Susan também tinha ouvido comentários dos outros pais sobre a agressão de James em relação a seus filhos. Era primavera, e esse assunto havia surgido várias vezes ao longo do ano. As outras crianças estavam desencorajadas. Uma delas comentou, exasperada, que iria perder tempo falando sobre isso, porque aconteceria novamente.

Objetivamente, a agressão ainda estava acontecendo. Mas, na verdade, James tinha feito grandes avanços ao longo do ano, em grande parte em virtude do trabalho que as crianças fizeram na Reunião de classe. Era uma ocorrência rara agora – talvez uma vez em várias semanas – que James machucasse um colega de classe. (No início do ano acontecia algumas vezes por semana.) Susan percebia isso, mas as crianças não. Elas estavam medindo o sucesso de James através das lentes da perfeição, não do progresso.

Nessa Reunião de classe, Susan fez uma pergunta simples: "O James melhorou desde que começamos a falar sobre isso na Reunião de classe, no início do ano?". Todo o tom da discussão mudou. As crianças reconheceram que ele ainda batia ocasionalmente, mas tinha feito muito progresso. Logo após a reunião, Susan começou a ouvir os outros alunos reconhecendo James quando ele resolvia problemas por meio de uma discussão ou se afastando. Em algumas semanas a agressividade de James desapareceu completamente. James nunca mais bateu em uma criança na escola. A história é real.

Quando o foco está no progresso, e não na perfeição, as crianças se sentem apoiadas por seus professores e outras crianças.

11. Seja vulnerável

Todos nós cometemos erros. Quando os professores são capazes de ser abertos e honestos com seus erros, as crianças aprendem que não há problema em cometer erros, e que também não há problema em admitir seus erros.

Alan estava ensinando uma lição de álgebra para alguns de seus alunos do ensino médio. Ele normalmente vinha para a escola uma hora mais cedo para revisar seu plano de aulas e se preparar para o dia. Naquela manhã Alan estava com pressa e não teve tempo de se planejar e preparar o plano de aula. Ele tinha ensinado álgebra por anos e deu como certo que poderia elaborar a aula na hora. A aula começou, e, depois de cerca de quinze minutos tropeçando, Alan parou e disse aos alunos: "Eu peço que vocês façam o dever de casa todas as noites e venham para a aula preparados. Presumi que poderia dar essa aula sem revisá-la, mas não fiz minha lição de casa. Eu peço para corrigir os exercícios quando vocês cometem erros, e agora devo consertar os meus. Dediquem o resto da aula para colocar em dia as tarefas atrasadas. Não há dever de casa esta noite. Vou dar esta aula amanhã".

Alan compartilhou:

Eu nunca teria admitido um erro como esse durante meus primeiros anos ensinando. Eu acreditava que admitir erros para os alunos era um sinal de fraqueza. Achava que era meu trabalho modelar como fazer as coisas direito. Ficou claro que as tentativas de esconder minhas imperfeições das crianças foram em vão. Quando tentei encobri-las, na verdade criei uma divisão entre as crianças e eu, porque elas sabiam que eu tinha cometido muitos erros. Quando comecei a servir de modelo ao admitir meus erros, algo incrível aconteceu. Elas começaram a assumir a responsabilidade pelos seus erros também. Toda a atmosfera na sala de aula mudou, porque a confiança cresceu entre todos.

Montessori escreveu: "A partir dessa conscientização dos erros, surge um tipo de irmandade. Os erros dividem os homens, mas sua correção é um meio de união... Torna-se um vínculo, e certamente é um vínculo de comunhão entre os seres humanos. Isso ajuda especialmente a trazer harmonia entre as crianças e os adultos. Detectar algum pequeno erro em uma pessoa adulta não produz falta de respeito na criança ou perda de dignidade no adulto".[29]

Fazemos parte do ambiente vivo em uma sala de aula montessoriana e temos a honra de usar nossos maneirismos e nosso comportamento como ferramenta de ensino. Se quisermos incentivar os erros como oportunidades de aprendizagem, devemos ser modelos de como fazer isso em nós mesmos. Quando o fazemos, criamos um espaço seguro para as crianças admitirem seus erros e usá-los para crescimento pessoal e como um meio de criar uma atmosfera de aceitação e senso de comunidade.

12. Dê tempo para criar vínculos (com os adolescentes)

Os adolescentes estão em transição para a idade adulta. Eles estão no processo de individualização de seus pais e professores, e seu principal senso de pertencimento e importância agora vem dos colegas. Os relacionamentos com os adultos ainda são vitais, mas os relacionamentos com colegas tornam-se mais importantes. Como o adolescente se esforça para encontrar seu lugar no mundo, especialmente dentro da comunidade em sala de aula, a ideia de Conexão antes da correção é crucial para a criação de um ambiente de apoio.

Se você já trabalhou com alunos adolescentes, sabe que um conflito social pode sabotar o trabalho acadêmico de um dia inteiro (ou semana). Os conflitos são naturais e inevitáveis no processo de encontrar um lugar na comunidade. Mas nem todos os conflitos são produtivos. Se os adolescentes não têm a oportunidade de criar vínculos e encontrar sua identidade como comunidade, os conflitos podem rapidamente evoluir em um ciclo destrutivo, sobretudo em ambientes montessorianos menores.

Para ajudar os adolescentes a se vincular e a encontrar sua identidade como um grupo, e para ajudar os alunos individualmente a encontrar sua identidade dentro do grupo, muitas escolas dedicam um tempo significativo no início do ano letivo para ajudar a sala de aula a se enturmar.

Samantha, uma professora do ensino médio, explica como sua escola cria oportunidades para os alunos se relacionarem.

Na segunda semana de aula, todos os anos, passamos uma semana fora da escola em um programa de liderança e desenvolvimento de equipes. Os alunos passam a semana toda focados em habilidades de comunicação, atividades de desenvolvimento de equipe, habilidades de tomada de decisão e liderança. Na oitava semana de aula nós deixamos o campus novamente para nossa viagem anual da Odisseia. É um acampamento de oito dias, com foco em nossos estudos de história para o ano. A viagem tem muitas atividades e pressiona a turma a trabalhar em equipe. Enquanto aprendemos muito ao visitar museus, exposições de história viva e locais históricos, o propósito maior da viagem é oferecer uma oportunidade para os alunos se relacionarem como grupo. Se não aproveitássemos esse tempo para conhecer suas necessidades de conexão e identidade de forma proativa, gastaríamos muito mais tempo tentando ajudar os alunos a lidarem com a busca de seu lugar na comunidade provocada por conflitos durante o ano letivo.

PERGUNTAS PARA DISCUSSÃO

1. Quais práticas você usa que ajudam a construir um senso de conexão entre você e seus alunos?

2. Como você pode envolver as crianças em sua sala de aula ao criar rotinas e regras básicas? Que linguagem você usaria para fazer isso, sem ser permissivo?

3. Recorde-se de um momento em que você fez uma suposição sobre o comportamento de uma criança e gostaria de ter verificado a compreensão primeiro.

4. Identifique as tradições que você tem em sua sala de aula que convidam as crianças a encontrar um senso de pertencimento à/na comunidade.

5. Descreva uma situação de sua infância em que você vivenciou um senso de pertencimento e importância quando um adulto depositou confiança em você por ter lhe dado a chance de contribuir de forma significativa.

6. Lembre-se de uma época em que você era criança, quando um adulto o surpreendeu por demonstrar vulnerabilidade. Qual foi sua resposta?

7. Como você foca o progresso em vez da perfeição?

5

PREPARAR O AMBIENTE PARA PROMOVER RESPEITO MÚTUO, COOPERAÇÃO E AUTORREGULAÇÃO

Agora, o próprio adulto faz parte do ambiente da criança. O adulto deve se ajustar às necessidades da criança se ele não for um obstáculo para ela e se não servir de substituto da criança nas atividades essenciais para o crescimento e o desenvolvimento. – Maria Montessori[30]

Podemos mudar toda a nossa vida e a atitude das pessoas ao nosso redor simplesmente mudando a nós mesmos. – Rudolf Dreikurs[31]

Era início de abril, e Mei sentia como se o verão estivesse muito distante. Os alunos de sua sala de educação infantil estavam "fora de controle". Quatro ou cinco das crianças constantemente atrapalhavam as outras. Elas estavam sendo desrespeitosas umas com as outras e com os professores. Parecia que todos os dias havia alguém apanhando no parquinho. Muito pouco trabalho estava sendo feito, e os pais começavam a reclamar. Foi um ano difícil desde o início. Em junho, Mei estava mais preparada do que nunca para as férias de verão. Não era uma sensação boa. Talvez você já tenha tido uma experiência semelhante.

Mei não era uma professora novata. Ela tinha ensinado por mais de dez anos, e essa foi a turma mais difícil que já teve. Ela saiu de férias sentindo que não tivera sucesso, confusa sobre o que havia acontecido com a turma naquele ano. No terceiro dia de férias, Mei decidiu que não poderia simplesmente deixar aquele ano para trás sem aprender com ele. Ela ligou para uma boa amiga, Anika, e lhe perguntou se ela poderia ajudar a fazer uma retrospectiva do ano para identificar o que tinha dado errado. Anika concordou prontamente e as duas se encontraram para um café.

Anika ouviu com atenção enquanto Mei falava abertamente sobre suas dificuldades. Ela descreveu como foi difícil definir e manter limites com as crianças. Como seu assistente não era firme, as crianças o viam como o policial bom e Mei como a policial má. Mei sentiu que nunca poderia apreciar as crianças porque era obrigada a manter as regras básicas e a disciplina, enquanto seu assistente aproveitava muitos momentos exclusivos com os alunos. Ela também explicou que no meio do ano as crianças pareciam não seguir as regras básicas, e que as transições eram a pior parte do dia. Os alunos mais velhos não estavam liderando, e Mei sentiu que nunca poderia sair da sala de aula, nem mesmo para ir ao banheiro.

Anika começou a fazer algumas perguntas muito perspicazes. "Qual era seu plano para se comunicar com seu assistente?" "Conte-me sobre como você definiu as rotinas na sala de aula." "Qual era o seu plano para fazer o acompanhamento com as crianças sobre as regras básicas da sala de aula?" "Com que frequência você observava sua sala e durante quanto tempo?" "Você compartilhava suas anotações sobre a observação com seu assistente?"

Acontece que Anika tivera uma experiência semelhante. Uma dinâmica realmente difícil em sua sala de aula a levou a examinar de forma minuciosa sua prática e sua configuração de sala, o ambiente físico e o socioemocional (rotinas, disciplina em sala de aula, Graça e Cortesia, habilidades sociais, rotinas etc.). As perguntas que ela fez a Mei se basearam em sua experiência duramente conquistada. Mei ficou grata pela conversa e agradeceu a Anika. Sua amiga respondeu: "Fazendo um retrospecto, os anos mais difíceis foram meu maior maior presente. Eles me forçaram a me tornar vulnerável e aberta a mudanças em um momento da minha carreira no qual eu estava começando a me sentir confortável". Anika e Mei prometeram se corresponder ao longo do ano. A discussão proporcionou a Mei muita reflexão.

Preparar o ambiente: componentes de gestão da sala de aula

Nada é mais divertido e satisfatório para um professor montessoriano do que configurar sua sala de aula antes do novo ano letivo. Há muita alegria a ser encontrada ao organizar prateleiras, criar tarefas, arrumar os materiais, plastificar, decorar a sala e prepará-la para os alunos ansiosos que logo chegarão a este espaço. Há um senso de esperança e expectativa entre professores que permeia toda a escola.

O ano difícil de Mei começou com o mesmo otimismo. Ela tinha gastado dias preparando a sala para seus alunos. Mas não podia prever o que estava por vir. Citando *Forrest Gump*, "A vida é como uma caixa de bombons. Você nunca sabe o que vai provar". Os anos mais difíceis parecem vir do nada, influenciados por fatores que estão além do nosso controle ou capacidade de previsão, como matrículas de última hora, altas porcentagens de crianças com necessidades especiais não diagnosticadas, dinâmicas de grupo difíceis, influência parental etc. O que Mei descobriu, com a ajuda de Anika, é que havia variáveis que ela *poderia* controlar que ajudariam a criar um ambiente socioemocional que proporcionasse a cooperação e o respeito mútuo.

Na sala de aula montessoriana, um dos nossos principais objetivos é promover independência, autorregulação e respeito. Tomamos muito cuidado ao preparar os ambientes da sala de aula física para atingir esses objetivos, mas o ambiente socioemocional também deve cultivá-los. O ambiente socioemocional é composto por duas partes: relacionamentos e estruturas que sustentam esses relacionamentos. Os relacionamentos são o coração e os tecidos moles da comunidade de sala de aula. Mas, para permanecer vital, o coração deve ser protegido por um sistema esquelético, que é a estrutura. Neste capítulo, discutiremos as estruturas da sala de aula montessoriana que oferecem segurança e proteção aos tecidos moles e ao coração, criando um ambiente seguro, consistente e previsível que promove a autorregulação. Aqui estão os componentes do nosso sistema esquelético:

- Rotinas.
- Transições.
- Regras básicas.
- Habilidades de Graça e Cortesia.
- Ordem.
- Comunicação entre adultos.

Rotinas

As rotinas oferecem consistência e previsibilidade para as crianças. Rotinas bem estabelecidas e consistentes criam um ambiente onde as crianças sabem o que acontece na sequência, e são capazes de lidar com seu ambiente de forma independente, tanto logística quanto emocionalmente. Quando as rotinas são consistentes, bem pensadas, comunicadas e praticadas, as crianças podem se preparar internamente para o que vem a seguir. Isso ajuda a desenvolver independência, habilidades para gerenciar o tempo (mesmo em idades mais jovens), cooperação e autorregulação.

No caso de Mei, ela sabia da importância de rotinas consistentes, mas caiu na armadilha que pega muitos professores experientes. Assim como a maioria dos professores, ela adorava apresentar e conectar as crianças ao trabalho na sala de aula. No entanto, como ela se tornou mais hábil como professora, suas rotinas haviam se tornado mais leves e inconsistentes com o passar dos anos. Sem perceber isso, Mei lentamente se tornou "a chefe", em vez de depender das rotinas para orientar a turma. As crianças tornaram-se dependentes dela para ter sucesso, o que a deixou exausta e as crianças, desencorajadas.

Quando as rotinas são fracas e inconsistentes, as crianças dependem dos adultos para terem orientação sobre o que fazer a seguir. Isso significa muita pressão para ambos, adulto e criança. O adulto deve dar instruções em tempo real, que rapidamente se tornam comandos, e as crianças têm a opção de obedecer ou se rebelar. Ambas as opções criam um ciclo de dependência. Frequentemente os adultos são os últimos a ver a raiz do problema e então começam a culpar as crianças. "Esta é uma turma difícil" ou "Por que essas crianças não escutam?" ou "Quantas vezes eu tenho que dizer isso a eles...?".

Algumas sugestões para criar rotinas consistentes e previsíveis:

- *Reserve um tempo para planejar:* uma das práticas mais úteis para criar rotinas consistentes e previsíveis é construir e documentar as rotinas no início do ano com todos os adultos presentes (professores, assistentes, especialistas etc.) para que todos tenham clareza sobre quais são as rotinas, quando ocorrem e como realizá-las. Ao longo do ano, reserve um tempo para avaliar as rotinas e ver se elas estão ajudando toda a comunidade de crianças e adultos. Caso contrário, façam alterações juntos.

- *Primeiro isso, depois aquilo!* Ao estabelecer rotinas de sala de aula, considere colocar as atividades que exigem mais autodisciplina antes daquelas que são mais prazerosas. Por exemplo, "Primeiro nós limpamos a sala, e depois vamos para o parque", ou "Primeiro vamos limpar o jardim. Depois, vamos jogar uma partida de futebol". Essa é uma prática maravilhosa para adiar a gratificação e desenvolver a autorregulação. Apesar de simples, é profundamente impactante, tanto para as crianças como para a gestão da sala de aula.

- *Deixe as rotinas serem as chefes!* Rotinas consistentes e previsíveis são uma forma de comunicação em si. Quando as crianças conhecem as rotinas da sala, os adultos não precisam dar comandos. O professor pode simplesmente perguntar: "O que vem a seguir?" se um aluno precisa ser redirecionado ou lembrado. Quando as rotinas lideram, a pressão sobre todos diminui. As crianças ganham independência e os adultos passam menos tempo corrigindo e direcionando. Com isso, sobra mais energia para as coisas que amamos, como dar aulas, observar e simplesmente desfrutar das inúmeras personalidades que compõem nossas comunidades de sala de aula. Sempre que possível, convide as crianças para ajudar a criar e avaliar as rotinas da sala. Elas desenvolvem um senso de pertencimento, importância e apropriação em sua sala quando ajudam a desenvolver e avaliar as rotinas. Nos Capítulos 15-17, discutiremos como envolver as crianças na resolução de problemas quando as rotinas da sala não estão funcionando. As crianças têm uma perspectiva única e importante, e suas observações e sugestões podem ser inestimáveis para ajudar a resolver problemas com as rotinas da sala!

- *Ciclo de trabalho ininterrupto:* proteja o ciclo de trabalho ininterrupto! O ciclo de trabalho montessoriano é o coração e a alma do dia – e o mais importante da rotina diária. Esse é o tempo em que as crianças estão livres para fazer escolhas de atividades, trabalhar de forma independente, trabalhar com amigos e receber orientação de seu professor. É durante esse tempo que as crianças desenvolvem concentração, curiosidade, resiliência e independência. Muitas vezes as escolas ou salas começam a diminuir esse componente essencial do dia montessoriano e mais tarde se perguntam por que as crianças não são tão independentes ou focadas como gostariam que fossem, ou por que os comportamentos inadequados surgem. Lembre-se, todo o ambiente é organizado para promover a independência. Se as crianças não têm tempo para desenvolver níveis constantes de concentração por meio de suas experiências no ambiente, então como podemos esperar que elas se tornem independentes?

Como escreveu Maria Montessori: "Antes de essa atenção e concentração serem alcançadas, a professora deve aprender a se controlar para que o espírito da criança esteja livre para se expandir e mostrar seus poderes. A essência de seu dever é não interromper os esforços da criança. Esse é um momento em que a delicadeza da sensibilidade moral da professora, adquirida durante seu treinamento, entra em jogo. Ela deve aprender que não é fácil ajudar, nem mesmo, talvez, ficar parada e observar".[32]

Transições

As transições estão entre os momentos mais difíceis do dia escolar para as crianças e os adultos. Na maioria dos casos, é aqui que você observará mais situações de mau comportamento, quer esteja trabalhando com crianças pequenas, alunos do ensino fundamental ou adolescentes.

Muitas coisas acontecem durante a transição. Uma atividade tem que terminar, e outra vai começar. Alguns membros da comunidade podem não ter terminado uma atividade quando a transição começa, e ficarão desencorajados. Algumas crianças, em geral, têm dificuldade para controlar suas emoções quando é hora de mudar de marcha.

Sem perceber, os adultos costumam convidar ao mau comportamento durante as transições. Quando Anika ajudou Mei a revisar suas transições, Mei percebeu que ela e seu assistente muitas vezes não estavam totalmente presentes nesses momentos. Um deles corria rapidamente para o banheiro ou ficava para trás para limpar alguma bagunça ou terminar algo em que estavam trabalhando antes da transição. As crianças perceberam isso e sentiram a falta da presença de um adulto em um momento em que era mais necessário. Mei também percebeu que não tinha investido tempo para planejar os detalhes das transições de sala de aula com seu assistente. Isso os fazia constantemente presumir ou adivinhar o que o outro estava fazendo. Eram falhas de comunicação e "incêndios" que precisavam ser apagados em quase todas as transições.

A boa notícia é que, quando as transições são bem planejadas, bem praticadas e os adultos estão totalmente presentes, elas podem fluir com facilidade. Antes de uma transição, os adultos precisam parar o que estão fazendo e estar prontos para supervisionar. Resumidamente, os adultos precisam estar totalmente presentes quando a transição começa para ajudar a manter a rotina da transição. Quando os alunos sentem que o adulto dá toda a atenção, e as rotinas de transição são consistentes e previsíveis, isso ajuda as crianças a se sentirem seguras, e o mau comportamento é minimizado significativamente.

Algumas considerações para criar transições bem-sucedidas são:

- Reserve um tempo para o planejamento e a comunicação entre os adultos.
  - Quais as funções de cada um dos adultos (na saída, no monitoramento etc.)?
  - Onde os adultos estarão posicionados e quando?
  - A que horas acontecerão as transições?
  - Como serão as despedidas das crianças?
  - Quais crianças precisam de apoio extra? De que tipo de apoio elas precisam? Quem vai oferecer (professor, outro aluno etc.)?
  - O que se espera das crianças (Graça e Cortesia, logística)?
  - O que os adultos precisam comunicar quando uma rotina de transição vai mudar?
- Dê a si mesmo tempo para se preparar para uma transição *antes* de a transição acontecer. Termine o que está fazendo, vá ao banheiro, limpe a área etc.
- Prepare os alunos que precisam de um pouco de tempo para a transição. Algumas crianças que ainda estão desenvolvendo a autorregulação precisam desse tempo a mais para se preparar para as próximas transições, ou ficarão frustradas. Um professor poderia dizer: "Finn, vamos fazer uma roda quando eu terminar minha atividade. Você quer começar a se preparar agora ou esperar o sino tocar?"
- Pense em alternativas que substituam as filas durante as transições. Na verdade, omita as filas sempre que possível. Os adultos se comportam mal nas filas! Por que esperamos que as crianças esperem nas filas sem se comportar mal? Às vezes o alinhamento é necessário para a segurança. No entanto, muitas vezes colocamos as crianças em fila porque não consideramos outras alternativas. Por exemplo, em vez de fazer fila para sair,

peça a um adulto que fique esperando lá fora, e outro adulto pode monitorar as crianças dentro da sala. Quando as crianças estão prontas para sair, elas podem simplesmente caminhar para fora (obviamente, cada configuração escolar é diferente e as necessidades de segurança precisam ser a prioridade). Ou simplesmente caminhem em grupo e ensine as crianças a habilidade de Graça e Cortesia de andar em um lado do corredor, escada ou calçada.

- Omita as rodas de transição sempre que possível (especialmente nas salas de educação infantil). Por exemplo, em vez de trazer todos para a roda antes de se mover como um grupo, basta tocar as crianças no ombro e dizer que é hora de passar para a próxima atividade. Certifique-se de envolver as crianças mais velhas para ajudar as mais novas nas transições nas salas de educação infantil (use um sistema de camaradagem ou tenha tarefas específicas para crianças mais velhas).
- Cuidado com as transições abruptas. Chegar do parque e ir direto para a roda é uma transição abrupta, pois as crianças estão transitando de um momento de excitação, atividade motora grossa e brincadeiras independentes (e, às vezes, conflito social) direto para um ambiente que requer autocontrole imediato. Antes das atividades que envolvem todo o grupo, como reuniões de classe, atividades em roda ou instrução especializada, considere oferecer um tempo calmo e independente.

Regras básicas

O objetivo das regras básicas na sala montessoriana é estabelecer diretrizes para um comportamento respeitoso, a fim de promover a independência social e autorregulação. As salas de aula montessorianas já foram criticadas por serem muito permissivas, soltas ou livres. Ou, por outro lado, muito rígidas ou controladas. Por trás dessas críticas está um mal-entendido fundamental sobre nossa filosofia e sua implementação.

Uma sala de aula montessoriana bem liderada não é permissiva nem excessivamente controlada. As crianças têm uma noção clara dos limites sociais apropriados e da liberdade de operar dentro desses limites. Esse é o conceito de liberdade dentro de limites. É papel do adulto preparar um ambiente onde as crianças tenham limites claros e firmes, com liberdade para fazer escolhas e aprender com seus erros. Deve haver algumas regras básicas, e elas devem ser simples e promover o direito de todos à dignidade e ao respeito.

A liberdade de uma criança deve ter em seu limite os interesses do grupo ao qual ela pertence.... Devemos, portanto, evitar que uma criança faça qualquer coisa que possa ofender ou magoar outras pessoas, ou que seja indelicado ou impróprio. Mas todo o resto, cada ato que possa ser útil de qualquer forma, pode ser expressado. Não só deve ser permitido como também observado pelo professor. – Maria Montessori[33]

Na Disciplina Positiva, procuramos envolver as crianças na criação de rotinas e regras básicas sempre que possível, porque isso estimula um senso de propriedade na comunidade da sala. Quando as crianças sentem que têm propriedade sobre a sala, elas não só são mais propensas a cooperar como também a assumir papéis de liderança enquanto ajudam seus colegas a se tornarem membros mais responsáveis da comunidade.

Mei já ensinava fazia um bom tempo e sempre foi muito intencional sobre como ensinar às crianças as regras básicas da sala de aula no início do ano. Mas ela sempre mostrou às crianças as regras básicas e, depois, praticavam juntos. Quando ela aprendeu sobre os benefícios de envolver as crianças na criação das regras básicas, decidiu tentar. No decorrer das primeiras semanas do ano letivo seguinte, Mei perguntou: "Vocês gostariam de me ajudar a criar as regras para nossa sala de aula?". Todas as crianças levantaram as mãos. Ela então perguntou: "Quais regras devemos criar para ter certeza de que nossa sala é segura e respeitosa?". As crianças deram muitas ideias, a maioria delas muito semelhante às regras básicas que Mei sempre estabeleceu. Claro, os alunos do segundo e terceiro anos tinham mais a dizer. Conforme o ano foi passando, Mei notou algumas mudanças. Os alunos mais velhos estavam realmente assumindo o papel de ajudar os mais jovens com lembretes e exemplos. Ela também notou mais cooperação com as crianças quando ela e seu assistente mantiveram as regras básicas.

Estudos mostram que os alunos são impactados positivamente quando são incluídos na criação de regras e rotinas, participam de reuniões de classe e são envolvidos na autoavaliação. Não só o comportamento melhorou como eles mostraram níveis mais elevados de pensamento crítico.[34]

No nível da educação infantil, você pode envolver as crianças no estabelecimento de regras básicas, mostrando critérios gerais para essas regras e, em seguida, pedindo para as crianças darem suas opiniões. "Quais seriam algumas maneiras de garantir que todos sejam tratados com gentileza e respeito?". As crianças quase sempre pensam em regras básicas semelhantes às do professor. Mas, quando elas participam, acabam se conectando e se dedicando, resultando em maior cooperação e mais liderança.

No nível fundamental, as crianças começam a desenvolver seu senso de razão. Elas estão em um período sensível para o desenvolvimento moral. O senso de certo e errado, respeitoso e desrespeitoso, está se formando dentro delas. Elas estão desenvolvendo a própria bússola moral com base em sua experiência social. E cometerão muitos erros ao fazer isso. A fim de honrar esse período sensível, é extremamente importante que as crianças do ensino fundamental sejam incluídas no desenvolvimento de regras básicas da sala. Elas não apenas aprendem com sua própria experiência como começam a ver as consequências do comportamento no contexto da comunidade da sala.

À medida que a atividade moral se desenvolve, ela [a criança] quer usar seu próprio julgamento, que frequentemente será bem diferente daqueles de seus professores. Não há nada mais difícil do que ensinar valores morais a uma criança dessa idade. Ela dá uma resposta imediata a tudo o que dizemos, tendo-se tornado uma rebelde... Uma mudança interna ocorreu, mas a natureza é bastante lógica em despertar agora na criança não apenas uma fome de conhecimento e compreensão, mas também uma reivindicação de independência mental, um desejo de distinguir o bem do mal por seus próprios poderes, e ressentir-se da limitação por autoridades arbitrárias. No campo da moralidade, a criança agora precisa de sua própria luz interior. – Maria Montessori[35]

No que se refere ao adolescente, os alunos começam a se individualizar, testando seu próprio poder pessoal. Às vezes fazemos uma piada perguntando: "Como você soletra individualizar?". A resposta é "R.E.B.E.L.D.E.". A rebeldia é menos proeminente quando os adolescentes recebem autonomia para usar seu "poder" em sua comunidade. Os adolescentes querem e precisam de mais voz na forma como a comunidade opera. Eles são sensíveis com relação a manter sua dignidade pessoal, encontrar seu lugar na sociedade e reagir à hipocrisia dos outros (especialmente dos adultos). O envolvimento dos adolescentes no estabelecimento de regras comunitárias respeitosas, com a orientação de um adulto, dá apoio a essas sensibilidades de desenvolvimento e incentiva o desejo profundo de encontrar pertencimento e importância.

Em uma das minhas turmas (de Chip), começamos o ano como sempre fizemos, criando as regras básicas juntos. Um aluno novo, que tinha sido transferido de uma escola particular tradicional (e estava acostumado a um relacionamento adverso com os professores), sugeriu que uma das regras básicas deveria ser que os alunos pudessem entrar em greve se não gostassem de algo que o professor fizesse. Não respondi e apenas anotei a ideia no quadro. Quando terminamos de anotar as ideias e avaliamos as regras básicas com Três "R" e um "U" (razoável, relacionado, respeitoso e útil – consultar a página 114), Cristina, aluna montessoriana desde os 3 anos, levantou a mão e disse: "Acho que fazer greve não é razoável, relacionado, respeitoso ou útil. Não nos tratamos assim na nossa escola".

Habilidades de Graça e Cortesia

O que é a vida social senão a resolução dos problemas sociais, comportando-se de maneira adequada e perseguindo os objetivos aceitáveis para todos? – Maria Montessori[36]

Lições de Graça e Cortesia ajudam as crianças a aprender a lidar de forma bem-sucedida com o ambiente social de sala e além dela! As crianças não nascem com habilidades sociais, mas os adultos costumam repreendê-las por não usar maneiras que nunca foram ensinadas a elas. Você pode ter lembranças de ter sido repreendido por quebrar uma norma social que não sabia que existia. É uma experiência de isolamento. As Habilidades de Graça e Cortesia oferecem um roteiro para o desenvolvimento de relacionamentos respeitosos e levam ao pertencimento e à importância dentro da sala. Um dos componentes maravilhosos da pedagogia montessoriana é a ideia de que as habilidades sociais podem e devem ser ensinadas de forma proativa, em todos os níveis, para promover um ambiente de respeito mútuo e dignidade.

A National Association of School Psychologists afirma que boas habilidades sociais ajudam a facilitar o sucesso acadêmico e a promover relações saudáveis. Além disso, as escolas que ensinam ativamente habilidades sociais apresentam maior probabilidade de ter ambientes seguros nos aspectos físico e emocional, o que também leva a maior sucesso acadêmico.[37]

Ensinar lições de Graça e Cortesia (habilidades sociais) leva tempo dedicado e atenção. Infelizmente, mesmo nas melhores escolas montessorianas, essa "inteligência emocional" é muitas vezes a primeira a deixar de ser ensinada quando os professores começam a se concentrar nas aulas acadêmicas, reunir-se com os pais, concluir os relatórios de conferência, redigir boletins informativos, resolver conflitos e lidar com a rotina do dia a dia. O tempo é um bem precioso em cada sala e escola. No entanto, investir tempo para ensinar habilidades de Graça e Cortesia, além de permitir que as crianças as pratiquem, sempre economizará mais tempo do que o investido.

Quando ensinamos lições de Graça e Cortesia diretamente, para alunos de todas as idades, eles aprendem as habilidades necessárias para ter interações sociais bem-sucedidas com os colegas e adultos. Crianças que têm mais sucesso em suas interações sociais vivenciam maior senso de conexão e menos desencorajamento social; e menos desencorajamento significa menos mau comportamento! Com um volume menor de mau comportamento para abordar, os professores têm mais tempo para conectar as crianças ao trabalho. Estudos mostram com frequência que as crianças agem melhor academicamente quando têm sucesso social.[38]

Aqui estão algumas habilidades sociais e lições de Graça e Cortesia para levar em consideração ao ensinar ao longo do ano. Você pode modificá-las. Mas uma das coisas a considerar é quanto há para aprender, e quanto presumimos que as crianças devem saber como lidar com seu mundo social sem nenhuma lição formal, mesmo em uma sala de aula montessoriana.

Em uma sala de aula de educação infantil:

- Cumprimentar alguém.
- Pedir permissão para trabalhar com alguém.
- Dizer *não* com respeito.
- Ouvir *não* com respeito.
- Apresentar-se.
- Desculpar-se.
- Usar voz baixa.
- Revezar.
- Falar em tom respeitoso.
- Dizer *por favor*.

- Dizer *obrigado*.
- Esperar na fila.
- Segurar a porta aberta para alguém.
- Apertar as mãos (cumprimentar).
- Caminhar em torno do trabalho de outras crianças.
- Pedir para entrar em um grupo.
- Interromper educadamente.
- Assoar o nariz.
- Tossir e espirrar na manga.
- Esperar por outras pessoas em sua mesa antes de comer.
- Pedir a alguém para vê-los trabalhando.
- Oferecer comida ou bebida.
- Sentar-se em uma cadeira.
- Levantar a mão quando estiver em grupo.
- Modos básicos à mesa.
- Cuidar do trabalho.
- Enrolar o tapete.
- Manter o trabalho no tapete.
- Fazer amigos.
- Ouvir quando os outros estão falando.
- Resolver conflitos simples.

Em uma sala de aula do ensino fundamental (além da lista de educação infantil):

- Pedir a um grupo para jogar.
- Dividir o trabalho em projetos de grupo.
- Resolver conflitos com os colegas.
- Iniciar conversas.
- Compartilhar os recursos da sala de aula.
- Dar e receber reconhecimentos significativos.
- Apreciar as contribuições dos outros.
- Trabalhar e comunicar-se com outras pessoas em projetos de grupo.
- Identificar e expressar sentimentos usando a primeira pessoa "eu".
- Escuta ativa.
- Fazer reparações.

- Permitir que outros terminem de falar antes de começar a falar.
- Etiqueta ao telefone.
- Escrever notas de agradecimento.
- Pedir ajuda.
- Convidar amigos para uma festa.
- Modos à mesa mais avançados, como remover comida da boca discretamente, cortar comida, pedir licença, pedir alguns instantes, recusar alimentos indesejados, experimentar novos alimentos, sentar-se durante a refeição, pedir ajuda nas tarefas da refeição, esperar que os companheiros de mesa se sentem antes de comer.
- Apresentar outras pessoas.
- Mudar de assunto educadamente.
- Recusar um convite respeitosamente.
- Recusar-se a responder a uma pergunta invasiva.
- Responder a alguém que está passando por um momento de tristeza ou perda.
- Recusar-se a participar de jogos ou conversas inadequadas.
- Afastar-se de situações desconfortáveis ou inadequadas.
- Usar os nomes das pessoas na conversa.
- Recusar carinhos físicos indesejados.
- Pedir orientações.
- Ceder o seu lugar para alguém com mais necessidade (idosos, deficientes, grávidas, bebês/crianças).
- Andar de escada rolante ou elevador.
- Aplaudir em momentos apropriados durante as apresentações ou concertos.
- Apresentar o trabalho formalmente.
- Andar do lado correto da calçada.
- Resolução de problemas da comunidade e do grupo.
- Compreender e respeitar as diferenças culturais.
- Defender um amigo.
- Ler as dicas não verbais.

Em uma sala de aula do ensino médio (além das listas da educação infantil/fundamental):

- Lidar com as diferenças nos valores familiares com amigos.

- Expressar opiniões com respeito.
- Discordar com integridade e respeito.
- Ouvir abertamente diferentes perspectivas e opiniões.
- Enfrentar os problemas diretamente.
- Vestir-se adequadamente para ocasiões diferentes.
- Etiqueta de atendimento ao cliente
- Envio de correspondência profissional (*e-mails*, cartas etc.).
- Buscar experiência profissional (microeconomia, pesquisa etc.).
- Entrevistar especialistas.
- Orientar os alunos mais jovens.
- Representar a escola em público.
- Etiqueta ao celular.
- Etiqueta de mídia social.
- Negociação de conflito entre amigos.
- Recusar-se a participar de comportamentos de risco ou inadequados.
- Quando manter e quando quebrar a confiança.
- Expressar empatia.

Ordem

A ordem consiste em reconhecer o lugar de cada objeto em relação ao seu ambiente e em lembrar-se de onde cada coisa deve estar. Isso implica que a pessoa é capaz de se orientar dentro de seu ambiente. O ambiente adequado da alma é aquele em que um indivíduo pode se mover de olhos fechados e encontrar, simplesmente estendendo a mão, tudo o que deseja. Esse ambiente é necessário para a paz e a felicidade. – Maria Montessori[39]

As crianças mais novas na sala de educação infantil estão no período sensível da ordem. Elas precisam de ordem para seu desenvolvimento cognitivo e psíquico, e o ambiente da sala está preparado para apoiar esse desenvolvimento. No entanto, a importância da ordem na sala de aula montessoriana não está limitada à idade exata na educação infantil. A ordem sustenta a autorregulação, a independência, o respeito e a cooperação no ambiente socioemocional para todos os estágios de desenvolvimento.

Uma sala de aula organizada não é um "estilo" montessoriano, mas um componente-chave da nossa filosofia. A ordem dá apoio e desenvolve independência, porque as crianças podem lidar com a sala de forma bem-sucedida e por conta própria. Elas não são escravizadas pelo adulto, que tem que ajudá-las a limpar e encontrar materiais para trabalhar. Assim como as rotinas, a ordem oferece consistência e previsibilidade e, portanto, a capacidade de autorregulação. As crianças sabem o que esperar do ambiente, e isso lhes dá um senso de segurança enquanto fazem suposições e tomam decisões sobre o que podem fazer a seguir, e como vão se preparar para isso.

A ordem na sala de aula também ajuda na concentração. Como as crianças podem se mover perfeitamente de um trabalho para outro, se não tiverem que se preocupar em encontrá-lo ou se estará completo é menos provável que se distraiam em suas transições de trabalho. Além disso, as crianças que têm dificuldade de concentração acham mais fácil se concentrar em um ambiente que é decorado de forma simples, organizado e ordenado.

Você já visitou uma bela catedral, um museu ou o prédio do governo, como o Vaticano, a National Gallery of Art ou o Taj Mahal? Esses prédios, esses ambientes, pela forma como são preparados, convidam-nos e nos inspiram a uma profunda reverência dentro de nós quando entramos. Você já entrou em uma sala de aula montessoriana tão lindamente preparada e ordenada que tirou seu fôlego? Quando estava naquela sala, o que o ambiente comunicou a você sobre como se comportar? Beleza e ordem inspiram e convidam a um senso de respeito mútuo. É um convite visual ao comportamento respeitoso dos habitantes do ambiente, mas também diz aos habitantes: "Vocês são respeitados".

Montessori escreveu: "Então, eu percebi que tudo sobre uma criança não deve apenas estar em ordem, mas deve ser proporcional ao uso da criança, e que o interesse e a concentração surgem especificamente da eliminação do que é confuso e supérfluo".[40]

A pesquisa moderna apoia as observações de Montessori, mostrando que nosso ambiente físico afeta a maneira como pensamos, sentimos e reagimos. Estudos recentes da neurociência têm mostrado que elementos arquitetônicos podem influenciar processos cerebrais, como aqueles envolvidos na emoção e na memória.[41] Espaços desobstruídos e organizados contribuem para a aprendizagem e a criatividade.

Finalmente, quando a ordem é mantida ao longo do ano letivo, isso comunica às crianças que os adultos são consistentes e agem conforme o que dizem. A ordem é um lembrete concreto e físico para as crianças de que os adultos levam a sério o que dizem e são sérios quanto ao que vão fazer. A ordem da sala é compatível com as regras básicas da sala. Quando as crianças veem que a ordem física e a beleza são mantidas, elas compreendem que os adultos estão agindo de acordo com o que dizem e o comportamento delas é previsível. No mundo agitado de hoje, quando as interações entre pais e filhos são muitas vezes permissivas, ditadas pelas necessidades do momento e imprevisíveis, o senso de ordem e consistência na sala pode oferecer um sentido de verdadeira segurança e paz para as crianças, que crescem em um mundo agitado.

Um dos grandes pontos fortes de Mei era o fato de sempre manter um senso de simplicidade, beleza e ordem na sala. Apesar de ser um ano muito difícil, ela se sentiu bem ao refletir sobre a ordem e a organização em sua sala; isso proporcionava um senso de segurança e independência para as crianças, que tinham mais autorregulação, e também ajudava algumas das que tinham dificuldade de concentração. E também ajudava Mei a dar apoio mais direto às crianças que precisavam.

Comunicação entre adultos

Você já percebeu como as crianças são sensíveis à inconsistência entre seus pais ou os adultos ao seu redor? Não é diferente na sala de aula. Um dos maiores *insights* de Mei quando ela começou seu novo ano escolar foi perceber com que profundidade as interações dos adultos do ano anterior tinham afetado o comportamento da sua turma. Quando refletiu sobre o ano anterior na escola, Mei viu que a comunicação entre ela e seu assistente tinha sido fraca e inconsistente. Eles não estavam alinhados quando se tratava de exemplos, disciplina e acompanhamento com relação às crianças. O assistente não era obstinado nem desafiador, e simplesmente não havia sistema de comunicação em vigor para ajudar a garantir que suas interações com as crianças fossem consistentes.

Mei reservou um tempo durante o verão para trabalhar no currículo e configurar sua sala antes da semana de preparação da escola, para que ela pudesse passar o máximo de tempo possível se comunicando com seu assistente. Ela queria ter certeza de que eles teriam tempo para criar rotinas, expectativas, procedimentos e canais de comunicações claros.

Os resultados dessa dedicação foram significativos e visíveis logo nas primeiras semanas do ano letivo. Por causa da comunicação eficaz, Mei e seu assistente tornaram-se muito mais consistentes em suas interações com as crianças. As crianças perceberam e se sentiram seguras. Elas estavam trabalhando, seguindo as regras básicas e ajudando umas às outras. A turma estava se fortalecendo, pacificamente!

Quando os adultos são consistentes, as crianças podem prever o que acontecerá na sequência (ou como os adultos responderão). Quando as crianças podem prever o que vem a seguir, elas desenvolvem autorregulação. Mas as crianças não foram as únicas que ficaram mais pacíficas. O nível de ansiedade de Mei ficou muito mais baixo do que no mesmo período do ano anterior. Ela e seu assistente estavam alinhados.

Em alguns casos, uma equipe de ensino inconsistente pode ser apenas o resultado de um ajuste inadequado, resultante de crenças diferentes sobre as crianças e a sala de aula, ou de adultos que simplesmente veem as coisas de forma diferente e, portanto, comportam-se de maneira diferente. Isso pode ser remediado por uma contratação ou um processo de transferência mais cuidadoso na equipe. No entanto, muitos casos de inconsistência entre adultos são motivados pela falta de comunicação clara nas seguintes áreas da estrutura da sala de aula:

- Funções e responsabilidades (quem está fazendo o quê e como as decisões são tomadas?).
- Regras básicas e rotinas.
- Abordagem da disciplina.

Como seria se todos os adultos em uma sala de aula fossem bem claros quanto às suas funções e responsabilidades, desenvolvessem as rotinas de sala de aula, regras básicas e procedimentos com as crianças e praticassem as mesmas abordagens consistentes de disciplina na sala? A resposta é óbvia. Mas como chegamos lá?

Embora não haja uma "resposta certa" para facilitar a comunicação entre adultos, formular um "plano de jogo" da comunicação pode ajudar a alcançar um nível mais alto de comunicação e consistência. Embora os itens nesse plano (ver a próxima página) possam parecer um pouco formais, isso é intencional. A comunicação entre adultos é essencial para criar um sistema consistente e um ambiente previsível para as crianças, o que auxilia no desenvolvimento da autorregulação. O tempo de comunicação é muitas vezes a primeira coisa a ser reprogramada em nossas agendas lotadas, mas deve ser a última. Manter a comunicação boa e fluida exige tempo e esforço intencional.

Plano de jogo de comunicação para professores

1. Reúna-se semanalmente e cultive o tempo de comunicação com seu parceiro de ensino ou assistente.
2. Crie uma pauta semanal. Atenha-se à agenda combinada. Reconheça que será difícil seguir a pauta porque vocês dois têm muitas experiências diárias comuns que podem preencher o tempo de comunicação (histórias engraçadas sobre as crianças, frustrações com os pais etc.). Alguns tópicos da pauta a serem considerados:
   a. Preocupações com as crianças.
   b. Preocupações com os pais.
   c. Próximas programações no calendário e planos de aula.
   d. Planos para excursões.
   e. Rotinas e transições.
   f. Regras da casa e outros detalhes.
3. Escolha uma ferramenta de Disciplina Positiva para revisar em cada reunião.
4. Use um caderno ou outro meio para registrar a comunicação diária (instruções na entrada e saída dos pais, logística, lembretes, itens da pauta para o seu encontro semanal etc.). Isso ajudará a manter a comunicação fluida e completa durante a semana.
5. Considere agendar uma reunião mensal separada de uma hora para discutir outras preocupações comportamentais significativas e use o Quadro de objetivos equivocados para criar estratégias de apoio a alunos e professores.

PERGUNTAS PARA DISCUSSÃO

1. Como adulto, você fez parte de um ambiente de trabalho onde as rotinas têm sido inconsistentes ou imprevisíveis? De que maneira isso impactou sua capacidade de ser independente e autorregulado?
2. Quais rotinas em sua sala de aula poderiam se tornar mais consistentes?
3. Quais transições foram as mais difíceis em sua sala de aula? Que mudanças você poderia fazer para criar uma transição mais pacífica?
4. Você já teve a experiência de ser incluído na criação das "regras básicas" para um grupo do qual você fazia parte (trabalho, escola, voluntariado etc.)? Que efeito isso teve em seu senso de pertencimento e importância?
5. Descreva uma experiência da sua infância em que cometeu um erro social porque não tinha aprendido a habilidade de Graça e Cortesia necessária para essa situação. Como isso impactou seu senso de pertencimento e importância?
6. Considere sua sala de aula. De que maneira o senso de ordem em sua sala promove a independência e a autorregulação? Dê um exemplo.
7. Lembre-se de uma situação em sua vida em que o líder do grupo serviu de exemplo ao aderir às regras básicas. Como isso afetou seu senso de pertencimento e importância?
8. Considere o plano de comunicação atual com o seu parceiro ou assistente de ensino. O que você está fazendo bem? O que gostaria de mudar?

6

ENCORAJAMENTO

Encorajamento é mais importante do que qualquer outro aspecto da criação das crianças. É tão importante que a falta dele pode ser considerada a causa básica para o mau comportamento. – Rudolf Dreikurs[42]

Ninguém que já tenha feito algo realmente grande ou de sucesso agiu simplesmente porque foi atraído pelo que chamamos de "recompensa" ou pelo medo do que chamamos de "punição". – Maria Montessori[43]

Maria entrava na sala de educação infantil todos os dias para pegar sua filha de 3 anos, Sophia. Assim que via a mãe, Sophia corria e dava um grande abraço e um beijo nela, e então corria até o seu armário para pegar o trabalho de artes que tinha produzido durante o dia. Maria falava com entusiasmo: "Que lindo. Amei! Estou muito orgulhosa de você". Sophia ficava radiante.

O início do ano letivo seguinte foi praticamente o mesmo. Sophia e Maria terminavam o dia com o mesmo ritual de abraços, beijos e elogios sobre a arte da menina. No entanto, em janeiro, Sophia começou a gastar mais de seu tempo na área da linguagem e menos tempo na área de artes. Ela tinha aprendido todos os sons das letras e começou a trabalhar com o alfabeto móvel. Em pouco tempo estava lendo e escrevendo histórias quase a manhã inteira. Um dia, quando Maria veio buscar Sophia, ela a encontrou lendo um livro na área de leitura da sala. Sophia viu a mãe e seu rosto entristeceu. Ela rapidamente colocou o livro de lado e correu para a área de arte, onde pegou um giz de cera e rabiscou em um pedaço de papel em branco. Depois correu de volta para sua mãe e estendeu o papel rabiscado com um grande sorriso no rosto. Maria, perplexa e sem saber como responder, disse, sem entusiasmo: "Ficou ótimo, meu amor". Sophia sorriu de volta: "Obrigada, mamãe".

Uma semana depois, Maria e seu marido, Robert, tiveram uma reunião com a professora de Sophia. O incidente assustou Maria e a levou a fazer uma pesquisa com Robert. Eles encontraram um artigo de Alfie Kohn, autor de *Punidos pelas recompensas*. Robert começou a reunião dizendo: "Acho que estamos estragando a nossa filha!". A professora sorriu e eles começaram uma conversa produtiva sobre a diferença entre elogio e encorajamento, bem como os resultados em longo prazo de cada um.

Pesquisa e elogio

Muitos pais e professores abordam seus filhos da mesma forma que Maria fez. Eles elogiam seus filhos por seu trabalho ("Isso é lindo") ou por seus traços ("Você é tão forte"). E têm a melhor das intenções. Eles querem que seus filhos se sintam bem consigo mesmos e desejam motivá-los a continuar a fazer bem. No entanto, um corpo crescente de pesquisas sugere que o elogio pode, na verdade, criar um efeito inverso – não ajuda as crianças a se sentirem ou a fazerem melhor em longo prazo.

A psicóloga e pesquisadora Carol Dweck conduziu estudos sobre os efeitos do elogio nas crianças. Em uma série de experimentos, alunos do quinto ano foram divididos aleatoriamente em dois grupos e receberam uma tarefa. Depois de terminar a tarefa, um grupo recebeu um *feedback* positivo pela sua inteligência, e o outro recebeu um *feedback* positivo por seus esforços na resolução dos problemas. Os alunos que foram elogiados por sua inteligência escutaram: "Você deve ser inteligente nisso", e as crianças que foram reconhecidas pelos seus esforços escutaram: "Você deve ter se dedicado muito".[44]

O que Dweck descobriu em sua pesquisa consecutiva foi fascinante. Os alunos que receberam *feedback* verbal positivo, ou elogio, por sua inteligência estavam mais propensos a desistir de oportunidades potenciais de aprendizagem se percebiam que havia um risco maior de cometer erros ou de não realizar a tarefa bem e imediatamente. Eles quase sempre escolhiam uma tarefa mais fácil que tinha alta probabilidade de sucesso em vez de uma tarefa mais difícil que oferecia um desafio maior e oportunidade de aprender. Aqueles que receberam um *feedback* positivo por seus esforços foram quase duas vezes mais propensos a escolher uma tarefa mais difícil que oferecia maior desafio. Eles estavam mais focados no processo de seu trabalho e no potencial para aprender e melhorar do que na recompensa imediata do bom desempenho. Dweck concluiu que a ênfase nos esforços das crianças (encorajamento) em vez de na validação externa (elogios) leva ao desenvolvimento do foco das crianças no domínio de melhoria de materiais e habilidades.

Encorajamento *versus* elogio

Quando realizamos *workshops* para professores ou pais, muitas vezes lideramos uma atividade chamada "Encorajamento *versus* elogio". Durante essa atividade, dois participantes sentam-se em cadeiras, lado a lado, e fazem o papel de crianças. Eles ficam na frente de dois participantes em pé fazendo os papéis de adultos. Os "adultos" se revezam para dizer mensagens para as "crianças". Um dos "adultos" fala mensagens de elogio, e o outro "adulto" fala mensagens de encorajamento. No final dessa atividade, dedicamos um momento para refletir sobre a experiência com as "crianças" que estavam recebendo as mensagens. O *feedback* oferece uma percepção poderosa sobre os efeitos do elogio e do encorajamento. Aqui estão alguns *feedbacks* típicos dos participantes:

A "criança" que recebeu elogios
> Eu me senti pressionado.
> Eu me senti manipulado.
> Tudo que ouvi tinha a ver com ele, não comigo.
> Eu me senti muito bem no começo, mas depois comecei a me preocupar com o que aconteceria se não fizesse um bom trabalho da próxima vez.
> Eu queria agradar o adulto.
> Eu senti como se ele não tivesse me visto.
> Eu não confiei neles.
> Tive medo de falhar.
> Eu queria fazer tudo o que pudesse para não decepcionar o adulto.

A "criança" que recebeu encorajamento

Tive um senso de conexão com o adulto.

Isso me fez pensar e avaliar minhas decisões.

Eu me senti confiante.

Tinha a ver comigo.

Eu me senti parte de uma equipe.

Ele confiou em mim. Isso foi ótimo.

Eu queria tentar mais um pouco.

Eu sabia que ele estava me dando apoio.

Eu me senti capaz.

Encorajamento. A palavra *coragem* vem do latim *cor*, que significa "coração". O prefixo *en* significa "para dentro de". Encorajar significa "agregar coragem" ou "dar o coração, inspirar com confiança".[45]

Tudo o que fazemos em uma sala de aula montessoriana, desde a preparação física do ambiente até a estruturação de rotinas diárias para interagir com as crianças, é desenvolvido para encorajar as crianças. Todas as ferramentas e princípios neste livro têm em sua raiz o mesmo objetivo: encorajar as crianças a descobrir que elas são capazes. O encorajamento verbal é uma maneira de fazer exatamente isso. Rudolf Dreikurs disse: "Uma criança precisa de encorajamento assim como uma planta precisa de água".[46]

Veja a seguir uma lista de frases de encorajamento e elogios como os que usamos em nossa atividade "Encorajamento *versus* elogio".[47]

Nós os organizamos lado a lado para que você possa sentir a diferença entre os dois conforme os lê.

Elogio	Encorajamento
Estou tão orgulhoso de você!	Eu aprecio sua ajuda.
Você é tão esperto!	Você descobriu uma solução.
Bom trabalho.	Que trabalho bem-feito.
Isso é fantástico!	Você alcançou o seu objetivo.
Eu amei isso!	O que você acha disso?
Você fez exatamente como eu mostrei.	Você é muito capaz.
Você fica tão fofa nesse vestido.	Você é original.
Esse é o melhor até agora.	Qual deles você acha que é o melhor?

(continua)

(continuação)

Elogio	Encorajamento
Você é um ótimo leitor.	Você realmente se esforçou muito lendo isso.
Estou muito orgulhoso de você.	Eu realmente aprecio você fazer parte da nossa turma.
Eu sei que você consegue.	Eu confio no seu julgamento.
Você fez o melhor.	Parabéns, você deve estar se sentindo muito bem com isso.
Que ótimo ajudante.	Obrigado.
Isso foi maravilhoso.	Veja quão longe você chegou.
Vamos tirar uma foto e mostrar à sua mãe.	Conte-me sobre sua pintura.
Agora esse é o seu melhor trabalho.	Você pode decidir por si mesmo.
Estou impressionado.	Você parece muito orgulhoso disso.
Você fez do jeito certo.	Você realizou o que você queria.

Revendo os dois conjuntos de frases, o que você percebeu? Que decisões uma criança pode estar tomando sobre si mesma conforme recebe encorajamento de um adulto?

Encorajamento verbal:

- Enfatiza o processo. _Você passou muito tempo trabalhando em detalhes que dão suporte a este projeto de pesquisa. Vejo que você usou o sistema de anotações para organizar seus pensamentos._
- Concentra-se no esforço. _Você realmente dedicou muito tempo a esse projeto de pesquisa. O que você gostou de aprender sobre o assunto?_
- Conecta o esforço da criança ao resultado. _Você realmente trabalhou duro para memorizar as fórmulas de matemática. Percebi que você leva muito menos tempo agora no processo de divisão longa._
- Concentra-se na ação, não no executor. _Você alcançou seu objetivo, parabéns!_
- Enfatiza a melhoria. _Você terminou três problemas de matemática hoje. São dois a mais do que ontem. Como está se sentindo?_
- Concentra-se na confiança. _Eu confio no seu julgamento._

Encorajamento verbal e objetivos equivocados

Quando aprendemos sobre o Quadro de objetivos equivocados, descobrimos que as crianças ficam desencorajadas por causa de uma crença equivocada sobre o que precisam fazer para se sentirem aceitas e importantes. A última coluna do Quadro de objetivos equivocados identifica ferramentas para reagir ao mau comportamento ou evitá-lo. O uso dessas ferramentas irá encorajar comportamentos positivos que levam ao pertencimento e à importância. A seguir estão algumas maneiras de transmitir encorajamento verbal com base no objetivo equivocado da criança.

Atenção indevida

Vou terminar a lição com Marika. Você pode me encontrar na área de matemática para uma lição especial em dez minutos?

Você poderia me ajudar com a louça?

A primeira coisa que vamos fazer todas as tardes é dedicar um tempo para lermos assim que limparmos a mesa do almoço.

Essa é uma ótima ideia. Você colocaria isso na pauta da Reunião de classe?

Adoraria ouvir mais sobre isso depois da aula. Você pode me procurar para falar sobre esse assunto mais tarde?

Eu certamente vou responder à sua pergunta depois que você levantar a mão e for chamado.

Percebi que você levantou a mão e esperou ser chamado quando estávamos na roda. Obrigado, isso ajudou muito.

Isso não parece estar funcionando. Você estaria disposto a descobrir uma solução diferente que funcionará para nós dois?

Eu realmente aprecio você, e a resposta é não.

Espero que você descubra uma maneira de resolver isso com ele.

Ficarei feliz em resolver esse problema com você quando estiver pronto para falar comigo de forma respeitosa. Avise-me quando estiver pronto.

Obrigado por sua ajuda.

Poder mal direcionado

O que funciona melhor para você: começar com algo de que você realmente gosta para aquecer as engrenagens ou começar com algo de que não gosta tanto para que possa completar isso e riscar da sua lista?

Eu poderia usar sua ajuda para garantir que todos tivessem seus coletes ou casacos para sair. Você estaria disposto a verificar a caixa de achados e perdidos para mim?

Parece que isso é muito importante para você. Estaria disposto a resolver isso juntos para que ambos possamos conseguir o que precisamos?

Você descobriu isso sozinho. Parabéns.

Você prefere vestir o casaco aqui ou no parquinho?

Qual foi o nosso acordo?

Que ideias você tem para resolver esse problema?

Parece que você não gosta de como isso está indo. Eu ficaria feliz em ouvir as suas sugestões amanhã. Até que tenhamos uma ideia que funcione para nós dois, preciso pedir que continuemos com nosso plano atual.

Esse é um ótimo ponto. Eu me pergunto se outras crianças sentem o mesmo. Você está disposto a incluir isso na pauta da Reunião de classe?

Você estaria disposto a anotar os comentários na roda?

Qual solução da Roda de escolhas você gostaria de tentar?

Não quero discutir com você, mas gostaria de resolver o problema.

Vamos fazer uma pausa e ver se conseguimos resolver isso juntos depois do almoço.

Vingança

Você deve ter ficado muito triste.

Conte-me mais sobre isso.

Você deve ter ficado muito magoado por ter magoado Caleb assim. Você está bem? Vamos ver se Caleb está bem.

Deve ter sido muito difícil ouvir isso. Lamento que isso tenha acontecido.

Percebi que você magoou a Anna novamente. Eu me pergunto se você estava se sentindo magoado também.

Você me ajudaria a tirar os resídos para compostagem?

Vamos tentar isso juntos.

Percebi que você resolveu esse problema com Nicholas sozinho. Bom trabalho.

Eu posso entender por que você está tão chateado. Por que não reserva um tempo para esfriar a cabeça e, então, podemos pensar nisso juntos?

Ajudaria se eu fosse ao "Espaço mágico que acalma" com você?

Tenho confiança em você para resolver isso de forma respeitosa quando estiver se sentindo melhor.

O que aconteceria se você se distanciasse?

Inadequação assumida

Fiz uma lista para você [ou] Vamos fazer uma lista de coisas que devem ser feitas. Gostaria de tentar isso comigo?

Você parece muito frustrado. Gostaria de tentar novamente depois do almoço?

Vou fazer esse primeiro. Depois faremos o próximo juntos.

Estarei ao seu lado quando você tentar sozinho.

Vamos dar o primeiro passo hoje e, então, podemos tentar o segundo passo amanhã.

Você poderia me mostrar como isso funciona?

Você realmente trabalhou duro naquele mapa e terminou tudo sozinho. Parabéns.

Você acha que poderia mostrar a Natalie como fechar o zíper do casaco?

É muito difícil. Você gostaria da minha ajuda ou prefere tentar de novo sozinho?

Está tudo bem em cometer erros. É muito difícil aprender sem cometê-los (sorrindo).

Eu confio em você.

Aposto que podemos descobrir isso juntos. Você quer ir primeiro ou eu devo começar?

Estarei aqui até que você termine.

Mabel está triste por abandonar a atividade do carimbo. O que poderíamos fazer para ajudá-la?

Encorajamento verbal e observação

A observação é o ponto central das práticas de gestão da sala de aula. Os professores montessorianos são treinados para observar, sem julgamento, em sua busca por compreender a criança e descobrir suas necessidades baseadas no desenvolvimento, pontos fortes, capacidades, sensibilidades e tendências. Essas observações orientam o professor em sua busca por "acompanhar a criança" e apoiar seu desenvolvimento intelectual, espiritual, físico e socioemocional.

Jody Malterre, formadora de professores montessoriana e treinadora em Disciplina Positiva, desenvolveu um método de observação para apoiar e encorajar o desenvolvimento socioemocional das crianças em sua sala de aula.

Sempre soube que a observação seria uma parte contínua de ambos, ambiente físico e emocional preparado. Meu treinamento montessoriano ofereceu muitas dicas úteis sobre como observar e o que observar em relação ao trabalho que está sendo usado, os padrões de movimento na classe e o grau de envolvimento, bem como, às vezes, com foco na criança individual. À medida que aprendia mais princípios da Disciplina Positiva, descobri que tinha novas estratégias de observação.

Embora eu apreciasse todos os conceitos da Disciplina Positiva, houve algumas coisas que ressoaram particularmente em mim. A primeira foi a ideia de que disciplina significa simplesmente "treinar" e positiva implica a necessidade de treinar o que fazer, não o que não fazer. Isso significava que eu precisava mostrar claramente o que queria ver nas crianças. A segunda foi a ideia de encorajamento. Eu precisava aprender a encorajar as crianças em direção a esses comportamentos que eu desejava para elas.

No meu treinamento em Disciplina Positiva com adultos, normalmente começo uma aula com uma atividade chamada As duas listas. Primeiro criamos uma lista de desafios de comportamentos dos alunos que enfrentamos regularmente. É muito fácil fazer essa lista! Em seguida, fazemos uma lista de todas as qualidades pessoais e habilidades de vida que queremos que nossos alunos desenvolvam. Quando fazemos a segunda lista, torna-se óbvio que os adultos devem ter um papel ativo no apoio ao desenvolvimento e manifestação dessas qualidades. Essas duas listas se tornaram minha estrutura para a observação socioemocional.

Antes de começar uma observação, anoto o nome de cada aluno. Próximo a cada nome, escrevo a característica ou habilidade de vida que foi uma área de crescimento para aquela criança em particular – em outras palavras, algo que eu queria ver mais, ou mesmo ver qualquer evidência! Agindo como uma caçadora de talentos, dediquei tempo de observação em busca de qualquer prova dessas características. É incrível que, quando você escolhe buscar algo, sempre consegue encontrá-lo. Em vez de "ver para crer", passou a ser "crer para ver". Eu sempre poderia encontrar algum grau da característica que estava procurando em cada criança.

Essa evidência me deu dados muito poderosos para usar conforme eu oferecia encorajamento. Consegui dizer coisas às crianças como: "Notei um olhar de alívio no rosto de Peter quando você se ofereceu para ajudá-lo com matemática. Obrigada por mostrar sua gentileza", ou "Eu poderia dizer que você estava muito próximo de desistir desse trabalho quando se sentiu desafiado. O fato de você continuar por mais dez minutos mostrou quanta determinação você tem", ou "Esperar sua vez de pegar o triciclo exigiu muita paciência. Aposto que esses três minutos pareceram muito tempo".

As frases de encorajamento foram apoiadas por evidências, e não exigiam que a criança fosse sempre gentil ou paciente, ou que sempre tivesse determinação. Significava apenas que, naquele momento, ela mostrara uma qualidade particular que eu desejava. Isso me deu confiança de que elas tinham a habilidade, e como eu destaquei isso para as crianças, elas desenvolveram uma nova confiança em si mesmas. Os menores comportamentos não passaram despercebidos. Isso mudou minha crença sobre as crianças e, por sua vez, mudou as crenças que as crianças tinham a respeito de si mesmas.

Usei essa técnica com frequência de algumas maneiras diferentes:

- *Escolhi uma característica para toda a turma, em vez de características individuais para cada criança.*
- *Nas Reuniões de classe, pedi aos colegas que reconhecessem uma qualidade particular. Por exemplo, "Vamos oferecer reconhecimentos sobre honestidade hoje. Quem tem um reconhecimento para alguém que mostrou honestidade esta semana?".*
- *Escolhi observar os comportamentos que tiveram impacto social positivo ou contribuição para a turma. Aproximei-me do conceito de Adler de* Gemeinschaftsgefühl *e senti necessidade de enfatizar fortemente essa ideia de interesse social em nossa sala de aula.*
- *Escrevi frases de encorajamento e as deixei para uma criança em particular encontrá-las (para crianças mais velhas, muitas vezes adiava o bilhete por mais ou menos um dia). As crianças pareceram impressionadas de que sua pequena ação tivesse impacto suficiente para que eu me lembrasse, reservasse um tempo*

para escrevê-lo e entregá-lo. Isso foi muito útil para alunos que têm mais dificuldade com seu comportamento.

- *Eu não apenas encorajei meus alunos como também o fiz com meu assistente. Todos nós precisamos não apenas de encorajamento, mas de encorajamento com dados específicos para apoiá-lo.*

Continuei a encorajar os comportamentos positivos que os alunos já apresentaram, mas coloquei um foco maior em encontrar os comportamentos positivos que desejava mais. As crianças sabiam que esse encorajamento era autêntico porque o reforcei com detalhes inegáveis. Um aluno que não via a si mesmo como um líder não poderia negar um reconhecimento que tinha evidência demonstrada. Uma criança que raramente se concentrava no trabalho foi encorajada quando apontei o trabalho que ela havia feito, em vez do trabalho que não havia feito. Esse trabalho de "detetive" de observação realmente valeu a pena ao longo do tempo.

Encorajamento não verbal: o ambiente preparado montessoriano

Encorajamento verbal é o que a maioria de nós pensa quando falamos de encorajamento, mas é apenas uma forma de encorajar as crianças. Considere alguns dos elementos "não verbais" de uma sala de aula montessoriana que demonstram confiança nas capacidades da criança e "inspiram confiança" nelas:

1. **Independência:** as salas de aula montessorianas em todos os níveis de idade são desenvolvidas para maximizar a capacidade da criança de operar no ambiente de forma independente. Rotinas, expectativas e procedimentos, tudo isso dá suporte à independência do aluno.
2. **Materiais autocorretivos:** os materiais montessorianos permitem que as crianças aprendam por meio de sua própria descoberta. As crianças aprendem com seus erros, e os materiais autocorretivos mostram confiança na habilidade da criança de aprender por meio de seus próprios processos.
3. **Vida prática:** em todos os níveis, as atividades de vida prática ensinam as crianças a serem capazes e autossuficientes.
4. **Isolamento da dificuldade:** os materiais, o escopo e a sequência do currículo montessoriano isolam a dificuldade dos conceitos para que as crianças possam construir seu aprendizado com base no domínio e no sucesso.

5. **Trabalhando em seu próprio ritmo:** o ambiente montessoriano promove autodesenvolvimento sobre a competição. As crianças desenvolvem confiança em suas próprias habilidades e sua disposição para correr riscos acadêmicos.

6. **Materiais adequados para o desenvolvimento:** os materiais montessorianos são cuidadosamente projetados para atrair o interesse e o desenvolvimento das necessidades das crianças. Isso naturalmente estimula a curiosidade e encoraja o amor pela aprendizagem. A pesquisadora Angeline Lillard descobriu que, quando os alunos são encorajados a explorar materiais de aprendizagem e situações significativos, seu aproveitamento e retenção acadêmica aumentam.[48]

7. **Salas de aula com várias idades:** em salas de aula montessorianas, os alunos mais velhos ajudam ativamente os mais jovens, e todos os alunos são encorajados a compartilhar seus dons, habilidades e talentos uns com os outros, o que dá às crianças um verdadeiro senso de importância e pertencimento em sua comunidade.

8. **Graça e Cortesia:** ensinam-se diretamente às crianças habilidades sociais que promovem o sucesso social. Elas desenvolvem as habilidades para lidar com as relações interpessoais com confiança.

9. **Escolha:** quando os alunos participam de sua própria aprendizagem por meio da escolha da atividade, seu envolvimento e interesse aumentam, e assim seu foco, dedicação e sucesso acadêmico progridem também. Crianças envolvidas no processo da sua própria aprendizagem permanecem envolvidas e percebem um senso de conexão com esse processo.

10. **Relações horizontais professor-criança:** as crianças agem melhor quando se sentem melhor. Relações horizontais com seus professores dão a elas um senso de conexão. As crianças se sentem encorajadas e conectadas quando sabem que seu professor se importa.

Encorajamento não verbal: demonstre confiança

Como se sente quando alguém confia em você e demostra confiança em suas capacidades? O que os adultos fazem pode ser ainda mais poderoso do que o que eles dizem. Os alunos se sentem encorajados quando demonstramos confiança neles. Aqui estão algumas maneiras de encorajar as crianças por meio de ações, em vez de palavras.

1. **Estabeleça expectativas altas e alcançáveis. Tenha confiança nas crianças!** Você já teve um professor, pai ou chefe que deu a você a responsabilidade pelo que eles sabiam que você poderia fazer, mesmo que você não achasse que poderia fazê-lo? Como você se sentiu? Como reagiu? Por meio da observação cuidadosa de nossos alunos, descobrimos que eles são capazes. Com esse entendimento, o adulto pode expressar sua crença na criança ou adolescente, com a confiança e certeza que a criança pode ainda não possuir. Essa confiança pode ser contagiosa. Quando a criança percebe que sua confiança em suas habilidades era garantida, a confiança se desenvolve, não apenas em sua crença nestas, mas em sua crença nela mesma.

2. **Oferece um nível apropriado de desafio.** A maioria das crianças ama um desafio que possa ser conquistado com muito trabalho. Muitas vezes nós superestimamos ou subestimamos as habilidades de um aluno, seja no aspecto acadêmico ou no social. Ambas as estimativas podem ser desanimadoras. Subestimar pode fazer a criança perceber que você não tem confiança em suas habilidades e, possivelmente, que ela precisa ser protegida. Superestimar pode levar a criança a perceber que ela é inadequada ou incapaz. Observar e conectar-se com nossos alunos nos ajuda a manter o desafio apropriado para que eles desenvolvam a confiança e o senso de capacidade.

3. **Envolva os alunos na resolução de problemas.** Quando os alunos estão envolvidos no processo de resolução de problemas, especialmente quando os problemas os envolvem, eles se sentem confiáveis, respeitados e importantes. Sempre que possível, procure envolver as crianças na resolução mútua de problemas (Quatro passos para o acompanhamento, no Capítulo 8, e Reunião de classe, nos Capítulos 15-17). Quando as crianças se sentem confiáveis, elas são encorajadas. Quando se sentem encorajadas, elas agem melhor.

4. **Dê aos alunos responsabilidades significativas.** Os alunos adoram ajudar, mas mesmo as crianças mais novas sabem identificar um pedido falso de ajuda. Certifique-se de procurar oportunidades nas quais as crianças possam fazer contribuições significativas, sentir a confiança e descobrir quão capazes elas são. Existem tarefas na sala de aula que um aluno po-

deria fazer? Existem oportunidades para liderança que as crianças possam assumir que ajudariam a aumentar a confiança nelas e a fazerem uma contribuição real?

5. **Permita que os alunos tenham dificuldades e cometam erros.** Permitir que as crianças cometam erros comunica que você tem confiança nelas e em suas habilidades para superar obstáculos. Uma das melhores maneiras de fazer isso é não fazer nada. Um simples sorriso ou uma declaração do tipo "Eu acredito que você vai encontrar uma solução" é tudo que é necessário quando um aluno comete um erro e você sabe que ele pode corrigir.

6. **Desapegue-se do produto e concentre-se no processo.** Isso pode parecer evidente para os professores montessorianos, mas acho que todos nós podemos admitir que às vezes caímos na tentação de incutir nossa estratégia sob o pretexto de fazer o que é melhor para a criança. Por exemplo, você já apresentou algum material cedo demais a uma criança porque queria que ela chegasse a determinado lugar, academicamente, antes do final do ano? Muitos de nós já fizemos isso, e os resultados são quase sempre os mesmos – a criança fica desencorajada.

O mesmo princípio pode ser aplicado ao comportamento da criança. Às vezes queremos que as crianças aprendam o que nós queremos que aprendam em uma situação. Em vez de ouvir e permitir que cometam seus próprios erros, nós nos intrometemos em suas experiências, fazendo sermão e tentando ajudar as crianças a entenderem um ponto de vista diferente. Estamos concentrados no produto, em vez de apoiar o processo para a criança. Confie no processo, confie na criança!

PERGUNTAS PARA DISCUSSÃO

1. Houve algum(ns) adulto(s) em sua vida que o encorajou(aram)? O que eles fizeram que foi encorajador? O que eles disseram? Como você se sentiu?
2. Que decisões as crianças podem tomar sobre si mesmas quando recebem muitos elogios?
3. Reveja os critérios do encorajamento verbal. Crie uma lista de três ou mais afirmações, em suas próprias palavras, que você poderia usar para dar encorajamento aos seus alunos.

Encorajamento

4. Depois de olhar alguns dos exemplos de encorajamento verbal para cada um dos objetivos equivocados, crie sua própria lista usando o Quadro de objetivos equivocados (páginas 32-33). Ao criar essa lista, considere a "crença por trás do comportamento".
5. Descreva uma situação em que você usou o encorajamento verbal para "inspirar confiança" a uma criança.
6. Que formas de encorajamento não verbal você usa na sala de aula?

7

MANTER OS LIMITES

Deixar a criança fazer o que quiser quando ainda não desenvolveu nenhum poder de controle é trair a ideia de liberdade. – Maria Montessori[49]

Nada pode ser transmitido a uma criança por meio de palavras em um momento de conflito. – Rudolf Dreikurs[50]

Quando eu (Chip) aceitei meu primeiro emprego de professor (antes de me tornar um professor montessoriano), recebi alguns comentários do meu supervisor de que precisava trabalhar para manter os limites com os alunos. Embora essa avaliação fosse correta, o *feedback* em si não foi muito útil – era semelhante à sugestão de que eu, se quisesse vencer uma corrida, deveria trabalhar para correr mais rápido. Eu não tinha ideia de como manter os limites de forma eficaz com os alunos. Ninguém tinha me dado essa informação, e fiquei com vergonha de pedir ajuda específica porque os membros veteranos da equipe pareciam saber intuitivamente como fazer isso. Pareceu-me que havia um método universal de manutenção de limites com as crianças que todos conheciam, exceto eu. Devo ter faltado à reunião!

Alguns anos mais tarde, enquanto trabalhava com professores montessorianos ao longo dos anos, percebi que muitos professores enfrentam desafios semelhantes em relação à manutenção de limites na sala de aula. Normalmente, por desespero, eles juntam partes de ferramentas ou técnicas que aprenderam de outros professores, livros, artigos ou *workshops*. Com o tempo, eles criam um modelo próprio de disciplina de sala de aula com esses retalhos, com base em sua experiência, personalidade e estilo de ensino. Isso pode criar algumas dificuldades. Primeiro, muitas das "técnicas" que eles aprendem são "truques" para controlar o comportamento no momento, e elas não funcionam em longo prazo e não ensinam habilidades de autocontrole para a vida. Segundo, as técnicas ou ferramentas muitas vezes não são baseadas em uma abordagem abrangente e na compreensão da criança, e isso pode estar em conflito com os nossos princípios montessorianos. Por fim, é muito difícil passar para outro professor ou assistente uma colcha de retalhos de ferramentas e técnicas que o professor coleta ao longo dos anos de uma variedade de fontes, em razão da falta de prática consistente e de metodologia clara.

Neste capítulo, vamos nos concentrar em apresentar uma metodologia clara e consistente para manter os limites que refletem os princípios básicos discutidos no Capítulo 3: ser gentil e firme ao mesmo tempo, ensinar habilidades de vida valiosas e respeito mútuo.

A liberdade da criança deve ter como limite o interesse coletivo, como forma do que universalmente consideramos uma boa criação. – Maria Montessori[51]

Quando os adultos se tornam eficazes e consistentes em manter os limites, seu comportamento se torna previsível para os alunos. O comportamento previsível promove a autorregulação. As crianças são mais capazes de responder de forma adequada ao comportamento antecipado, especialmente se esse comportamento for gentil e firme ao mesmo tempo. Manter os limites de forma consistente e respeitosa gera um senso de segurança e convida à cooperação enquanto os alunos lidam com o contexto socioemocional da sala de aula.

Manter limites → Previsibilidade → Autorregulação e cooperação

Definir o estágio com colaboração

Como discutimos no Capítulo 5, *definir* limites (estabelecer regras básicas) será mais eficaz se os alunos estiverem envolvidos no processo. Fazer isso ajuda a criar uma atmosfera de respeito mútuo e interesse social. Quando chegar a hora de o adulto manter o limite, os alunos serão muito mais cooperativos se tiverem ajudado a *definir* os limites. Além disso, quando os alunos têm um senso de propriedade ou interesse social, eles colaboram na manutenção dos limites que ajudaram a estabelecer na sala de aula.

Insistência montessoriana

> *O preconceito mais comum na educação tradicional é que tudo pode ser realizado por meio da conversa (isto é, apelando para o ouvido da criança), ou por se apresentar como um modelo a ser imitado (uma espécie de apelo ao olhar), embora a verdade seja que a personalidade só pode se desenvolver pelo uso de seus próprios poderes.*
> – Maria Montessori[52]

Antes de nos aprofundarmos em como manter limites eficazes com os alunos, vamos reservar um momento para olhar para um dos métodos *menos eficazes* de manutenção dos limites que os adultos usam: recordação (ou insistência). Simplificando, os adultos usam palavras em demasia. Falamos muito, explicamos e importunamos! Sim, mesmo os professores montessorianos insistem. Temos nossa própria maneira especial de fazer isso, mas ainda insistimos. Definimos insistência como lembretes ou explicações que damos às crianças sobre o que elas já sabem, inúmeras vezes, na tentativa de obter cooperação. Lembrar as crianças (ou adultos) daquilo que já sabem é desrespeitoso (mesmo com boas intenções). Também é ineficaz. É um estímulo à rebeldia, manipulação ou passividade.

> *Pais e professores conhecem um grande número de crianças que "não escutam uma palavra que eu digo". E ainda assim eles continuam essa abordagem fútil, redobrando seus esforços em vão!* – Rudolf Dreikurs[53]

Então, o que é "insistência montessoriana"? É uma maneira muito boa de lembrar as crianças do que elas já sabem. Pense em um professor montessoriano que você conhece (aquele no final do corredor), gentilmente abordando uma criança com um tom respeitoso, delicado e compreensivo:

> *Não batemos nesta sala.*
> *Por favor escolha um trabalho.*
> *Os pés são para andar.*

Sempre guardamos o almoço para não ser pisado por um amigo.

Não esqueça sua mochila ou você não terá o que precisa hoje à noite.

Se você não guardar seu trabalho, outra pessoa não poderá usá-lo.

Use sua voz interna.

Mantenha as mãos no próprio corpo.

Coloque todos os quatro pés da cadeira no chão, porque se ela tombar com você pode machucar muito sua cabeça.

Você terminou seu trabalho?

E uma preferência pessoal (sarcasmo intencional): você precisa de outra lição sobre isso?

Por fora, o tom do professor pode ser gentil e respeitoso; contudo, é mais provável que seu diálogo interno soe como: "Quantas vezes eu tenho que dizer a você para ____?".

A verdade é que lembrar, explicar, racionalizar e insistir não dá certo. Em vez de convidarem à cooperação, esses métodos lutam contra a vontade da criança em vez de orientá-la e de confiar no seu desejo natural de cooperar e se conectar.

O poder do silêncio

Se a "insistência montessoriana" e os lembretes às crianças não são eficazes, então o que devemos fazer? Como ajudamos a orientar a vontade da criança, em vez de a subjugar (ou anular)? Pense nesta citação, muitas vezes atribuída a Maria Montessori: "Não diga a elas como fazer. Mostre a elas como fazer e não diga uma palavra. Se você disser, elas verão seus lábios se moverem. Se mostrar, elas vão querer fazer isso sozinhas".

Montessori sugeriu usar o silêncio ao apresentar materiais para as crianças pequenas. Os montessorianos também usam o Jogo do silêncio para ajudar as crianças a desenvolver habilidades de autocontrole e escuta.

Se você já apresentou ou observou uma aula silenciosa em uma sala de educação infantil, então sabe o poder que o silêncio tem de ajudar a criança a se concentrar apenas na tarefa em questão. Quando o adulto se apresenta silenciosamente, ele sai do caminho enquanto permanece presente. O foco da criança é direcionado para *o que* orienta sua vontade, em vez de para *quem*. O professor verdadeiramente se torna um canal para a descoberta em vez de um transmissor de informações.

O que e não *quem*: esse é o poder do silêncio. Quando um adulto usa o silêncio para manter o limite com uma criança, ele simplesmente usa algumas palavras ou dá dicas não verbais para prepará-la e depois não diz nada. O professor apenas permanece *presente, amoroso e silencioso (PAS)*, respeitando a vontade da criança e abrindo um espaço que a encoraja a se concentrar com o que precisa ser feito em vez de com quem está entregando a mensagem.

Aqui estão algumas diretrizes e sugestões para manter os limites de forma respeitosa e efetiva com o silêncio:

1. Sempre se aproxime de uma criança de maneira amorosa e se abaixando até sua altura ao abordá-la.
2. Use o mínimo de palavras possível ao preparar a criança (mantendo o limite), e mantenha o tom gentil e firme. (O resto do capítulo irá delinear métodos específicos para fazer isso.)
3. Depois de manter o limite, permaneça *presente, amoroso e silencioso (PAS)*.
4. Se a criança tentar negociar, argumentar ou explicar, permaneça *presente, amoroso e silencioso (PAS)*, sem dizer nada.
5. Expresse sua apreciação pela cooperação da criança.

Aqui estão algumas maneiras eficazes de manter limites com os alunos usando poucas palavras e o poder do silêncio.

Redirecionamento, distração e supervisão/observação
(Crianças pequenas até 3 anos e meio)

> *Antes de a criança fazer 3 anos, ela não consegue obedecer, a menos que a ordem que recebe corresponda a um de seus impulsos vitais. Isso acontece porque ela ainda não completou sua formação. Ainda está ocupada com a construção inconsciente dos mecanismos necessários para sua própria personalidade, e não atingiu o estágio em que estes estão tão firmemente fundados que podem servir aos seus desejos e ser direcionados por ela de modo consciente.* – Maria Montessori[54]

As crianças de 2 a 3 anos e meio ainda não começaram a desenvolver sua capacidade de fazer previsões com base na causa e efeito de uma forma que afete seu comportamento. Esse autocontrole começa a acontecer quando as crianças atingem a idade de 3 anos e meio ou 4 anos, e é um processo contínuo que perdura durante a infância. As crianças mais novas de uma sala de educação infantil aprendem com mais eficácia por meio da repetição e estimulação de um adulto.

Redirecionamento

Quando um adulto usa o redirecionamento, ele, de forma simples e respeitosa, prepara a criança para mudar suas ações de uma atividade menos produtiva para uma mais produtiva. Por exemplo, se uma criança de 2 anos começa a tirar os cubos, o adulto pode simplesmente dizer: "Tenho um trabalho muito especial que gostaria de mostrar para você. É chamado de escada de contas", e conduzir a criança ao material apropriado, em vez de corrigi-la.

Distração

A distração é exatamente o que parece. O adulto distrai uma criança ou um grupo de crianças em vez de corrigi-los. Por exemplo, se a roda está ficando muito barulhenta, o professor pode começar a cantar uma música bem baixinho até que as crianças cantem juntas. O professor não menciona o comportamento, e a atenção da criança é desviada para uma atividade mais produtiva e envolvente.

A distração não é apenas uma técnica para os adultos, como a professora montessoriana Shawnaly compartilha nesta história:

> *Observei um exemplo comovente de uso da distração entre dois irmãos durante um piquenique que envolveu a escola na primavera. Shane, de 3 anos, estava tendo um início de ano letivo difícil. Ele ficava facilmente sobrecarregado e chorava com frequência. Em determinado momento durante o piquenique, crianças de 2 a 13 anos estavam brincando e correndo juntas no parquinho. Eu vi Shane sozinho e chorando. Ele parecia muito pequeno com todas as crianças mais velhas passando correndo por ele. Quando me aproximei, percebi que seu irmão mais velho também o tinha visto e chegou antes de mim.*

Enquanto eu observava, ele se agachou perto de seu irmão mais novo. Ele não perguntou a ele o que havia de errado. Na verdade, a única coisa que ele disse foi o nome de Shane e, então, quase sussurrou, "Olhe". Conforme disse isso, ele suavemente moveu as mãos e, com a habilidade de um mágico, colocou uma gorda lagarta verde no braço do menino mais novo. Shane ficou surpreso, depois intrigado. Seus olhos brilharam enquanto ele observava a lagarta se mexer e se agarrar a seu braço. Esquecendo as lágrimas, ele saiu para mostrar seu tesouro aos amigos. Esse momento tocante foi um lembrete do poder da distração e de que os adultos não são a única fonte de orientação.

Supervisão e observação

Se a criança ainda não é dona de suas ações, se ela não consegue obedecer nem mesmo às suas próprias vontades, menos ainda ela pode obedecer à vontade de outra pessoa. – Maria Montessori[55]

Quem disse que trabalhar com crianças pequenas seria fácil? Maria Montessori reconheceu que as crianças mais novas da educação infantil ainda não têm autorregulação. Muitas delas (especialmente se não vieram de uma educação montessoriana) não são capazes de escolher um trabalho da prateleira e completá-lo de forma independente no início do ano. Elas podem vagar pela sala, retirando materiais da prateleira e deixando-os no chão. Podem abordar outras crianças que estão trabalhando silenciosamente e interrompê-las (até mesmo bater nelas). Ou podem apenas correr pela sala e começar a rolar no chão.

No início do ano, esses alunos mais jovens precisam de supervisão e observação! Eles ainda têm as características de um bebê dentro deles, e, se os adultos na sala optarem por usar o redirecionamento e a distração de forma bem-sucedida, terão que estar por perto. Lembre-se de que esses pequenos não terão 2 anos e meio para sempre. Se eles puderem entender a estrutura da sala com supervisão próxima, redirecionamento e distração, e sem se envergonhar, não vai demorar muito até que alcancem a normalização de forma agradável, e o início do ano será uma lembrança distante (até janeiro do ano que vem, quando novas crianças mais jovens chegarem)!

Tanto o redirecionamento como a distração podem levar a um envolvimento produtivo pela criança. O envolvimento em um trabalho intencional leva à normalização, e a normalização é o objetivo principal no método Montessori. Quando uma criança é normalizada, o mau comportamento será reduzido.

À medida que as crianças começam a desenvolver a capacidade de prever os resultados de suas ações, as ferramentas de redirecionamento e distração começam a se tornar menos eficazes (entre 3 e 4 anos). Na verdade, o redirecionamento verbal e a distração como ferramentas para lidar com o mau comportamento podem se tornar contraproducentes à medida que as crianças ficam maiores. Conforme elas se aproximam dos 4 anos, resolver problemas (Capítulo 8) e manter os limites são mais adequados e eficazes à idade. Por exemplo, se uma nova criança de 2 anos e meio bater em outro aluno, o redirecionamento após uma breve conversa pode ser exatamente a receita ideal. A criança provavelmente bateu por frustração e falta de habilidades de resolução de problemas (verbal e intelectual). No entanto, se o mesmo cenário envolver uma criança de 5 ou 6 anos, simplesmente redirecionar o aluno malcomportado para uma atividade produtiva não seria uma abordagem adequada para o mau comportamento. Conforme as crianças se aproximam do ensino fundamental, elas desenvolvem uma capacidade muito maior de se autorregular, prever a causa e o efeito e resolver problemas.

Escolhas limitadas
(2 anos e meio e mais velhos)

> *A criança não quer que lhe digam o que fazer ou como fazer – ela se defende dessa ajuda. Escolha e execução são prerrogativas e conquistas de uma alma liberta.* – Maria Montessori[56]

Nossos ambientes estão cheios de escolhas. Escolhas de trabalho, escolhas de amigos, escolhas de quando comer o lanche, escolhas de onde trabalhar etc. As crianças prosperam quando recebem as escolhas adequadas porque se tornam participantes ativas de sua própria experiência. Elas ganham um senso de controle apropriado e autonomia e começam a exercitar seus músculos de tomada de decisão.

Usar escolhas limitadas como forma de manter limites com as crianças é uma maneira respeitosa de ajudá-las a desenvolver a autorregulação e ganhar confiança em sua capacidade de fazer escolhas adequadas e respeitosas para si mesmas e para os outros. Ao usar escolhas limitadas, o adulto deve oferecer escolhas que são respeitosas, adequadas ao desenvolvimento e aceitáveis para a criança, o adulto e a situação.

Alguns exemplos de escolhas limitadas adequadas, respeitosas e aceitáveis são:

Você pode comer o almoço que trouxe de casa ou pode fazer um sanduíche de queijo e geleia para você. Você escolhe.

Você pode pesquisar uma figura histórica significativa do Período Colonial ou pode pesquisar uma das próprias colônias. Qual você prefere?

Você pode retirar o feijão do chão com as mãos ou com uma vassoura e pá de lixo. Qual você gostaria de usar?

Você pode terminar os cálculos de matemática agora ou depois de comer um lanche. Estou curioso para ver o que você decidirá fazer.

Você gostaria de trazer a Rosa da paz para ele ou colocá-la na pauta da Reunião de classe?

Você pode regar a estufa amanhã antes da escola ou antes de ir para casa hoje. Por favor, avise-me sobre a sua decisão antes do almoço.

As escolhas limitadas podem ser mal utilizadas pelos adultos quando oferecem escolhas que não são adequadas ao desenvolvimento, respeitosas ou aceitáveis para a criança, o adulto ou a situação. Por exemplo:

Você pode guardar o seu almoço ou ir sentar-se na diretoria. (Essa é uma ameaça e realmente não é aceitável para a criança.)

Você pode entrar com a turma ou ficar no parquinho sozinho. (Também é uma ameaça e provavelmente vazia; não é aceitável para o adulto ou para a situação.)

Você pode guardar o seu almoço ou deixá-lo no chão para ser pisoteado. (Isso não é aceitável ou respeitoso com a situação e com a comunidade.)

Você gostaria de fazer cálculos de matemática agora ou depois da escola? (Pode não ser respeitoso ou aceitável para o adulto que tem outras responsabilidades depois da escola.)

Você pode escrever um relatório de pesquisa sobre qualquer coisa que lhe interesse. (Algumas crianças podem escolher tópicos inadequados ou sem mérito acadêmico, que não são aceitáveis para o professor ou a situação.)

As escolhas limitadas para crianças mais novas serão mais concretas e limitadas, com base em sua prontidão de desenvolvimento. Conforme os alunos ficam maiores, suas escolhas podem, apropriadamente, ser mais amplas. Por exemplo, um adolescente pode receber um tempo muito mais amplo para concluir um projeto combinado, porque se espera que ele tenha desenvolvido as funções executivas que lhe permitam gerenciar seu tempo, fazer escolhas e vivenciar as consequências (positivas e negativas) dessas escolhas.

Às vezes as crianças recuam com uma resposta a uma escolha limitada, por exemplo: "Não quero fazer nada disso". Se isso acontecer, podemos simplesmente responder com uma afirmação do tipo: "Essa não é uma das opções" e, em seguida, apenas permanecer *presente, amoroso e silencioso (PAS)*!

Fazer um pedido razoável com dez ou menos palavras
(3 anos e mais velhos)

> Permaneça *presente, amoroso e silencioso (PAS)* após cada pedido.
> *Pode guardar o seu almoço, por favor?*
> *Por favor, ande em volta do tapete.*
> *Por favor, carregue o bastão vermelho com as duas mãos.*
> *Por favor, ande na sala de aula.*

Usar uma palavra
(3 anos e mais velhos)

> Permaneça *presente, amoroso e silencioso (PAS)* após cada pedido de uma palavra.
> O professor gentilmente se dirige a uma criança que precisa entrar na roda: *Roda*.
> O professor se dirige gentilmente a uma criança que deixou sua pasta no armário: *Pasta*.
> O professor se dirige gentilmente a uma criança que está correndo pela sala: *Caminhe*.

Usar um sinal não verbal
(3 anos e mais velhos)

Usar um sinal é uma ótima maneira de acompanhar as crianças e desenvolver uma conexão ao mesmo tempo. Por exemplo, em vez de pedir a uma criança para enrolar o tapete que deixou no chão, o professor pode simplesmente, de forma amorosa, tocar no ombro da criança e sorrir com conhecimento de causa enquanto aponta para o tapete. Ou, depois de observar uma lancheira deixada no chão, o adulto pode pegar a lancheira e gentilmente entregá-la à criança, estimulando que ela a guarde.

Alguns outros exemplos de sinais que crianças e professores podem usar:

- Um toque no ombro do professor para que ele saiba que a criança está esperando para falar com ele.
- Um sinal especial entre a criança e o professor para pedir para ela se centrar durante a roda ou para fazer uma pausa fora da roda e retornar quando do estiver pronta.
- Usar o símbolo da paz (dois dedos para cima) para pedir a um grupo que fique quieto e preste atenção.
- Estender a mão com a palma para cima, indicando que você gostaria que as crianças que estão brigando por um objeto o coloquem na sua mão.
- Movimento de caminhada com os dedos na palma da outra mão, pedindo a uma criança para andar.
- Bater levemente o pé para pedir a uma criança que calce as pantufas.
- O uso de comandos simples de linguagem de sinais ensinados a todas as crianças.

Kristen, uma professora da educação infantil, compartilha um ótimo exemplo do uso da comunicação não verbal com um aluno:

Natalia estava na área de leitura da sala de aula segurando um coração de plástico que não lhe pertencia. Pedi a ela que devolvesse, mas ela se recusou. Eu estava chateada e tentada a fazê-la devolver. Em vez disso, apenas estendi a mão e permaneci presente, amorosa e silenciosa. Fiquei assim por um tempo que pareceu uma eternidade. Finalmente, Natalia me entregou o coração. Quando ela se levan-

tou para sair, eu disse: "Obrigada". Natalia respondeu: "Minha mãe teria desistido há muito tempo".

Os sinais são silenciosos, pessoais e respeitosos. Se o adulto for do tipo que serve de modelo firme e gentil, o uso de sinais pode ser poderoso e empoderador para a criança, e irá promover uma conexão entre o adulto e a criança (especialmente se os sinais forem dados com um sorriso acolhedor).

Usar um bilhete
(6 anos e mais velhos)

Bilhetes curtos e pessoais também podem ser uma maneira muito boa de manter discretamente um limite e desenvolver um senso de conexão ao mesmo tempo. Usar bilhetes para alunos do ensino fundamental II e médio pode ser muito eficaz.

Renata se aproximou de Chen, de 14 anos, que estava socializando com seus dois amigos e fingindo fazer uma tarefa. Renata lembrou a Chen que ela tinha dever de casa de álgebra para entregar no final do dia, e pediu a ela que fosse para um local onde pudesse fazer seu trabalho. Chen revirou os olhos, agarrou seus livros e mudou-se para outro local, onde jogou seus livros sobre a mesa. Renata ficou irritada e preocupada por ter acabado de permitir que Chen a desrespeitasse na frente dos outros alunos. Chen ficou envergonhada e ressentida porque sentiu que Renata a tratava como uma criança na frente de seus amigos. No dia seguinte, Renata pediu desculpas a Chen por envergonhá-la. Mais tarde naquele dia, Chen estava socializando com seus amigos novamente, quando deveria estar fazendo sua tarefa de limpar o banheiro. Desta vez Renata escreveu um pequeno bilhete para Chen, que dizia:

Você poderia limpar o banheiro primeiro e conversar com seus amigos quando tiver terminado? Obrigada. – Renata

Ela entregou o bilhete a Chen, que se afastou de seus amigos para lê-lo. Chen se sentiu respeitada e conectada com Renata. Ela sorriu, pegou um lápis do bolso e escreveu no verso do bilhete: *Claro.*

Dar informação
(3 anos ou mais velhos)

> Permaneça *presente, amoroso e silencioso (PAS)* após cada frase.
> *Seu trabalho não está finalizado.*
> *Há muitas pessoas nesta mesa.*
> *Nossa roda está ficando muito barulhenta.*

Descreva o que você vê
(3 anos e mais velhos)

> Permaneça *presente, amoroso e silencioso (PAS)* após cada frase.
> *Percebi que você estava correndo pela sala de aula.*
> *Vejo que você tem outro trabalho na mesa perto da janela.*
> *Percebi que você estava empurrando para chegar na frente da fila.*

Observar e não fazer nada
(2 anos e mais velhos)

Apenas observar e estar presente muitas vezes pode ser o suficiente para uma criança redirecionar seu próprio comportamento sem a necessidade de um adulto manter ativamente o limite. Quando eu (Chip) descobri esse conceito, fui realmente pego de surpresa; nunca me ocorreu que essa fosse uma opção. Logo no início do meu treinamento em Disciplina Positiva, eu estava observando minha turma do fundamental, lendo com um aluno e fazendo algumas anotações. James, de 8 anos, estava circulando pela sala de aula, visitando amigos sentados em mesas diferentes e brincando, socializando e perturbando outras crianças. No passado eu teria levantado, andado pela sala de aula, abordado James e pedido que voltasse ao seu trabalho; isso muitas vezes leva a uma disputa por poder ou discussão.

Dessa vez eu simplesmente fiquei em meu lugar e observei James, sem fazer nada. Finalmente ele sentiu meu olhar e presença do outro lado da sala e olhou para mim. Então, voltou a falar e a brincar com seu amigo. Continuei a observar. Ele ergueu a cabeça novamente e me viu observando. Ele se voltou para seus amigos e continuou a conversa. Eu continuei a olhar. Novamente, ele olhou e viu que eu ainda estava observando. Desta vez, ele encolheu os ombros, suspirou e voltou para a linha do tempo em que estava trabalhando. Ele tomou sua própria decisão, eu mantive o limite com muito pouco esforço e nós dois fomos capazes de manter nossa dignidade na situação. Além disso, pude ficar presente para a criança que estava lendo para mim.

Montessori sugeriu que uma de nossas tarefas mais importantes como professores é observar as crianças no ambiente da sala de aula. No entanto, a maioria dos professores dedica pouco tempo para se sentar e observar suas salas. Quando perguntados por que eles não fazem isso, uma das respostas mais frequentes que os professores dão é que eles não têm tempo. Estão dando aulas, redirecionando as crianças e abordando questões comportamentais. É possível que estejamos realmente criando ou estimulando muitas das interrupções na sala de aula pela crença de que precisamos reagir a cada mau comportamento? Podemos dar aulas e observar?

A vigilância geral e o ensino individual, dados com precisão, são duas maneiras pelas quais o professor pode ajudar no desenvolvimento da criança. Nesse período, ele deve tomar cuidado para nunca virar as costas para a turma enquanto estiver lidando com uma única criança. Sua presença deve ser sentida por todos esses espíritos, vagando e em busca de vida. – Maria Montessori[57]

Os adultos têm uma presença muito forte na sala de aula, não importa a idade das crianças. Seus movimentos, tom de voz e interações com as crianças reverberam por todo o ambiente. Da próxima vez que tiver a chance de estar na sala de outro professor, observe como muitos adultos perturbam involuntariamente as crianças. Frequentemente os adultos se movem pela sala para resolver uma situação e não veem o rastro que deixam para trás. O professor, sem querer, não vai atrapalhar somente sua aula ou o trabalho com uma criança, mas também atrapalhar os outros alunos na sala a caminho de "redirecionar" o mau comportamento de outra criança.

A fim de preparar o ambiente para a observação, considere designar algumas poucas áreas da sala para que os adultos possam simplesmente sentar, estar presentes e observar ativamente as crianças, enchendo a sala com a sua presença para que possam redirecioná-las com o olhar, em vez de seus corpos e vozes. Muitas salas têm uma cadeira de observação. Que tal uma dupla, para diferentes pontos de vista? Em minha experiência, quando tentamos isso e tivemos um assistente simplesmente sentado e observando de forma ativa as crianças e a sala como um todo, as crianças mais do que nunca interrompiam seu comportamento perturbador sem que fosse solicitado, ou seus colegas de classe pediam que parassem.

Manter os limites: perguntas e respostas

1. **O que você faz com as crianças pequenas que fogem quando você mantém o limite?**

   Ótima pergunta; obviamente vem de uma experiência duramente conquistada! Não é incomum para uma criança (de 2 anos e meio a 6 anos) fugir de um adulto que está mantendo um limite com elas. Limites não são limites até que eles sejam testados, e que melhor maneira de testar um limite do que fugir? Mais provavelmente, você já sabe quais crianças da sua turma fugirão quando você mantiver o limite. Quando abordar um potencial corredor, comece ajoelhando-se ao nível dele e estendendo as mãos, palmas para cima, indicando que gostaria que ele pegasse suas mãos. Quando o fizer, espere amorosamente e, em seguida, mantenha o limite. Se a criança tentar fugir, simplesmente segure suas mãos com gentileza e firmeza e permaneça *presente, amoroso e silencioso* até que ela responda. Certifique-se de agradecê-la por sua cooperação.

2. **Quanto tempo você fica em silêncio se uma criança não está respondendo?**

   Mais do que o confortável. A maioria das crianças responderá a um limite que é mantido se o adulto permanecer *presente, amoroso* (a energia fala mais alto do que as palavras) *e em silêncio* até que a criança opte por cooperar. É muito mais desconfortável para os professores seguirem em silêncio do que para a criança. Não gostamos de silêncio, mas é incrível o quanto é comunicado quando paramos de falar. Se sua energia comunica que você está confiante na habilidade da criança de realizar o que é razoavelmente pedido a ela como membro da comunidade da sala, ela se sentirá confiável e encorajada. Quando você se sente confiável e encorajado, isso não o torna mais do que disposto a ajudar e cooperar?

3. **Não é desrespeitoso apenas ficar em silêncio e não explicar o porquê?**

   As crianças mais novas (de 3 a 6 anos) ainda seguem as pistas comportamentais e morais dos adultos. Quando perguntam por quê, elas realmente querem dizer o quê ou como. Para elas, servir de modelo (mostrando-lhes o quê e como) e manter os limites claros e consistentes é mais eficaz e respeitoso com o seu estágio de desenvolvimento.

Explicar o porquê é importante para os alunos do ensino fundamental e os adolescentes, por respeito a eles e ao seu desenvolvimento. O melhor momento para explicar o porquê é prioridade, quando você reserva um tempo para ensinar. Quando é hora de manter o limite, explicar o porquê abre a conversa para manipulação e discussão, quando o acompanhamento é o que é necessário.

4. **E se não funcionar?**

Manter os limites com respeito, usar poucas palavras e muito silêncio, funciona de forma muito eficaz em geral. No entanto, nem todas as ferramentas funcionam para todas as crianças o tempo todo. Se você está descobrindo que uma das ferramentas deste livro não está funcionando ou parou de funcionar, tente outra. E sempre se certifique de usar o Quadro de objetivos equivocados (páginas 32-33).

Outra coisa a lembrar é que todas as crianças querem pertencer e se sentir importantes. Cooperação e responsabilidade social fazem parte do tecido de nossa existência. Acreditamos que as crianças realmente desejam cooperar e ajudar os outros? Quando não estão cooperando, pode ser que o professor tenha criado uma disputa por poder em que a criança inconscientemente se sente desafiada a vencer. Pergunte a si mesmo: "Criei uma disputa por poder por ser muito exigente e desrespeitoso?".

5. **E se parecer que uma criança mais nova não entende por que você não está falando?**

Se realmente parece que uma criança não entende por que você está parado ali depois de dizer algumas palavras, é bem possível que ela também seja muito pequena para compreender a comunicação não verbal do silêncio. Isso vai, provavelmente, se aplicar a algumas crianças com menos de 3 anos e meio. Se esse for o caso, então o redirecionamento, a distração e a supervisão serão mais eficazes.

Como montessorianos, somos chamados a confiar nas crianças aos nossos cuidados. Isso não é tão fácil, especialmente quando as crianças se comportam mal, mas é vital para desenvolvermos uma relação de respeito mútuo e cooperação. Manter os limites, usando poucas palavras, e seguir com o silêncio é tão útil para o adulto quanto para a criança. Dá ao adulto uma maneira concreta de praticar sua confiança na criança.

Modelagem

Ações falam mais alto que palavras. Na sala de aula montessoriana, nós modelamos o que queremos que as crianças façam. Os adultos lideram pelo exemplo, mostrando às crianças como tratar os outros com gentileza e respeito. Nós modelamos como nos mover pela sala de aula, como falar com os outros, como organizar o trabalho e como manter o ambiente.

Ser um modelo na sala de educação infantil é vital porque as crianças estão no período sensível para a obediência. As crianças aprendem com os adultos. Elas nos observam de perto e reproduzem nossas ações. Então, modelar o comportamento respeitoso na sala é uma tarefa séria para o professor. Se os adultos se movem de maneira rápida e abrupta pela sala, o mesmo acontecerá com as crianças. Se os adultos falam em tom irritado com uma criança que se comporta mal, o mesmo acontece com as crianças. As crianças também servirão de exemplo de gentileza, respeito e cuidado com o ambiente em que veem adultos modelando.

À medida que as crianças ficam mais velhas e entram nas turmas do fundamental e dos adolescentes, liderar pelo exemplo é fundamental à medida que os alunos se tornam mais sensíveis à hipocrisia. Os alunos olham para os adultos a fim de ver se eles fazem o que dizem e dizem o que fazem. "Os adultos fazem o que me pedem para fazer?", elas pensam. A falta de um modelo de comportamento respeitoso e de regras básicas de sala de aula corrói a confiança no adulto e equivale à permissão para os alunos fazerem o mesmo. "Se você pode tomar café na sala de aula, por que eu não posso?" No entanto, quando os adultos modelam na sala o comportamento que esperam dos alunos, eles ajudam a desenvolver um senso comunitário de confiança, respeito mútuo e cooperação.

Quando meus treinadores montessorianos (de Chip) falaram sobre modelar o comportamento que queríamos ver em nossos alunos, isso fez todo o sentido para mim. Quando criança, lembro-me claramente de adultos fazendo exceções às regras. Como um jovem professor, levei a modelagem muito a sério. No entanto, ao longo dos anos os maus hábitos começaram a aparecer. Comecei a me tornar uma exceção às regras. Eu usava meus sapatos na sala para fazer algo rápido. Eu carregava minha xícara de café pela sala, em vez de deixá-la em um local designado. As "necessidades" práticas do momento começaram a superar o impacto de longo prazo do comportamento de modelagem. Eu trabalhava com alunos do ensino fundamental na época, e eles foram rápidos em apontar minha hipocrisia. No decorrer de uma Reunião de classe, um dos alunos me perguntou, muito gentilmente, por que eu não tinha que seguir as mesmas regras que eles! Foi um ótimo lembrete de que as ações falam mais alto do que as palavras. É desnecessário dizer que comecei a fazer algumas mudanças. Uma das coisas que eu absolutamente amei em ser um professor montessoriano é o fato de que os alunos confiam nos adultos o suficiente para fazer perguntas difíceis. Meus alunos certamente fizeram!

PERGUNTAS PARA DISCUSSÃO

1. Como você se envolve na "insistência montessoriana"?
2. Descreva uma experiência da sua infância quando um adulto insistiu com você. O que você estava sentindo, pensando e decidindo durante essa experiência?
3. Você se lembra de algum adulto que falava menos quando estava mantendo os limites? Você consegue se lembrar qual foi a sua resposta?
4. Como adulto, como se sente quando outro adulto o lembra de coisas que você sabe? Como você responde?
5. Faça uma lista de escolhas limitadas que são ameaças disfarçadas. Então, transforme essas ameaças em escolhas que seriam respeitosas e aceitáveis para o aluno, sem serem permissivas. Por exemplo, em vez de: "Você pode fazer seu trabalho agora ou durante o recreio", você pode dizer: "Você pode começar com matemática ou trabalho de geografia. Você escolhe".
6. Qual das ferramentas deste capítulo você já usa, se houver alguma?
7. Qual das ferramentas deste capítulo você acha que seria a mais útil para começar a usar? Por quê?
8. Você consegue se lembrar de exemplos de adultos que fizeram a si mesmos exceções à regra? Que decisões você tomou quando percebeu isso?
9. De que maneiras você poderia melhorar sua modelagem?

8

PASSAR DE CONSEQUÊNCIAS LÓGICAS PARA SOLUÇÕES

Se as consequências lógicas são usadas como ameaça ou "impostas" com raiva, elas deixam de ser consequências e passam a ser punição. Crianças são rápidas para discernir a diferença. Elas respondem às consequências lógicas; elas revidam quando são punidas. – Rudolf Dreikurs[58]

Recompensas e punições são... os piores inimigos do desenvolvimento natural da criança. O jóquei dá açúcar ao cavalo antes da corrida, mas usa as esporas e o chicote quando há atraso. Ainda assim, usar qualquer desses métodos induz o animal a correr tão rápido e soberbamente quanto o cavalo das planícies? – Maria Montessori[59]

Josiah era um aluno do ensino fundamental de 7 anos. Ele estava na sala com seu professor Marcus durante o recreio porque havia produzido pouco durante o ciclo de trabalho matinal. A política da sala era: "Se você brincar durante a hora de trabalho, então precisará trabalhar durante a hora da brincadeira". Marcus acreditava que estava usando uma Consequência lógica para resolver a falta de produtividade de Josiah. Mas ele não entendeu as Consequências lógicas e estava usando uma consequência punitiva para resolver o problema. Não estava funcionando. Josiah recusou-se a fazer qualquer trabalho durante o recreio, quando seus amigos estavam jogando lá fora, e estava ressentido e rebelde. Naquela tarde, ele perturbou tanto que um dos professores teve que passar a tarde atrás dele para impedi-lo de incomodar os outros alunos. O preço da "consequência" de Josiah estava sendo pago por todos e, certamente, não estava mudando os hábitos de trabalho do menino.

Marcus e sua assistente, Jill, sentaram-se para um café em uma tarde para tentar resolver o dilema. Jill disse: "Josiah não é o único a ser punido. Parece que as crianças que seguramos no intervalo para fazer seu trabalho são as que mais precisam estar fora de sala". Havia outros alunos que eram socialmente distraídos e que distraíam os outros, e essas crianças raramente completavam seu trabalho durante o ciclo matinal. Marcus concordou. Eles sabiam que sua abordagem atual estava causando mais problemas do que resolvendo, mas não tinham certeza de como proceder.

Marcus e Jill decidiram que acabariam com a política de segurar as crianças no recreio, mesmo que ainda não tivessem uma resposta para o seu problema. O que aconteceu foi transformador. Quando eles eliminaram as consequências punitivas da equação, começaram a se concentrar em ideias para ajudar a *resolver* o problema. Uma das primeiras coisas que se tornaram evidentes foi que eles estavam deixando de fora quem melhor poderia ajudar a resolver o problema: as próprias crianças.

No dia seguinte, Jill e Marcus sentaram-se com Josiah para resolver problemas. Jill disse: "Josiah, acho que mantê-lo aqui no recreio para fazer o seu trabalho não foi muito útil para você e também não tem funcionado para nós. Estamos preocupados porque você não está fazendo seu trabalho de manhã. Em vez de ficar retido no recreio, você estaria disposto a trabalhar conosco para pensar em algumas soluções para ajudá-lo a fazer seu trabalho na parte da manhã?".

Como você pode imaginar, Josiah se sentiu encorajado por saber que não tinha que ficar na sala durante o recreio se não terminasse seu trabalho. Esse encorajamento abriu a porta para focar soluções. Jill e Marcus trabalharam com Josiah para identificar no que ele estava tendo dificuldade durante a manhã no ciclo de trabalho. Em seguida, eles conversaram para encontrar soluções para ajudá-lo a terminar seu trabalho. Algumas das soluções incluíram identificar parceiros de trabalho produtivos, dividir projetos longos em partes menores (isolando a dificuldade) e ordenar seu trabalho para que ele começasse com uma atividade que provavelmente evitaria para tirar isso do caminho primeiro.

Em uma semana, Josiah se tornou um aluno diferente e seu relacionamento com os professores mudou drasticamente. Ele estava mais cooperativo, confiante e disposto a fazer seu trabalho – até mesmo o trabalho que não gostava de fazer. As coisas não ficaram perfeitas. Josiah ainda tinha dificuldade com distrações sociais, mas estava quase sempre disposto a ser gentilmente lembrado das soluções que seus colegas elaboraram para ajudá-lo a realizar seu trabalho. Josiah percebeu que ele, os professores e os colegas estavam todos no mesmo time.

Josiah não foi o único a ser ajudado. Jill e Marcus começaram a aplicar essa abordagem com todos os seus alunos. A Resolução de problemas e a elaboração de acordos *com* os alunos mudaram toda a atmosfera da sala, de antagônica a solidária e cooperativa. Além disso, Jill e Marcus conseguiam fazer suas pausas a cada dia, sozinhos, sem precisar supervisionar alunos ressentidos que tinham energia para queimar.

Marcus e Jill enfrentaram o que a maioria dos professores enfrenta todos os dias: lidar com comportamentos inadequados contínuos ou repetidos. É uma experiência frustrante e desanimadora. Marcus e Jill responderam (como a maioria de nós) a essas repetições de comportamentos inadequados impondo "consequências". Mas o problema é que as "consequências" que ambos usaram foram, na verdade, punições mal disfarçadas. E o que aconteceu é o que geralmente acontece: a abordagem punitiva convidou ao desencorajamento nas crianças, o que levou a mais mau comportamento. Isso soa familiar?

Existe uma maneira melhor! Trabalhar *com* crianças para se concentrar em soluções com gentileza e firmeza, em vez de aplicar consequências, quase sempre é a maneira mais produtiva de lidar com comportamentos inadequados repetidos. Considerando que os professores não podem envolver os alunos em todas as decisões que tomam, envolver as crianças na resolução de problemas, sempre que possível, ajudará a construir cooperação e respeito mútuo, bem como reduzir os comportamentos problemáticos. Vamos discutir a resolução de problemas em mais detalhes neste capítulo; mas, antes de fazermos isso, vamos dar uma olhada mais de perto nas Consequências lógicas e em por que é tão fácil utilizá-las de maneira incorreta.

Cuidado com as Consequências lógicas

Em quase todos os *workshops* de Disciplina Positiva que fazemos para pais ou professores, uma das perguntas mais comuns que recebemos é: "Se uma criança faz _____ , qual é a *consequência lógica*?". Ao explorar essa questão mais profundamente, quase sempre descobrimos que a crença subjacente à questão é que as crianças devem sentir a dor de seu erro ou mau comportamento para fazer melhor no futuro. Portanto, a pergunta que realmente está sendo feita é: "Se uma criança faz _____, qual é a punição?".

A realidade é que as crianças não agem melhor quando se sentem pior (envergonhadas, culpadas, constrangidas). Elas agem pior. Foi isso o que aconteceu com Josiah. Seus professores esperavam que vivenciar a consequência (dor) de seu erro o faria mudar seu comportamento para melhor. No entanto, quando Josiah teve que ficar na sala durante o recreio, ele se sentiu desencorajado, com raiva e derrotado, e intensificou seu mau comportamento à tarde e nos dias seguintes. A reação que ele teve é comum para crianças que recebem consequências punitivas dos adultos. Isso pode ser chamado de "ciclo de vingança".

É muito fácil cair na armadilha de usar uma consequência punitiva e chamar isso de Consequência lógica. Os professores se sentem sobrecarregados e desencorajados, e as consequências punitivas dão a eles uma sensação de controle quando estão se sentindo fora de controle. No entanto, essa é uma ilusão momentânea. Embora a imposição de consequências punitivas possa motivar a criança a parar de se comportar mal no momento, não é eficaz em longo prazo porque faz a criança se sentir desencorajada. Ela também cria um relacionamento adverso entre o professor e a criança e convida à disputa por poder, manipulação e ressentimento. Em vez de ganhar o controle, o adulto realmente perde o controle. O adulto se sente pior. A criança se sente pior. O relacionamento fica tenso. A criança mantém ou aumenta seu mau comportamento. É uma situação em que todos perdem. É por isso que dizemos: "Cuidado com as Consequências lógicas".

Afinal, o que são Consequências lógicas?

Como há muitos mal-entendidos sobre o que é Consequência lógica e como usá-la, é importante ver o que faz uma consequência ser uma verdadeira Consequência lógica. A Consequência lógica não é uma consequência punitiva, imposta por um adulto, usada para ensinar responsabilidade às crianças e encorajar a cooperação, a autorregulação e o respeito mútuo. Para que uma consequência seja considerada uma verdadeira Consequência lógica, em vez de uma consequência punitiva ou castigo, deve atender a *todos* os seguintes parâmetros:

1. **Razoável.** A consequência deve ser razoável, não muito dura, e não ter a intenção de fazer o aluno se sentir pior. Se um aluno não termina seu trabalho, então lhe é solicitado que faça um plano para terminar.
2. **Relacionado.** Deve estar diretamente relacionada à situação. Se um aluno deixa cair o alfabeto móvel, então é solicitado a ele que arrume isso.
3. **Respeitoso.** A consequência deve ser respeitosa para o aluno, o professor, a comunidade e a situação. Deve ser gentil e firme ao mesmo tempo, permitindo que a criança aja para se recuperar do erro. O professor pode pedir a uma criança que está perturbando que saia por um tempo da roda e retorne quando estiver pronta para participar sem perturbar os outros.
4. **Útil.** A consequência deve ser útil para a criança. Deve ajudar a criança a se sentir apoiada enquanto aprende com seu erro. O professor pode pedir ao aluno para ajudar a consertar um material que ele quebrou na sala. Juntos eles trabalham para consertá-lo, e o aluno pode colocá-lo de volta na prateleira.

Chamamos esses critérios de Três "R" e um "U". Nós os usamos na Disciplina Positiva para testar se nossas soluções vão desenvolver cooperação mútua, respeito e relacionamentos fortes. Em outras palavras, os Três "R" e um "U" das Consequências lógicas são realmente os mesmos que os Três "R" e um "U" para encontrar soluções. Vamos testar duas tentativas de uso das Consequências lógicas para ver se eles atendem aos nossos critérios de Três "R" e um "U".

Mary e Lydia, alunas de 5 anos da classe de Kathy, estavam pintando com aquarela em uma mesa. Elas frequentemente se comportavam mal quando trabalhavam juntas. Kathy percebeu que elas haviam terminado suas pinturas e começaram a pintar a parede da sala de aula. Quando era hora de sair, Kathy se aproximou de Mary e Lydia e disse discretamente: "Eu percebi que tem tinta na parede. O que vocês precisam fazer sobre a pintura a parede antes de saírem?". Resignadas, mas cooperativas, Mary e Lydia pegaram esponjas e água e limparam a parede antes de fazer a transição para fora da sala.

Limpar a parede foi uma verdadeira Consequência lógica. O pedido de Kathy era **razoável**: a consequência não foi dura ou teve a intenção de fazer

Mary e Lydia se sentirem pior por seu erro. O pedido de Kathy foi **relaciona-do**: as meninas fizeram a bagunça, e limpá-la era uma maneira lógica de consertar o erro. O pedido de Kathy foi **respeitoso** com as alunas, a professora e a situação: ela não incluiu nenhuma culpa, vergonha ou sermão. Não mandá-las limpar teria sido desrespeitoso com os professores e os outros alunos, porque outra pessoa teria que limpar sua bagunça. Finalmente, a resposta de Kathy foi **útil**: ela ajudou as alunas a desenvolverem responsabilidade pessoal e social e, com sorte, iria ajudá-las a fazer melhor da próxima vez.

No exemplo citado, observe que Kathy fez uma pergunta para persuadir Mary e Lydia, em vez de lhes dizer o que fazer. Essa pergunta comunicou às alunas que Kathy confiava nelas para saber o que fazer, e aumentou a sua responsabilidade. Discutiremos o poder de perguntar em comparação com mandar no Capítulo 12.

A consequência de Jill e Marcus em "Se você brincar durante o trabalho, então vai trabalhar durante o recreio" não atendeu aos critérios de Três "R" e um "U". A consequência certamente estava **relacionada** à situação. Pode-se até argumentar que era **razoável**, embora Josiah não se sentisse assim. Contudo, deixar Josiah sem recreio não atendeu ao terceiro R ou ao U. Ficar na sala para fazer seu trabalho não **respeitava** sua necessidade de socializar e de praticar a tão necessária atividade física depois de ficar dentro da sala durante toda a manhã, e não foi **útil** para ele ou para sua responsabilidade na comunidade da turma.

Deve-se notar que Rudolf Dreikurs ensinou que as Consequências lógicas são eficazes apenas com crianças cujo objetivo equivocado é Atenção indevida. Curiosamente, mesmo para Atenção indevida, existem muitas ferramentas que podem ser mais eficazes do que as consequências. Muitos alunos interpretam as consequências como punitivas e estão mais propensos a se tornarem ressentidos, rebeldes ou passivos. Crianças cujos objetivos equivocados são Poder mal direcionado, Vingança e Inadequação assumida estão nesse grupo. Uma criança cujo objetivo equivocado é Poder mal direcionado provavelmente verá uma Consequência lógica como um convite para se envolver em uma disputa por poder. Uma criança com o objetivo equivocado de Vingança provavelmente perceberá uma Consequência lógica como rejeição, e então tentará revidar o sentimento de mágoa. Uma criança com o objetivo equivocado de Inadequação assumida provavelmente interpreta a Consequência lógica como crítica e recua ainda mais.

Uma boa regra para as Consequências lógicas é ter em mente que elas são mais eficazes nestas duas situações:

1. Se faz bagunça, você limpa; ou, se quebra, você conserta (no sentido literal e nos relacionamentos).
2. Os privilégios vêm com a responsabilidade. Se você não quer a responsabilidade, pode perder o privilégio até que esteja pronto para demonstrar que tem responsabilidade.

Considerando que é tão fácil para os adultos disfarçar punições como Consequências lógicas, ou ter Consequências lógicas interpretadas como punições pelas crianças, esperamos que você descubra o que Jill e Marcus, e tantos de nós que usamos a Disciplina Positiva, descobrimos: que as Consequências lógicas raramente são necessárias (ou desejadas) quando você começa a resolver problemas *com* as crianças e usa as outras ferramentas encontradas neste livro.

Passar das Consequências lógicas para as soluções

E se nos concentrássemos em encontrar soluções para os problemas em vez de encontrar consequências para eles? Ao resolver problemas *com* as crianças, nutrimos o poder pessoal delas, desenvolvemos relacionamentos fortes e convidamos respeito mútuo e cooperação. Lembre-se de que resolver problemas com as crianças, em vez de aplicar consequências, não significa ser permissivo. Quando usado efetivamente, o processo de resolução de problemas é gentil e firme ao mesmo tempo. Isso envolve compartilhar, ouvir e discutir soluções. Também envolve fazer acordos específicos juntos que empoderam o adulto a seguir de forma respeitosa e eficaz se um aluno quebrar o acordo, o que eles costumam fazer. É sempre mais fácil fazer o acompanhamento do que foi combinado com uma criança se vocês dois estiverem na mesma equipe!

Quando Marcus e Jill começaram a resolver problemas com Josiah, seu relacionamento com ele mudou de adverso para colaborador. O comportamento de Josiah não mudou da noite para o dia, e ele continuou a cometer erros. Mas, quando chegou a hora de ser firme e seguir em frente com Josiah, perguntando o que ele precisava fazer para cumprir sua parte no acordo, Marcus e Jill foram capazes de fazer isso com gentileza, porque estavam recorrendo à cooperação e à confiança que construíram com Josiah quando o convidaram para ser parte da solução.

Josiah sabia que era importante e que seus professores o valorizavam e o tratavam com dignidade e respeito. Marcus e Jill sabiam que poderiam ser mais consistentes porque seu relacionamento com Josiah era mais colaborativo. Na verdade, quando eles fizeram o acompanhamento com Josiah, o relacionamento entre eles pareceu ter ficado ainda mais forte.

Estudos mostram que a relação adulto-criança é extremamente importante. Embora todos os professores se sintam ocupados, é essencial investir tempo e esforço em fortalecer os relacionamentos. Uma análise de 46 estudos descobriu que relações fortes professor-aluno foram associadas a melhorias no envolvimento acadêmico do aluno, frequência e notas, e associadas a menos comportamentos perturbadores, suspensões e evasão escolar.[60] Embora dedicar tempo para resolver problemas com os alunos pareça assustador para professores ocupados, considere quanto tempo leva para resolver o mau comportamento contínuo como o de Josiah. Depois de dedicar um tempo para resolver problemas de forma eficaz com Josiah e outros alunos em sua classe, Marcus e Jill conseguiram fazer uma pausa pela primeira vez durante todo o ano.

Resolução de problemas com crianças - Quatro passos para o acompanhamento
(dos 4 anos até a adolescência)

O processo de resolução de problemas que Marcus e Jill seguiram com Josiah e os outros alunos é chamado de Quatro passos para o acompanhamento. É uma maneira gentil e firme de colaborar com as crianças que desenvolve relacionamentos fortes entre o aluno e o professor, e aborda de forma eficaz os maus comportamentos repetidos. Funciona da seguinte forma:

Quatro passos para o acompanhamento

1. Encontre um momento neutro em que você e a criança possam falar sobre o assunto com sua atenção total (não logo após o problema ocorrer ou logo antes que seja provável que ocorra).

2. Tenham uma conversa franca e amigável para coletar e compartilhar informações sobre o que está acontecendo, tanto para o professor quanto para a criança, sobre o problema em questão.
3. Conversem sobre possíveis soluções e façam um acordo juntos sobre o que cada um de vocês está disposto a colocar em prática para resolver o problema. Verifique o entendimento. Certifique-se de que todos entendem qual a solução escolhida.
4. Se/quando o problema surgir novamente, o professor simplesmente reagirá com uma breve frase, como: "Qual foi o nosso acordo?" ou "Fizemos um acordo".

Você vai perceber que, ao revisar esse processo de resolução de problemas, ele começa com uma conversa. A conversa deve ser sempre planejada para um "momento neutro", quando ambos, professor e aluno, podem dar ao assunto sua atenção plena, e ambos estão se sentindo neutros ou desconectados do último incidente. O professor geralmente inicia a conversa e compartilha abertamente o que está acontecendo com ele. Depois, dá ao aluno a oportunidade de compartilhar o que o preocupa. É importante que o professor ouça os alunos sem julgamento e permita que eles tenham prioridades diferentes. Por exemplo, para a maioria dos adolescentes, as conexões sociais com seus colegas são mais importantes do que seus trabalhos escolares. Isso não significa que seja apropriado que os adolescentes não façam os trabalhos da escola. Significa apenas que suas conexões sociais são mais importantes *para eles*. Se o professor expressar seu entendimento sem contradizer o aluno, este se sentirá ouvido e reconhecido.

Assim que um aluno se sente ouvido, o professor pergunta se ele está aberto à resolução conjunta do problema, de forma que possa atender às necessidades de ambos. Se o aluno não concordar, caberá ao professor resolver o problema, e certamente é apropriado que diga: "Eu realmente gostaria que tentássemos resolver este problema juntos. Acho que seria mais eficaz. Mas, se você não estiver disposto a resolver o problema comigo, então vou ter que resolvê-lo sozinho. Vou deixar você saber o que eu descobri. Por favor, avise-me se decidir que gostaria de trabalhar nisso junto comigo".

A maioria das crianças e adolescentes ficará feliz por ter sido incluída na resolução de problemas. Eles se sentirão naturalmente respeitados e confiáveis.

Se o aluno concordar, professor e aluno podem elaborar várias soluções em conjunto.

Ao começar a resolver problemas com os alunos, seja honesto com eles e consigo mesmo se as soluções não atenderem aos critérios dos Três "R" e um "U", ou se uma solução não funcionar para você. Por exemplo, se a criança sugerir: "Acho que devo sair quando quiser", você pode dizer: "Isso não vai funcionar para mim. Vamos encontrar algo que seja razoável para nós dois". O aluno deve ter permissão para fazer o mesmo. Algumas vezes os alunos vão oferecer soluções punitivas, como: "Eu devo ficar na sala durante o recreio se não fizer meu trabalho". Seja honesto com eles se achar que uma solução é punitiva ou que não ajuda. Por exemplo: "Não tenho certeza de que ficar na sala durante o recreio para fazer seu trabalho é respeitoso com você. Você parece realmente precisar de um tempo lá fora". Assim que você e o aluno chegarem a um acordo com o qual os dois estejam dispostos a conviver, confirme o acordo com ele e lhe agradeça por trabalhar com você para resolver o problema.

Lembre-se de que os limites não são limites até que sejam testados! Portanto, defina suas expectativas adequadamente. Os alunos quase sempre quebram o acordo que vocês fizeram durante o processo de resolução de problemas. Não leve isso para o lado pessoal. Não espere que as crianças tenham as mesmas prioridades que você. Elas ainda precisam cumprir as obrigações mesmo que não seja sua prioridade, e é por isso que precisam de pais e professores. Crianças e adolescentes querem saber o que o adulto vai fazer de forma consistente e previsível. Eles se sentem seguros quando os adultos dizem respeitosamente o que vão fazer e fazem o que disseram. Quando um aluno quebra um acordo, simplesmente se aproxime dele, sorria com conhecimento de causa e diga: "Qual foi o nosso acordo?". Se ele apresentar objeções ou desculpas, não responda. Fique *presente, amoroso e silencioso (PAS)* até que ele prossiga com o acordo (e, quando o fizer, certifique-se de agradecê-lo pela cooperação).

Exemplo dos Quatro passos para o acompanhamento

David, um aluno do ensino fundamental II, vinha para a aula quase todas as semanas sem estar preparado. Ele sublinhava algumas passagens da leitura escolhida e fazia algumas anotações ilógicas nas margens para mostrar ao professor que tinha feito o trabalho. Durante a aula, David fazia comentários que mostravam claramente que não tinha feito a leitura. Para encobrir sua falta de preparo, ele fazia piadas e geralmente distraía os outros alunos na roda. Sua professora, Samantha, inicialmente impunha uma consequência punitiva. Ela pedia a ele para sair da aula e dava trabalho extra por ter perdido a discussão. Isso levou a uma disputa contínua por poder, e David começou a interromper a aula de fora da roda depois de ser convidado a sair. Samantha decidiu resolver o problema usando os Quatro passos para o acompanhamento.

Uma manhã, Samantha perguntou a David se ele se juntaria a ela para uma xícara de chá. David concordou e eles tiveram a seguinte conversa.

Samantha: "David, estou preocupada com a sua participação na aula. Você tem me mostrado a leitura atribuída a cada semana, e dá a entender que fez algum esforço. Contudo, quando você compartilha seu *feedback*, fica evidente que você não fez a leitura. Estou me sentindo desencorajada porque você está atrapalhando a aula para a qual os outros se prepararam. Você é muito engraçado e eu gosto que você faça parte da nossa aula, mas não gosto das interrupções. Isso é o que está acontecendo comigo. O que está acontecendo com você?".

David: "Estou entediado. Eu não gosto dos tópicos. Você tem razão. Eu não tenho feito o trabalho. Só não estou interessado em algumas das coisas que estamos discutindo. Gostei desse seminário porque era sobre eleição, mas acho que muitas das coisas sobre as quais falamos não são interessantes".

Samantha: "Agradeço por você ser honesto comigo. Obrigada. Estou frustrada porque você está interrompendo a roda quando não está preparado, e você está frustrado porque não está interessado nos tópicos e não está se sentindo motivado a fazer o trabalho. *(Perceba que Samantha está simplesmente reafirmando fatos, sem entrar em julgamento sobre as prioridades de David.)* David, não posso prometer que você ficará interessado em todos os tópicos que discutimos, mas estou disposta a ver se você e eu podemos descobrir uma maneira de resolver esse problema que funcionará para nós dois. Você estaria disposto a fazer isso?".

David: "Tudo bem, tanto faz".

Samantha: "Bem, vamos elaborar algumas ideias. O que você acha que pode funcionar para você se manter interessado?".

David: "Acho que a turma deve escolher os tópicos".

Samantha: "Eu estaria aberta para que a turma participasse na escolha dos tópicos. Fazer a turma escolher todos os tópicos não é razoável, porque existem alguns tópicos que fazem parte do nosso currículo em ciências humanas, mas acho que seria uma boa ideia envolver o restante da classe na escolha de alguns tópicos que sejam interessantes para o grupo. Você estaria disposto a colocar isso na pauta da Reunião de classe?".

David: "Eu posso fazer isso".

Samantha: "Obrigada; agradeço por você estar aberto. Estou ansiosa para ouvir quais ideias a turma tem sobre a seleção de tópicos interessantes. Agora, sobre interromper a roda. Que ideias você tem para se certificar de que está preparado para a aula quando não está interessado no assunto?".

David: "Não sei. Eu tenho dificuldade em fazer coisas de que não gosto".

Samantha: "Agradeço e sei que é difícil para você. O que você acha que pode ajudá-lo a fazer o trabalho quando não é um tópico no qual você esteja muito interessado?".

David: "Bem, eu gosto de trabalhar com a Sasha. Será que podemos trabalhar juntos?".

Samantha: "É uma possibilidade. Eu sei que você e a Sasha são realmente bons amigos. Às vezes, quando vocês escolhem trabalhar juntos, são capazes de avançar no trabalho, e outras vezes vocês acabam gastando muito tempo socializando e não conseguem terminar a tarefa. O que podemos fazer para garantir que o trabalho da aula fique pronto se você trabalhar com Sasha?".

David: "Não sei, por que não experimentamos?".

Samantha: "E se você e a Sasha planejarem trabalhar nisso às segundas-feiras? Se você ainda precisar de mais tempo para terminar, pode trabalhar nisso durante a roda de trabalho na manhã de terça, na minha mesa, e eu posso ajudá-lo se você precisar".

David: "Acho que sim".

Samantha: "Tem certeza? Se isso vai funcionar, nós dois temos que estar de acordo com o plano".

David: "Bem, a questão é que eu gosto de trabalhar em ciências logo depois da aula às terças-feiras, e geralmente leva a maior parte do ciclo de trabalho. Existe alguma maneira de fazer o trabalho na terça à tarde se a Sasha e eu não terminarmos na segunda-feira?".

Samantha: "Acho que pode funcionar. Como não há muito tempo livre de trabalho na tarde de terça-feira, qual seria o plano para terminar o trabalho se você não o fizer, então?".

David: "Eu poderia ficar para a sala de estudos depois da escola na terça-feira".

Samantha: "Por mim tudo bem. Então, vamos revisar nosso plano para que estejamos de acordo. Seu plano é fazer o trabalho às segundas-feiras com a Sasha?".

David: "Sim, esse é o plano".

Samantha: "E qual é o nosso acordo se você e a Sasha não conseguirem terminar a tarefa da aula na segunda-feira até o final do dia?".

David: "Vou fazer na terça à tarde e, se não ficar pronto, vou terminar na sala de estudos".

Samantha: "Ótimo; temos um plano. Obrigada por trabalhar comigo nisso".

David: "Ok. Obrigado, Samantha".

Mais tarde naquela semana, David manifestou sua preocupação sobre os tópicos da aula na Reunião de classe. A turma trabalhou em conjunto para chegar a um plano sobre como escolher tópicos para discussão que incluíssem ideias dos alunos. Samantha descobriu que o grupo tinha ótimas ideias, incluindo tópicos que ela não tinha percebido que lhes interessaria.

Samantha e a turma também decidiram que, quando ela precisasse dos tópicos para se alinhar com o currículo de ciências humanas, daria ao grupo alguns subtópicos para escolher. De sua parte, David veio à sala naquela primeira segunda-feira e foi direto trabalhar com Sasha. Eles completaram seu trabalho, e David participou ativamente da roda.

Na semana seguinte, no entanto, David e Sasha passaram a maior parte do tempo juntos socializando, e ele não terminou seu trabalho. Na terça-feira à tarde, em vez de fazer a leitura da matéria, David levou um projeto de arte e começou a trabalhar nisso. Samantha se aproximou de David e falou, amorosamente e com firmeza.

Samantha: "David, qual foi o nosso acordo?".

David: "Ah, sim, vou terminar meu trabalho em um minuto. Só tenho que terminar uma coisa no meu desenho".

Samantha não se mexeu e não disse nada. Ela apenas ficou ao lado de David, com a mão em seu ombro, e lhe deu um sorriso simpático. David trabalhou por mais alguns segundos e, em seguida, suspirou em voz alta, colocou seu trabalho artístico de lado e começou a ler a matéria.

Mais tarde, quando David terminou seu trabalho na sala de estudos, Samantha o revisou.

Samantha: "David, você foi muito meticuloso com seus comentários. Bom trabalho. Obrigada por manter o nosso acordo".

David: "Tudo bem. Ah, obrigado por nos deixar escolher alguns dos tópicos".

Embora Samantha percebesse que esse processo demorou mais tempo no início, isso foi muito mais eficaz do que o que ela vinha fazendo. Ela também percebeu que sua abordagem anterior tinha sido punitiva e era um convite ao desencorajamento de David, que se manifestava de outras maneiras e configurações. Os outros alunos notaram a mudança de comportamento de David durante a aula, mas não sabiam o que tinha mudado. Eles só sabiam que David estava contribuindo com a aula, e que as discussões estavam muito mais agradáveis. Samantha também descobriu que a resolução de problemas com David tinha mudado seu relacionamento com ele. David começou a confiar nela, e até mesmo se abria com ela sobre algumas dificuldades que estava enfrentando fora da escola.

Sugestões para usar os Quatro passos para o acompanhamento

1. Foque as soluções. Pense no máximo de soluções possível.
2. As soluções acordadas devem ser Razoáveis, Respeitosas, Relacionadas e Úteis.
3. Seja específico sobre os acordos e os prazos.
4. Mantenha os comentários francos, amorosos e concisos. ("Eu notei que você não _____ . Você poderia fazer isso agora?").
5. Lembre-se de que os limites não são limites até que sejam testados. A maioria dos alunos quebrará o acordo, consciente ou inconscientemente, porque realmente não está em sua lista de prioridades. Isso não significa

que eles não deveriam manter o acordo. Significa apenas que um lembrete amistoso é útil.

6. Em resposta às objeções sobre o acompanhamento, pergunte: "Qual foi o nosso acordo?".
7. Em resposta a mais objeções, fique em silêncio e use a comunicação não verbal para fazer o acompanhamento: aponte para o item que precisa ser escolhido, sorria de maneira simpática, pegue a criança gentilmente pela mão e a conduza para/longe do problema.
8. Quando o aluno cooperar, expresse sua apreciação. "Obrigado por manter nosso acordo".

Armadilhas que comprometem o acompanhamento

1. Querer que crianças ou adolescentes tenham as mesmas prioridades que os adultos.
2. Fazer julgamentos e críticas em vez de focar o assunto em questão.
3. Não fazer acordos com antecedência (e incluir um prazo específico quando aplicável).
4. Discutir o problema logo após sua ocorrência mais recente.

Para resumir, aqui estão alguns pontos importantes a serem considerados quando migrar de Consequências lógicas para a resolução de problemas com os alunos:

1. Seja cauteloso ao considerar o uso das consequências (lógicas ou outras quaisquer). As consequências são facilmente interpretadas como punitivas pelas crianças e usadas punitivamente pelos adultos. Isso provoca ressentimento, rebeldia ou passividade.
2. A resolução de problemas com os alunos é muito mais eficaz do que aplicar consequências. Concentrar-se nas soluções desenvolve conexão e confiança, além de criar um ambiente no qual os erros são vistos como uma oportunidade para aprender.
3. Quando usar as Consequências lógicas, tente resolver o problema usando os Quatro passos para o acompanhamento. Essa abordagem permite que o adulto siga em frente com gentileza e firmeza, e evita a armadilha de tornar as consequências punitivas.

4. O acompanhamento consistente e respeitoso ajuda as crianças a se sentirem seguras e reduz a repetição de comportamentos inadequados, uma vez que as crianças aprendem que podem confiar que seus professores irão dizer o que vão fazer e fazer o que disseram.

PERGUNTAS PARA DISCUSSÃO

1. Dê exemplos de Consequências lógicas que na verdade são punições disfarçadas.
2. Quando criança, você recebeu consequências punitivas? Se sim, como você se sentiu? Quais decisões você tomava sobre o que iria fazer depois de receber as consequências?
3. Pense em um aluno de sua sala que sempre apresenta comportamentos problemáticos. Faça uma lista das possíveis consequências que você poderia empregar para interromper o comportamento. No verso, faça outra lista com soluções que podem ser úteis para o aluno melhorar o comportamento. O que você descobriu?
4. Você já tentou resolver problemas junto com alunos? Em caso afirmativo, foi eficaz? Que problemas você encontrou? De que maneira os Quatro passos para o acompanhamento ajudam a superar alguns dos desafios que você encontrou?
5. Revise os Quatro passos para o acompanhamento. Pratique o uso dessa ferramenta com um colega. Solicite a seu colega que finja ser uma criança com um mau comportamento repetitivo. Use os Quatro passos para o acompanhamento com ele. Como foi a conversa? Que efeito isso pode ter sobre seu comportamento no futuro? Que efeito isso pode ter em sua resposta?

9

MAIS FERRAMENTAS GENTIS E FIRMES QUE DESENVOLVEM RESPEITO MÚTUO

Devemos nos lembrar de que o fenômeno da disciplina interna é algo que deve ser alcançado, não algo preexistente. Nossa função é de guia no caminho da disciplina. – Maria Montessori[61]

A consistência é realmente parte da ordem e, como tal, ajuda a estabelecer limites e limitações que proporcionam à criança um senso de segurança. – Rudolf Dreikurs[62]

Decidir o que você vai fazer (dos 4 anos até a adolescência)

Sempre que possível, a abordagem mais eficaz para lidar com maus comportamentos repetidos é a resolução de problemas com os alunos. Às vezes, no entanto, os adultos precisam tomar decisões sobre o que farão quando surgir um problema. Por exemplo, um adulto pode precisar tomar decisões sobre o que fará quando se trata da segurança emocional ou física dos alunos, ou situações em que a sabedoria e a maturidade do professor são primordiais.

Decidir o que você vai fazer é uma forma eficaz e mutuamente respeitosa de responder ao mau comportamento que empodera o professor para prosseguir com respeito e consistência, evitando as disputas por poder. Decidir o que você vai fazer ajuda a evitar a armadilha de impor consequências punitivas porque enfatiza o que o professor fará, e não o que o professor espera que o aluno faça.

Ao usar a ferramenta Decidir o que você vai fazer, o professor simplesmente compartilha o que o preocupa, informa à criança o que ele (o professor) vai fazer no futuro e, em seguida, verifica o entendimento da criança. Aqui estão alguns exemplos:

Decidir o que você vai fazer com um grupo

Tom era o professor líder de uma sala do ensino fundamental. Ele estava tendo problemas para terminar as aulas porque os alunos interrompiam constantemente, falando sobre ele e seus colegas. Ele compartilhou: "Minhas aulas, às vezes, demoravam trinta minutos a mais porque eu não conseguia terminar o que estava dizendo sem ser interrompido".

Certa manhã, Tom fez uma roda com as crianças antes de começar o ciclo de trabalho. Ele disse a elas: "Todos os dias tenho tido muita dificuldade para completar a aula porque há muitas interrupções. Acho isso frustrante porque não consigo terminar o que estou dizendo sem que alguém interrompa. Como vocês se sentem sobre isso?".

As crianças deram respostas variadas, desde "Não me incomoda" até "Eu continuo levantando a mão, mas as outras crianças não. Nunca consigo dizer o que quero".

Tom escutou. Então, ele disse: "É reconfortante saber que os outros sentem da mesma maneira. Seguindo adiante, vou pedir que vocês levantem a mão quando tiverem algo a contribuir e esperem ser chamados antes de falar durante a lição. Dessa forma, todos têm a chance de falar e de fazer perguntas. Só vou chamar aqueles que levantarem a mão. Se alguém estiver interrompendo, simplesmente vou parar de falar e esperar em silêncio até que todos estejam quietos. Vocês vão saber que estarei pronto para continuar com a lição quando todos estiverem em silêncio, e depois disso começarei a falar de novo".

Tom, então, confirmou com a turma para ter certeza de que todos tinham entendido o que ele faria na próxima vez que as interrupções começassem.

As coisas correram bem por alguns dias. Tom sabia que os alunos acabariam por testar os limites para ver se ele seguiria com o que tinha dito. Como sabemos, os limites não são limites até que sejam testados. Suas expectativas realistas e o plano preestabelecido o ajudaram a manter a calma quando os alunos começaram a interromper novamente. Quando o fizeram, Tom estava pronto. Ele parou de falar. Colocou os materiais que estava apresentando no tapete, posicionou as mãos no colo e simplesmente ficou sentado em silêncio. Os alunos não responderam imediatamente. Eles continuaram conversando e fazendo piadas. Tom permaneceu sentado calmamente e em silêncio, com um sorriso simpático no rosto, e esperou. Depois de um minuto mais ou menos, alguns dos alunos começaram a se cutucar e a pedir uns aos outros para ficarem quietos a fim de que Tom pudesse continuar com a lição. Sem muita demora, todos ficaram quietos. Tom não disse nada. Ele simplesmente pegou os materiais e continuou com sua lição. Tom prosseguiu com dignidade e respeito.

O problema da interrupção não foi embora para sempre, mas melhorou e continuou melhorando ao longo do ano. Cada vez que os alunos interrompiam, Tom pausava o que estava fazendo, permanecia em silêncio e continuava quando do os alunos ficavam quietos. O estresse da roda evaporou para Tom, e ele empoderou os alunos, dando a eles a possibilidade de agir para se tornarem parte da solução.

Decidir o que você vai fazer com um aluno

Syed, um aluno do ensino fundamental de 7 anos, esquecia seu almoço algumas vezes por semana. Ele o deixava no carro da mãe quando ela o trazia para a escola, e depois, na hora do almoço, Syed pedia à sua professora, Asha, para ligar para a mãe dele e pedir que ela trouxesse o almoço até a escola. A mãe de Syed trabalhava a menos de dois quilômetros de distância, dirigia até a escola e entregava o almoço "esquecido". Essa rotina estava se tornando mais frequente e era sempre perturbadora. Asha suspeitou com precisão de que Syed não estava esquecendo o almoço, mas sim buscando uma atenção especial de sua mãe.

Asha decidiu usar a ferramenta Decidir o que você vai fazer para resolver essa dificuldade recorrente. Ela ligou para a mãe de Syed e explicou seu plano. A mãe concordou com o plano. No dia seguinte, Asha pediu a Syed para falar com ela enquanto comiam um lanche. Asha compartilhou seu plano com o menino. Veja como a conversa aconteceu:

Asha: "Syed, percebi que você tem esquecido o almoço no carro da sua mãe várias vezes ultimamente. Quando esquece o almoço, você me pede para ligar para a sua mãe a fim de que ela possa trazê-lo para você. Isso incomoda a mim e à turma, e não é respeitoso com sua mãe e com o tempo dela. O que está acontecendo com você?".

Syed: "Não sei. Simplesmente me esqueço de tirar do carro. Minha mãe diz que não se importa. Ela diz que é bom me ver durante o dia".

Asha: "Sim, eu falei com sua mãe sobre isso e entendo que é bom que vocês se vejam durante o dia. Sua mãe e eu temos um plano daqui para a frente. Se você esquecer o almoço no carro, vou pedir que você faça um sanduíche de queijo e geleia na cozinha ou coma algum lanche que tenha sobrado da mesa de lanches. Eu não vou pedir para sua mãe trazer seu almoço".

Syed: "Minha mãe concordou com isso?"

Asha: "Sim, Syed, ela concordou. Então, o que vai acontecer se você esquecer seu almoço?".

Syed: "Não sei; vou ficar com fome!".

Asha: "Não. Vou pedir que você faça um sanduíche de queijo e geleia na cozinha ou coma o que sobrar do lanche. Então, o que vai acontecer se você esquecer seu almoço?".

Syed: "Eu tenho que fazer um sanduíche de queijo e geleia na cozinha ou comer alguma sobra de lanche".

Asha: "Sim, obrigada".

Claro que, mais tarde naquela semana, Syed esqueceu seu almoço. Limites não são limites até que sejam testados! Asha sabia e esperava por isso. Quando Syed veio pedir a Asha para pedir à mãe dele que trouxesse o almoço, Asha resistiu à tentação de dizer: "O que eu disse a você?". Em vez disso, foi assim que ela respondeu:

Asha: "Syed, percebi que você não almoçou. Qual é o seu plano?".

Syed: "Meu plano é que você ligue para a minha mãe".

Asha não respondeu e permaneceu *presente, amorosa e silenciosa (PAS)* por um minuto até que Syed respondeu.

Syed: "Vou comer um pouco do lanche que sobrou".

Asha: "Obrigada, Syed".

Decida o que você não vai fazer: consequências naturais (dos 2 anos e meio até a adolescência)

Às vezes, a melhor resposta ao mau comportamento da criança é não fazer nada! Fala-se muito hoje sobre como desenvolver resiliência. Mas como você desenvolve resiliência? Por meio das dificuldades e, às vezes, falhando. Fracassar e passar por dificuldades não devem ser ideias proibidas. Todos nós cometemos erros, todos nós falhamos. Erros são oportunidades de aprendizagem, e experimentar e superar o fracasso são componentes essenciais para desenvolver resiliência, empatia, sabedoria, resolução de problemas, criatividade e um senso de capacidade. Se as crianças não têm dignidade e respeito pelas dificuldades e pelo fracasso, nós roubamos delas a oportunidade de se sentirem vitoriosas quando elas têm sucesso. Muitas vezes os adultos interferem e resgatam as crianças da dor e do desconforto de suas ações. Quando roubamos a dificuldade, nós roubamos a vitória.

Brock Bastian, autor de *The Other Side of Happines* (O outro lado da felicidade), explica que a resiliência é desenvolvida por meio do desconforto. Ele defende a ideia de que desafios como dor, perda, fracasso e decepção criam resiliência e nos ajudam a ser menos suscetíveis a desistir quando confrontados com desafios futuros.[63] As Consequências naturais ajudam as crianças a desenvolver resiliência, especialmente se os adultos servirem de apoio, mostrando gentileza (amor) e firmeza (responsabilidade).

As Consequências naturais (que não devem ser confundidas com as Consequências lógicas) são apenas isto: naturais. Elas acontecem por si mesmas, sem interferência do adulto. Para que um professor "use" uma Consequência natural, ele simplesmente não faz nada (exceto oferecer um pouco de apoio emocional). Se o adulto inicia ou impõe uma consequência de qualquer forma, não é uma Consequência natural. Ao usar a Consequência natural, os professores simplesmente permitem que uma consequência se desdobre, sem sermão ou resgate. Isso dá à criança a oportunidade de vivenciar e aprender com seu erro, sem perder a dignidade e o respeito.

O fato de permitirmos que as crianças experimentem o desconforto e a decepção por seus erros não significa que recusamos nosso apoio. Isso seria cruel. As crianças precisam se sentir apoiadas quando cometem erros. Os professores podem oferecer amor, compreensão e empatia fazendo perguntas, validando sentimentos e pensando juntos na resolução dos problemas quando a criança vivencia uma Consequência natural. Aqui estão alguns exemplos de Consequências naturais e de respostas de apoio dos adultos:

> *Peter deixa seu casaco na sala. Ele sai e fica com frio. Estar com frio é a* Consequência natural. *Seu professor pode dizer: "Lamento que você esteja com tanto frio. O que você pode fazer para garantir que ficará aquecido ao sair?".*
>
> *Tessa esquece seu almoço. Na hora do almoço, ela fica com fome. Ficar com fome é a Consequência natural. Seu professor pode responder: "Ah, não, você deve estar com fome. Tem queijo e geleia na geladeira, se você quiser fazer um sanduíche".*
>
> *Fátima perdeu a perua escolar porque demorou muito para se arrumar. Ela se atrasou para a escola e faltou na atividade em grupo. Faltar na atividade em grupo é a Consequência natural. Seu professor pode dizer: "Parece que você está realmente triste por ter perdido a atividade em grupo. Sinto muito. Você deve estar se sentindo desapontada".*
>
> *Nicholas esqueceu seus cartões de estudo em casa. Quando chegou a hora de sua apresentação para a turma, ele não estava preparado. Ele estava ansioso para apresentar sua pesquisa à classe. Faltar à apresentação é a Consequência natural. O professor poderia dizer: "Eu sei que você estava realmente ansioso para apresentar hoje. Você deve estar se sentindo desapontado. Gostaria de apresentar na quinta-feira ou na segunda?".*

Observe que, em cada um desses exemplos, o professor é solidário e empático, mas não resgata a criança, nem dá sermões por causa do seu comportamento. É tentador resgatar as crianças de seus próprios erros, especialmente quando elas estão se sentindo tristes. Mas resgatar é desrespeitoso. Ensina às crianças que elas são desamparadas e incapazes de resolver os problemas e encontrar soluções. Resgatar as crianças as impede de descobrir quão capazes elas são.

Também é tentador fazer um sermão ou impor consequências depois que uma criança vivenciou uma Consequência natural, especialmente se o comportamento tem sido repetitivo. Por exemplo, quando Peter esquece seu casaco e reclama de estar com frio, o professor poderia dizer: "Você sempre deixa seu casaco dentro da sala e depois reclama que está com frio. Pode entrar para pegá-lo desta vez, mas se esquecer de novo vai ter que ficar na diretoria até o fim do recreio". A professora esperava que, ao ameaçar com uma consequência punitiva e adicionar um sermão "Eu te avisei" além da Consequência natural (ficar com frio), Peter se lembraria de vestir o casaco na próxima vez. O que é mais provável que aconteça é que a ameaça e o sermão estimulem Peter a sentir raiva, vergonha e, talvez, rebeldia. Na próxima vez, ele pode deixar o casaco na sala *só para dar uma lição* ao professor. Se o professor tivesse mostrado empatia pelo desconforto de Peter e simplesmente confiasse nele, Peter poderia ter decidido por si mesmo se queria enfrentar o frio ou descobrir uma maneira de resolver o problema.

Sugestões para o uso de Consequências naturais

1. Reserve um tempo para o treinamento. Certifique-se de que o aluno entende o que é esperado dele, e como realizá-lo.
2. Garanta que as consequências sejam seguras e adequadas ao desenvolvimento. Obviamente, permitir que uma criança de 3 anos passe fome porque esqueceu seu almoço é muito diferente de permitir que uma criança de 12 anos passe fome porque esqueceu o almoço.
3. Verifique com os pais se eles estão de acordo. Os professores frequentemente se preocupam ao permitir as Consequências naturais porque têm medo de que os pais de um aluno os julguem como negligentes. Você nunca vai saber até perguntar, e também pode ser uma oportunidade maravilhosa para ajudar os pais também.
4. Certifique-se de que as Consequências naturais sejam respeitosas com todos os envolvidos.
5. Mostre empatia enquanto permite que a criança vivencie a consequência.
6. Use as Consequências naturais apenas quando a criança estiver comprometida com o resultado. Caso contrário, tente resolver o problema (Capítulo 8). Por exemplo, a resolução do problema provavelmente seria uma abordagem melhor para uma criança que "esquece" seu almoço no carro para, em vez disso, poder comer o que prefere da geladeira da sala.

Dizer "não" respeitosamente, sem explicação (3 anos até os mais velhos)

Às vezes a resposta mais adequada é dizer "não", sem precisar se explicar. Em muitos casos os adultos dão longas explicações sobre por que estão dizendo "não". Isso, claro, leva à negociação e à manipulação, quando é necessário explicar os limites claros e apropriados. Também serve de modelo para as crianças de que, quando diz "não", você deve se explicar. Acredite ou não, as crianças costumam ser mais hábeis em dizer "não" com respeito e sem explicação do que os adultos.

Roger era professor do ensino fundamental. Um dia ele observou uma conversa entre duas de suas alunas, Lauren e Allison. Lauren se aproximou de Allison e perguntou, em tom meloso, se poderia usar um dos novos lápis perfumados da colega. Allison simplesmente olhou para Lauren e disse respeitosamente: "Não". Somente isso; e depois, silêncio. Lauren se mostrou confusa. Ela parecia estar esperando por uma explicação de Allison, mas Allison não disse uma palavra. Depois de alguns momentos, Lauren encolheu os ombros e voltou ao trabalho. Roger aprendeu uma lição valiosa de Allison naquele dia: tudo bem dizer não sem precisar se explicar.

Dizer "não" com respeito e sem explicação é uma habilidade essencial para a vida. No método Montessori, ensinamos às crianças que podem dizer "não", respeitosamente, umas às outras. Quando uma criança pede para usar um material que outra está usando, aquela que usa o material pode dizer "não". Não forçamos as crianças a compartilhar. Isso seria desrespeitoso. Ensinar as crianças a dizer "não" com respeito e sem explicação as ajuda a desenvolver a capacidade de definir e de manter limites claros e apropriados. Relacionamentos saudáveis dependem de limites saudáveis. Mais tarde na vida, essas mesmas crianças serão adolescentes e precisarão dizer "não" a pedidos que poderiam ter consequências significativas. "Não" é uma frase completa, mas aprender a dizer "não" requer prática.

Outra habilidade social e de vida importante que é ensinada quando dizemos "não" com respeito e sem explicação é como *receber* um "não". Roger não foi o único que aprendeu uma lição com Allison quando ela disse "não". Lauren vivenciou como era receber um "não" e aceitar limites claros e apropriados de outra pessoa.

Dizer sim (dos 2 anos até a adolescência)

Embora dizer "não" com respeito seja uma forma eficaz de manter limites, é também fácil cair na armadilha de dizer "não" demais. Pode se tornar nossa resposta imediata. Às vezes precisamos nos concentrar em dizer "sim" quando pudermos!

As professoras Concetta e Liz estavam tendo um ano difícil. Isso acontece com todos nós. Elas começaram a sentir como se tudo o que diziam fosse "não!". Isso se tornou uma resposta habitual, e elas se pegaram dando negativas mesmo quando não era necessário. Concetta sentiu que a atmosfera estava "pesada" na sala de aula e que faltava confiança em sua relação com as crianças. As duas decidiram que nas semanas seguintes iriam procurar oportunidades para dizer "sim" sempre que possível. Liz colou um bilhete em seu armário com a palavra "sim" escrita nele. Cada vez que uma criança pedia algo, Concetta e Liz dedicavam um momento para considerar intencionalmente se poderiam dizer "sim". Conforme elas começaram a dizer mais "sim", perceberam que confiavam mais nas crianças. A atmosfera na sala parecia mais leve e relaxada. Embora a turma ainda fosse desafiadora, o grupo começou a progredir. As crianças ficaram mais felizes e cooperativas. Liz e Concetta iam para casa todos os dias sentindo-se melhor consigo mesmas e com as crianças.

No mesmo barco (dos 2 anos e meio até a adolescência)

Sem perceber, mesmo o professor mais compassivo pode ajudar a criar uma dinâmica em que um aluno é apontado como a "criança má". Todos passamos por isso em nossas salas de aula. Toby era um aluno que sempre parecia magoar ou perturbar os outros. Seus colegas e professores estavam frustrados. Se houvesse uma interrupção ou se alguém se magoasse, Toby costumava estar envolvido. Um dia, no parquinho, Mateo foi empurrado por trás e caiu no chão. Ele não viu quem o empurrou. O professor veio ver se ele estava bem e perguntou o que havia acontecido. Mateo disse: "Toby me empurrou sem motivo". Toby não estava por perto.

Os professores ajudam a criar uma dinâmica de "criança má", rotulando os alunos. Isso é realmente fácil de fazer, especialmente se houver alguém como Toby em sua turma, que se comporta mal com frequência. Há um tempo limitado durante o dia na escola e um número limitado de adultos. Saber como todos contribuíram para todos os problemas é difícil, senão impossível. Então o que acontece? O professor identifica o agressor mais provável, Toby, e age com rapidez, porque está frustrado e preocupado com as outras crianças. O professor pensa consigo mesmo: "É sempre o Toby!". É uma reação compreensível. Mas o problema é que o professor agora ajudou a criar a dinâmica da "criança má". Os outros alunos descobrem isso muito rapidamente. Eles fazem suposições sobre Toby, assim como Mateo fez, ou culpam Toby porque sabem que o professor vai acreditar neles.

Colocar as crianças No mesmo barco ao lidar com situações problemáticas pode ajudar a evitar gerar a dinâmica da "criança má" em sua sala. É assim que funciona. Quando uma situação problemática entre duas ou mais crianças surge, em vez de se dirigir a uma criança, você se dirige a ambas, ou a um grupo.

Aqui está um exemplo: Toby estava trabalhando no ábaco de madeira com Albert. Albert começou a gritar: "Toby, devolva meu lápis! Você sempre rouba minhas coisas!". Laura, a professora, abordou Toby e Albert e, estendendo a mão respeitosamente, perguntou: "Posso ter o lápis, por favor?". Ela esperou em silêncio até que Toby lhe desse o lápis. Depois de receber o lápis, ela disse a ambas as crianças: "Meninos, avisem-me quando encontrarem uma solução respeitosa para o seu problema de compartilhar o lápis. Estarei trabalhando com a Sana". Toby e Albert nunca foram buscar o lápis com a professora. Eles encontraram dois lápis embaixo de uma prateleira e voltaram ao trabalho, e Laura percebeu que eles riam enquanto trabalhavam. Problema resolvido. Nenhuma das crianças foi rotulada, e Laura ajudou a parar a dinâmica de "criança má" que tinha se desenvolvido na sala.

Aqui estão alguns outros exemplos de como colocar crianças No mesmo barco:

Um aluno delata outra criança para provocá-la. O professor responde: "Espero que vocês dois possam resolver isso na Mesa da paz".

Todos os dias, na área externa do prédio, os alunos discutiam sobre quem "possuía" qual forte. Um dia, durante uma discussão particularmente intensa, o professor diz aos alunos: "Vou fechar esta área até que tenhamos descoberto como resolver o problema respeitosamente. Alguém gostaria de incluir esse problema na pauta de Reunião de classe?".

Três alunos do ensino fundamental estão falando alto em uma mesa e fazendo barulho. Frequentemente uma das crianças está no centro da confusão. O professor pergunta: "Vou pedir que vocês trabalhem separados até que possam elaborar um plano para trabalharem juntos sem perturbar os outros".

Todos os dias crianças estavam saindo da roda correndo a fim de fazer fila para sair. O professor disse a toda a turma: "Gostaria de pedir a todos que caminhem lentamente da roda para o seu armário quando se levantarem".

Uma ferramenta incrivelmente poderosa para evitar a dinâmica da "criança má" é a Reunião de classe (Capítulos 15-17). A Reunião de classe inclui todos da comunidade da sala para ajudar a resolver problemas e apoiar uns aos outros, com foco em soluções e não na culpa.

PERGUNTAS PARA DISCUSSÃO

1. Em que situações você pode optar por se concentrar em Decidir o que vai fazer *versus* resolver problemas com um aluno?
2. Considerando a ferramenta "Decidir o que vai fazer", faça uma lista de coisas que o professor poderia fazer (*versus* o que ele poderia mandar uma criança fazer) em resposta a uma criança que se recusa a limpar a área de trabalho.
3. Dê exemplos de Consequências naturais que você usa ou usou em sua sala de aula.
4. Como você responderia a uma criança que vivenciou uma Consequência natural que mostra empatia e apoio sem resgatá-la?
5. Que perguntas encorajadoras você poderia fazer a uma criança para ajudá-la a aprender com seu erro depois de ter vivenciado uma Consequência natural?
6. Você tende a dizer "sim" demais ou "não" demais?
7. Quais situações podem ser mais adequadas para responder com um "não" respeitoso?
8. De que forma os professores contribuem para a dinâmica da "criança má"?
9. Faça uma lista de situações em que você pode se sentir tentado a rotular uma ou duas crianças que se comportam mal repetidamente. Crie respostas para as situações que colocam todos os envolvidos No mesmo barco.

10

A AUTORREGULAÇÃO E O CÉREBRO

A saúde pessoal está relacionada ao autocontrole e à adoração da vida em toda a sua beleza natural – autocontrole que traz consigo felicidade, juventude renovada e longa vida. – Maria Montessori[64]

Os significados não são determinados pelas situações, mas nós nos determinamos por causa dos significados que damos às situações. – Alfred Adler[65]

Um dilema comum

Jessica, uma professora da educação infantil, supervisionava o parquinho. Enquanto caminhava em direção ao balanço, viu Liza, de 5 anos, gritando com sua amiga Sakura. Sakura começou a chorar incontrolavelmente. Jessica foi em direção a Sakura para confortá-la. Sakura chorou em seu ombro, enquanto Liza estava por perto, observando-as com um olhar zangado. Assim que o choro de Sakura se acalmou, Jessica perguntou a Sakura se ela gostaria de ir falar com Liza. Em meio às lágrimas, Sakura disse que sim.

Jessica esperava que Sakura e Liza pudessem conversar sobre o problema e resolver o conflito pacificamente, e com isso ela poderia voltar a supervisionar as outras crianças. Jessica segurou a mão de Sakura e juntas elas caminharam até Liza. Sakura gritou: "Você é muito má! Você é sempre má com as pessoas, e minha mãe disse que eu tenho que escolher outros amigos". Imediatamente, Liza começou a chorar e a gritar: "Você que é má. Você disse que eu não poderia ir à sua festa de aniversário e não devemos conversar sobre festas na escola. Odeio você". Sakura e Liza estavam chorando agora. Jessica se viu imediatamente sobrecarregada e muito estressada, não só por causa do conflito entre Sakura e Liza, mas de sua incapacidade de supervisionar com segurança as outras crianças no parquinho enquanto tentava acalmar e ajudar as meninas. Isso soa familiar?

Jessica tinha o nobre objetivo de ajudar duas crianças a resolver o conflito entre elas pacificamente. Ela esperava que Sakura e Liza se acalmassem ao conversar sobre as coisas e processar o que havia acontecido. Mas não funcionou. Na verdade, isso piorou as coisas.

Como o cérebro funciona quando estamos irritados ou chateados

Jessica estava pedindo a Liza e Sakura que fizessem o impossível – resolver o problema quando elas não tinham o controle de suas emoções. Quando estamos com raiva, magoados ou com medo, poderosas forças neurológicas impossibilitam a regulação de nossas emoções. Se você já se sentiu fora de controle quando estava chateado, há uma boa razão para isso. Sempre que estamos com raiva, com medo ou sob estresse, o sistema límbico, ou cérebro primitivo, pode desencadear nossa resposta de "luta, fuga ou congelamento". Isso acontece involuntariamente se nosso cérebro interpretar uma situação como ameaçadora. A ameaça pode ser real ou percebida, mas de qualquer forma faz os hormônios aumentarem através do nosso cérebro, e perdemos a capacidade de acessar nosso córtex pré-frontal, ou cérebro racional. O córtex pré-frontal nos ajuda a interpretar o comportamento dos outros de forma mais racional, a controlar nossas emoções a resolver problemas. Pode levar até vinte minutos após o pico de hormônio para o cérebro se reintegrar e se acalmar, e para que possamos recuperar a capacidade de resolver problemas. (Esse processo pode ser abreviado por meio da meditação ou do foco na gratidão.) Quando Jessica colocou Liza e Sakura juntas, nenhuma das duas tinha a capacidade de ser racional. Mais tarde naquele dia, quando Liza e Sakura haviam se acalmado, Jessica conseguiu ajudar as meninas a resolver seu conflito em poucos minutos.

Não é nosso propósito sermos especialistas em cérebro. Sabemos que a história "inteira" é muito mais complicada do que a que apresentamos aqui. Nosso objetivo é apresentar uma explicação que seja simples o suficiente para que as crianças a compreendam e a usem para autorregulação.

O cérebro na palma da sua mão (dos 3 anos até a idade adulta)

Compreender o cérebro é útil tanto para as crianças quanto para os adultos. Conhecimento é poder. Quando sabemos como o cérebro funciona, temos informações valiosas que podem nos ajudar a desenvolver habilidades sociais e de relacionamento para toda a vida, como a autorregulação e a resolução de conflitos. Daniel Segal, autor de *Parenting from the Inside Out* e *Emotional Competence* (Criar os filhos de dentro para fora e Competência emocional), desenvolveu um método para explicar como a parte do cérebro chamada amígdala se sobrepõe ao córtex pré-frontal quando estamos com raiva e chateados.

Atividade do "cérebro na palma da sua mão" (dos 3 anos até a adolescência)

Pergunte aos seus alunos se eles já ficaram tão chateados que pareciam estar fora de controle. Deixe-os compartilhar o que sentem sobre isso.

1. Explique que, quando estamos realmente com raiva, magoados ou chateados, não estamos no controle de nossos corpos ou cérebros, e é quando ficamos propensos a magoar os outros ou a nós mesmos. "Quando as pessoas se sentem pior, elas agem do pior jeito."
2. Diga às crianças que você vai explicar como o cérebro funciona fazendo um modelo do cérebro com a mão. Peça a elas que repitam o que você faz com a mão.
3. Levante a mão aberta com os dedos e o polegar estendidos.
4. Sinta a parte de trás do seu pulso e explique que essa área representa o tronco cerebral, que é responsável por funções vitais, como as batidas do coração e a digestão da comida.
5. Dobre o polegar para que ele toque a palma da mão. Explique que seu polegar representa o mesencéfalo. É o nosso cérebro dos sentimentos.

6. Agora, enquanto mantém o polegar dobrado na palma da mão, dobre os dedos sobre o polegar. Sinta o topo de seus dedos. Explique que isso é o córtex. O córtex é responsável por pensar, planejar, compreender a linguagem e governar alguns de seus sentidos.
7. Toque a frente de seus dedos, perto das unhas. Explique que isso é o córtex pré-frontal. Essa parte do cérebro é responsável pelo controle emocional, pelo raciocínio e a resolução de problemas. Esse é o lugar onde você resolve problemas com seus amigos ou familiares.
8. Explique que os neurocientistas descobriram que, quando estamos magoados, zangados ou realmente chateados, o sinal entre o mesencéfalo e o córtex pré-frontal é interrompido. O córtex pré-frontal não está trabalhando nesse tempo.
9. Abra a mão novamente e estenda os dedos. Diga: "Então, se o nosso córtex pré-frontal não está funcionando quando estamos chateados, como agimos? Isso mesmo, com a parte central do cérebro. A parte do nosso cérebro onde armazenamos nossos medos e memórias, e onde a resposta de luta ou fuga é acionada. Quando estamos operando com a parte central do cérebro, não conseguimos pensar ou nos comportar racionalmente. Estamos fora de controle. Nós nos descontrolamos".
10. Pergunte: "Você já tentou resolver um problema quando estava fora de controle? O que aconteceu? Não se preocupe, os adultos também não conseguem!".
11. Explique a seus alunos que leva tempo para esfriar a cabeça. Algumas pessoas acham útil se sentar em silêncio, colocar a mão sobre o coração e imaginar o que seu coração lhe diria para fazer.
12. Pergunte: "O que você poderia fazer se perceber que está descontrolado?".
13. Pergunte: "O que você faria se visse um amigo fora de controle?".
14. Pergunte: "O que você faria se visse um adulto fora de controle?".

Essa atividade pode ser simplificada, se necessário, usando apenas os termos "cérebro do pensamento" e "cérebro do sentimento". Para uma atividade de acompanhamento, você pode usar um modelo do cérebro com suas partes principais rotuladas. Crianças do fundamental I podem adicionar definições ou funções do cérebro nessa explicação.

O cérebro no coração

Você sabia que o coração tem um "cérebro"? A conexão notória entre seu coração e suas emoções não é apenas uma metáfora. O HeartMath Institute mostrou, com pesquisas neurológicas atuais, que existe uma conexão fisiológica entre os dois:

> *A maioria de nós aprendeu na escola que o coração está constantemente respondendo a "ordens" enviadas pelo cérebro na forma de sinais neurais. No entanto, é pouco conhecido que o coração realmente envia mais sinais para o cérebro do que o cérebro envia para o coração! Além disso, esses sinais cardíacos têm um efeito significativo na função cerebral – influenciando o processamento emocional, bem como faculdades cognitivas superiores, como atenção, percepção, memória e resolução de problemas. Em outras palavras, não só o coração responde ao cérebro como o cérebro continuamente responde ao coração.[66]*

Tente fazer isso da próxima vez que perder o controle. Mova a mão para o coração e respire intencionalmente "inspirando e expirando". Isso ajudará a acalmar seu sistema límbico, conectar seu coração e cérebro e, então, você poderá agir (correção) a partir de um lugar de conexão amorosa *com* seus alunos.

Acessar o seu coração é essencial para que as ferramentas da Disciplina Positiva sejam eficazes. Chamamos isso de "garantir que a mensagem de amor seja transmitida" e de Conexão antes da correção. Sem o coração, os adultos podem usar as ferramentas para "ganhar das crianças". Com o coração, as ferramentas serão usadas para "conquistar as crianças".

Depois que as crianças aprenderem a se acalmar, você poderá ensiná-las a ir ainda mais fundo, ensinando-as a colocar a mão sobre o coração e a imaginar o que seu coração lhes diz para fazer. Isso ajuda as crianças a aprenderem a ouvir sua intuição – uma habilidade de vida que a maioria de nós exercita para o resto da vida. Alfred Adler disse sobre o "cérebro no coração", lindamente: "Existe uma lógica da cabeça. Também há uma lógica do coração, e há uma lógica ainda mais profunda do todo".[67]

Pausa positiva (dos 3 anos até a idade adulta)

Vimos uma camiseta com a mensagem: "As duas palavras que nunca ajudam alguém a se acalmar são: *fique calmo*". Existem muitas maneiras de ajudar uma criança a se acalmar quando ela está descontrolada, mas a resolução de problemas não é uma delas! Conversa e resolução de conflitos não funcionam até que todos estejam calmos. Um dos métodos mais eficazes para se acalmar e permitir que o córtex pré-frontal se envolva de novo é simples – dê ao cérebro tempo para se reintegrar.

O tempo pode não curar todas as feridas por si só, mas ajuda a pessoa a acessar novamente seu córtex pré-frontal e a recuperar a capacidade de empatia, avaliação das informações, pensamento racional e resolução de problemas. A partir daí, a cura e o perdão podem começar. Você provavelmente já teve a experiência de recuperar sua capacidade de pensar racionalmente depois de ter ficado chateado. Depois de se acalmar, você pode ter se perguntado: "Como pude ser tão irracional?". Simplesmente fazer essa pergunta permite que você saiba que seu cérebro voltou a se integrar. A capacidade de pensar sobre o seu pensamento acontece no córtex pré-frontal.

Em uma sala de aula de Disciplina Positiva, nós ajudamos a facilitar o processo de reintegração do cérebro, ou de se acalmar, criando um espaço designado para as crianças ocuparem quando estão chateadas. Chamamos essa área de espaço para a Pausa positiva. Quando as crianças se sentem zangadas, magoadas, oprimidas ou tristes, elas podem escolher ir para o espaço para a Pausa positiva e permanecer até que tenham recuperado a perspectiva e o controle emocional. Uma vez que estejam se sentindo melhor, elas retornam com a capacidade de se conectar com as outras pessoas e resolver problemas. A Pausa positiva é uma ferramenta concreta para ajudar as crianças a desenvolver as habilidades essenciais para a vida de autoconsciência, autorregulação e resolução de problemas.

Como funciona o espaço para a Pausa positiva

Usamos o termo Pausa positiva na literatura da Disciplina Positiva para distinguir claramente a diferença entre um castigo punitivo e uma pausa empoderadora. Como já dissemos repetidas vezes, "as crianças agem melhor quando se sentem melhor". Apesar de a maioria dos adultos associar o termo "pausa" a um castigo, o livro infantil *O espaço mágico que acalma*, de Jane Nelsen e Bill Schorr, ajuda adultos e crianças a entender como usar a Pausa positiva e a encontrar inspiração para criar seu próprio espaço para isso.

O espaço para a Pausa positiva é criado com a ajuda de toda a turma. Uma vez que as crianças entendem como e por que a Pausa positiva funciona, elas participam da concepção ou da decoração do espaço. A turma pode escolher um tema ou simplesmente selecionar itens para a área que os ajudará a esfriar a cabeça e se sentir melhor. Obviamente, os objetos e os elementos de decoração devem ser apropriados para a escola. As ideias podem incluir bichos de pelúcia, quebra-cabeças, música com fones de ouvido, livros, pufes, almofadas etc. Convide as crianças a dar um nome especial ao espaço delas – isso aumenta seu senso de propriedade. Algumas ideias que os alunos tiveram foram: Espaço para esfriar, Espaço feliz, Área da paz e Canto da calma.

Os alunos de Jessica decidiram que queriam o tema "um lindo dia" para seu espaço. As crianças criaram nuvens de enchimento de travesseiro, penduradas no teto com linha de pesca, criaram um sol com cartolina e o pregaram na parede. Elas colocaram almofadas verdes no espaço para a Pausa positiva de modo a representar a grama e adicionaram alguns bichinhos de pelúcia.

Os alunos nunca devem ser mandadas para a Pausa positiva. Os professores podem sempre perguntar a um aluno se o espaço da pausa seria útil, mas a escolha pertence à criança. Eles podem oferecer à criança escolhas limitadas: "O que mais ajudaria você agora: nosso espaço para a Pausa positiva ou colocar esse desafio na pauta de Reunião de classe?". (Ensine às crianças que colocar um item na pauta é uma forma de permitir um tempo para "esfriar a cabeça".)

A Pausa positiva, e o fato de que a criança pode escolhê-la, é restaurativa e conectiva. Seu objetivo é ajudar a reconectar a criança com a comunidade, bem como facilitar a autorregulação e as habilidades de resolução de problemas. Por outro lado, os castigos punitivos solicitados por adultos são excludentes: os alunos ficam separados de sua comunidade, o que os faz se sentirem desconfortáveis, e muitas vezes retornam com mais raiva do que estavam antes. Embora isso possa conter o mau comportamento momentaneamente, estudos mostram que o efeito de longo prazo é o aumento do mau comportamento. Os castigos punitivos degradam o relacionamento adulto-criança e prejudicam a autoestima da criança.[68] De maneira simples, mandar a criança para um castigo punitivo não é apenas ineficaz, mas prejudicial a ela. Apesar de um problema de segurança poder exigir que uma criança seja removida do ambiente de vez em quando, as pausas punitivas devem ser evitadas.

Existem duas práticas da Pausa positiva que, à primeira vista, podem parecer contraintuitivas. Primeiro, muitos professores não limitam o tempo que as crianças podem passar no espaço para a Pausa positiva; uma criança pode precisar de mais tempo para se acalmar do que o limite de tempo permitido. O que pode acontecer se houver um limite de cinco minutos no espaço para a Pausa positiva, e uma criança com raiva precisar sair antes que esteja pronta? (Lembre-se de que, em média, o cérebro leva vinte minutos para se acalmar após a resposta de luta, fuga ou congelamento.) Quando as crianças têm liberdade para decidir quando sair da Pausa positiva, elas têm a oportunidade de praticar a autorregulação e a autoconsciência.

A segunda prática é permitir que as crianças tenham um parceiro de Pausa positiva. Após o "treinamento de parcerias" (ensinando as crianças a apoiar alguém apenas ouvindo ou se sentando com elas em silêncio e companheirismo), os alunos podem convidar um colega para ir com eles ao espaço para a Pausa positiva a fim de ajudá-los a se sentirem melhor. Quando uma criança é confortada por um colega, ela experimenta um senso de proximidade e conexão. Isso promove tanto a reintegração do cérebro quanto a reintegração da criança à comunidade.

Ambas as práticas levantam questões legítimas. E se uma criança ficar no espaço por muito tempo? E se outra criança precisar ficar lá? E se uma criança usar o espaço para evitar o trabalho? E se os colegas também estiverem se comportando mal? Não tente responder a essas perguntas sozinho! Quando ocorrerem problemas, coloque na pauta da Reunião de classe e pergunte: "O que podemos fazer juntos para resolver esses problemas?". Criar diretrizes para a Pausa positiva e respostas de problemas juntos ajudará a promover um ambiente de responsabilidade mútua onde todos ajudem a estabelecer limites.

Depois de ensinar às crianças sobre o "cérebro na palma da sua mão" e o "cérebro no coração", e de criar um espaço para a Pausa positiva com seus alunos, Jessica compartilhou:

Usar esses conceitos mudou a maneira como me relaciono com as crianças. Eu me sentia responsável por resolver seus problemas quando estavam chateadas. Mas acabava criando muito mais problemas do que resolvia, e eu estava criando um ciclo de dependência. Criar um espaço para a Pausa positiva e ensinar às crianças como se autorregular fazia sentido para mim como professora montessoriana, porque enfatizava a preparação do ambiente para empoderar as crianças. Agora, consigo claramente e manter meu papel como guia para as crianças à medida que elas aprendem a resolver problemas por si mesmas. Elas são muito mais independentes.

Outros métodos para se acalmar ou se autorregular

Existem muitos métodos para ajudar um aluno a se acalmar e ajudar seu cérebro a se reintegrar. Você pode usar o conceito da Pausa positiva e "cérebro no coração" de várias maneiras ao interagir com as crianças. Os neurocientistas estão descobrindo cada vez mais sobre a importância da conexão na função cerebral. Por exemplo, crianças que vivenciam a conexão têm maior facilidade para desenvolver autorregulação e cooperação. Estudos mostram que os fundamentos da autorregulação começam na infância e continuam ao longo da vida da pessoa: "As crianças desenvolvem autorregulação por meio de relacionamentos amorosos e responsivos. Elas também o desenvolvem observando os adultos ao seu redor".[69] O papel do adulto no desenvolvimento das habilidades de autorregulação da criança é significativo e bem documentado.

Dedicar um momento para ler com a criança que está ficando chateada ao esperar pelo lanche, ou dar um toque afetuoso a uma criança que está tendo dificuldade para se concentrar, pode ajudá-las a se acalmar e a se sentir cuidadas e conectadas. Essas experiências de conexão humana promovem a integração do cérebro da criança, dando-lhe acesso ao seu córtex pré-frontal, a área responsável pela autorregulação emocional.

Aqui estão algumas outras ferramentas que podem ser usadas em conjunto com o espaço para a Pausa positiva e que ajudam as crianças a acessar novamente seu córtex pré-frontal:

- **Nomear emoções:** identificar sentimentos e nomeá-los ajuda as crianças a reengajar a parte pensante de seu cérebro. Um cartaz com sentimentos (ver o Quadro dos sentimentos no Capítulo 13) pendurado no espaço para a Pausa positiva pode ajudar a induzir a criança a identificar o que está sentindo. Um estudo na UCLA (Universidade da Califórnia, em Los Angeles) descobriu que o ato de nomear emoções muda a forma como nosso cérebro responde: usar palavras escritas ou verbais para descrever ou nomear como estamos nos sentindo envolve o córtex pré-frontal, o que nos permite mover-nos em direção à resolução de problemas e à autorregulação.[70]

- **Respiração profunda:** respirar profundamente pelo abdome traz oxigênio para o cérebro. Ajuda a sincronizar a frequência cardíaca e respiratória, e isso estimula o cérebro a liberar endorfinas, que produzem um efeito calmante.[71] A bola da respiração (esfera de Hoberman) pode ser colocada no espaço para a Pausa positiva a fim de ajudar as crianças a praticar a respiração profunda.

- **Práticas de atenção plena:** os pesquisadores descobriram que as práticas de atenção plena desencadeiam uma resposta de relaxamento no cérebro.[72] Os exercícios de atenção plena têm sido associados ao aumento da atividade cerebral frontal e à redução do medo e das respostas ansiosas.[73] Um quadro simples de atividades de atenção plena colocado no espaço para a Pausa positiva pode ser útil para ajudar a promover essas ferramentas para a autorregulação. Considere a criação de um cartaz para o espaço para a Pausa positiva com "ferramentas para acalmar" de forma a estimular os alunos a usar práticas de atenção plena.

- **Escuta reflexiva:** discutida no Capítulo 12, a Escuta reflexiva é uma maneira muito poderosa de ajudar alguém a se acalmar e a se sentir conectado. As pessoas adquirem um senso de pertencimento e segurança quando alguém realmente as ouve, sem julgamento, e valida seus sentimentos. Ao ver uma criança no espaço para a Pausa positiva, o professor pode perguntar o que a está incomodando. Se a criança estiver pronta para falar, o professor simplesmente ouve, usando a Escuta reflexiva, até que o aluno esteja se sentindo melhor.

Pausa positiva: perguntas e respostas

1. **Posso arrumar esse espaço sozinho? Não quero que o local se torne uma distração para as crianças.**
   Pode não ser uma surpresa para você que muitos professores montessorianos sejam resistentes à ideia de incluir as crianças na concepção do espaço

para a Pausa positiva. Fomos ensinados a preparar o ambiente para os alunos, e temos muito orgulho e responsabilidade ao fazê-lo. A preparação das áreas acadêmicas da sala de aula montessoriana precisa da perícia de um professor montessoriano treinado. No entanto, ao criar e projetar o espaço para a Pausa positiva, você descobrirá que os alunos estarão mais propensos a usá-lo e a vê-lo como seu (em vez de uma ferramenta para o professor) se tiverem sido envolvidos na sua criação.

2. **Esse conceito não recompensa o mau comportamento?**
Outra objeção que surge ao discutir o uso do espaço para a Pausa positiva é que ele parece recompensar o mau comportamento. E se uma criança bateu em outra criança e depois se permitiu que ela fosse para o espaço de pausa? Isso não é encorajar o mau comportamento? Essa pergunta revela quão profundamente enraizada é a crença de que as crianças precisam se sentir pior para ter um desempenho melhor. O uso do espaço para a Pausa positiva requer uma mudança de paradigma: uma criança que se comporta mal é uma criança desencorajada. Antes que possa agir melhor, ela precisa se sentir melhor.

Ao abordar o mau comportamento, os adultos muitas vezes atribuem aos alunos habilidades que eles não têm. Por exemplo, não seria incomum para um professor dar um breve sermão a um aluno que acabou de bater em outra criança: "Eu preciso que você faça escolhas seguras e respeitosas". Mas e se o aluno que bateu não tinha escolha? Uma criança "fora de controle" tem pouca ou nenhuma habilidade para fazer escolhas, porque essa capacidade vem do córtex pré-frontal. Se uma criança bate em outra, com raiva, ela provavelmente não está operando a partir de seu córtex pré-frontal. E os professores raramente veem o que a criança que foi atingida fez para provocar aquela que bateu. Crianças que machucam outras crianças quando estão chateadas precisam de apoio com autorregulação.

Permitir que as crianças usem o espaço para a Pausa positiva quando se comportam mal não é permissivo; é simplesmente uma ferramenta para ajudá-las a recuperar o controle emocional. Se uma criança usa o espaço para a Pausa positiva depois de ter se comportado mal, é uma expectativa perfeitamente razoável que resolva quaisquer problemas que precisem ser resolvidos quando sai do espaço para a Pausa positiva. Gentileza e firmeza, ao mesmo tempo, são o nosso princípio orientador.

3. **Os adultos podem usar o espaço para a Pausa positiva?**

Sim. Na verdade, se você se sentir tentado a mandar uma criança para uma pausa punitiva, provavelmente não é a criança que precisa da pausa, mas você! Todos nós temos momentos e dias ruins, e todos vamos ficar impacientes e chateados com nossos alunos às vezes. Não somos perfeitos, e nossos alunos sabem disso. É perda de tempo tentar corresponder a expectativas impossíveis.

Avisar um aluno de que você está "descontrolado" e precisa de algum tempo para se acalmar é uma forma muito poderosa de modelar a autorregulação. Alguns professores até usarão o espaço para a Pausa positiva de vez em quando para modelar como se acalmar. Também é útil trabalhar com o professor assistente a fim de desenvolver um plano para se acalmar (dar uma caminhada, ir ao banheiro, fazer cópias etc.) quando um de vocês precisar disso. Muitas vezes os professores não aceitam essa pausa necessária porque não querem perder tempo, mas acabam criando problemas com os alunos que demoram ainda mais para serem resolvidos.

4. **E se eu não tiver uma área na minha sala de espaço para a Pausa positiva?**

O espaço para a Pausa positiva pode ser configurado de maneiras muito criativas, e em apenas alguns metros quadrados. Se você está tendo problemas para encontrar um lugar, não esqueça de perguntar às crianças; elas podem ser ótimas solucionadoras de problemas. Algumas salas têm espaços portáteis para a Pausa positiva: um tapete especial e uma cesta de itens reconfortantes são colocados em uma prateleira ou em um canto da sala de aula. Se um aluno precisa se acalmar, ele pode levar o tapete e a cesta para um lugar na sala que lhe proporcione alguma privacidade. Isso funciona para salas que têm um espaço dedicado para a Pausa positiva, que permite a mais de uma criança ter a Pausa positiva ao mesmo tempo.

5. **Onde é o melhor lugar do espaço para a Pausa positiva?**

Onde quer que você possa proporcionar alguma privacidade às crianças, se possível. Os cantos funcionam muito bem, mas obviamente você pode mover as prateleiras da sala de aula para criar um espaço privado.

6. **O espaço para a Pausa positiva pode estar no mesmo lugar que a minha área de resolução do conflito?**

Se você tiver um lugar designado em sua sala onde as crianças resolvem conflitos, como uma Mesa da paz, é útil ter o espaço para a Pausa positiva em um local separado. Isso favorece a privacidade, tanto da pessoa no espaço para a Pausa positiva quanto para os alunos que estão resolvendo conflitos.

PERGUNTAS PARA DISCUSSÃO

1. Você já foi encaminhado para uma pausa punitiva quando criança? Em caso afirmativo, como você se sentiu enquanto estava no castigo? O que você estava pensando e decidindo?
2. Lembre-se de uma ocasião em que você tentou resolver o conflito entre os alunos quando um ou ambos estavam "descontrolados". Descreva o que aconteceu.
3. Descreva uma ocasião em que você "perdeu o controle" quando adulto. Se perguntado, qual teria sido a solução para o seu problema naquele momento? De que maneira isso se relaciona com a sua experiência com uma criança "descontrolada"?
4. Considere a configuração da sua sala. Onde você poderia colocar um espaço para a Pausa positiva que daria privacidade a um aluno chateado?
5. Você usa pausas punitivas em sua sala de aula, mesmo que sejam disfarçadas de "fazer uma pausa"? Se você eliminou o uso de pausas positivas, o que poderia fazer se uma criança estivesse se comportando mal?
6. Que outros métodos para se acalmar você pode ensinar as crianças a usarem além do espaço para a Pausa positiva?
7. Quais elementos podem ser adicionados ao espaço para a Pausa positiva a fim de ajudar os alunos a se sentirem melhor ou se acalmarem?

11

DESENVOLVIMENTO DE SOLUCIONADORES DE PROBLEMAS INDEPENDENTES

Na criança há muito conhecimento, muita sabedoria. Se não nos beneficiamos disso, é apenas por negligência de nossa parte em nos tornarmos humildes para ver a maravilha deste mundo e aprender o que a criança pode ensinar. – Maria Montessori[74]

O educador deve acreditar na força potencial de seu aluno, e deve empregar toda a sua arte para levar seu aluno a experimentar essa potência. – Alfred Adler[75]

Pilar, uma professora do ensino fundamental, estava tendo um ano difícil. O volume de conflitos sociais em sua sala de aula era esmagador; parecia que ela passava metade de cada ciclo de trabalho matinal ajudando as crianças a resolver conflitos interpessoais. Ela não finalizava todas as aulas planejadas, e, quando conseguia dar uma aula, era inevitavelmente interrompida pela delação de uma criança. Pilar estava exasperada e se sentia malsucedida. Ela compartilhou sua frustração com uma colega, Jada. Jada ouviu Pilar e sentiu empatia por ela, pois havia passado por uma dinâmica semelhante em sua sala havia apenas um ano, e sabia como isso poderia ser desencorajador. Mas ela tinha uma solução. Jada disse: "Tenho uma ideia simples que realmente ajudou a desenvolver a independência social com meu grupo no ano passado – é chamada de Roda de escolhas. Gostaria que eu a compartilhasse com você?". Ela não precisou perguntar duas vezes!

A Roda de escolhas (a partir dos 3 anos)

Ensinar e praticar habilidades sociais são componentes fundamentais da Disciplina Positiva. A Roda de escolhas é uma ferramenta usada para ajudar a ensinar às crianças e adolescentes como resolver problemas sociais comuns de forma independente, com foco em soluções. A Roda de escolhas é simplesmente uma lista de sugestões, desenvolvida pela turma da sala de aula, que os alunos podem usar quando precisam de ajuda para resolver um problema.

Funciona assim: na Reunião de classe, alunos e professores criam uma lista de problemas sociais comuns que eles enfrentam na sala. A lista pode incluir: provocações, empurrões, xingamentos, falta de compartilhamento, exclusão, conversas paralelas, falta de revezamento, fofoca etc. Em seguida, a turma cria uma lista de soluções para seus problemas comuns. As soluções podem incluir: afastar-se, deixar pra lá, colocar na pauta da Reunião de classe, resolver o conflito juntos, falar com um amigo, pedir para parar, fazer as pazes, dizer a um professor, revezar etc. Se o professor reservou um tempo para apresentar e ensinar algumas habilidades sociais básicas que serão usadas em sala (Pausa positiva, assertividade, Linguagem "eu" [ver o Capítulo 13], resolução de conflitos, fazer as pazes etc.), os alunos irão naturalmente identificar soluções.

Ao terminar, as crianças criam uma Roda de Escolhas, cortando um círculo em uma cartolina e escrevendo as soluções em forma de fatias de pizza. Plastificar a roda finalizada irá torná-la durável. A roda pode então ser presa a um pedaço de cartolina usando um percevejo, para que os alunos possam girar a roda. Para crianças mais novas, é útil limitar o número de soluções na roda a cinco ou seis, e usar imagens para ajudar os não leitores.

Quando os alunos encontram uma dificuldade na sala de aula, eles podem usar a Roda de escolhas para ajudá-los a resolver seu problema, de forma independente, mas com orientação. Nesse caso, a orientação é preparada com antecedência. Preparar-se com antecedência para resolver problemas futuros é como criar um plano de emergência.

Não esperamos que um incêndio comece para considerar nossas opções de desocupação do local em caso de emergência. Fazemos esse plano com antecedência e conduzimos simulações de incêndio! A Roda de escolhas criada pelos alunos é o plano de emergência social, e praticar as habilidades na Roda de escolhas é o exercício social de escapar do fogo. Quando um problema real ocorre, os alunos podem usar a Roda de escolhas de forma independente para obter a ajuda de que precisam. Preparar-se com antecedência para problemas futuros é outra maneira de ajudar os alunos a acessarem novamente seu cérebro racional quando eles "perdem o controle".

Pilar decidiu apresentar a Roda de escolhas para seus alunos. Ela ficou surpresa com o alívio dos alunos ao compartilharem seus problemas sociais comuns. Uma criança disse: "É muito bom saber que não estou sozinha". A turma começou a praticar as soluções sociais na Roda de escolhas na Reunião de classe todos os dias. As crianças começaram a usar a roda imediatamente. Quando um aluno começou a fazer delações, Pilar conseguiu dizer: "Estou trabalhando com Marika agora. Você gostaria de usar a Roda de escolhas?". Em poucas semanas as delações diminuíram, assim como o número de pedidos de ajuda para resolver conflitos. Você pode imaginar o alívio que Pilar sentiu quando conseguiu se concentrar em dar aulas e em conectar os alunos aos materiais em sala.

A maioria das salas de aula montessorianas usa um processo formal de resolução de conflitos, mas isso pode perder a eficácia se for a única ferramenta para resolver dificuldades sociais. Os adultos usam uma variedade de ferramentas e habilidades para resolver o problemas com outras pessoas. Imagine se, toda vez que estivéssemos chateados com alguém, nós nos sentássemos e tentássemos resolver o problema com um processo de resolução formal de conflito. Nunca faríamos nada! Isso significa que não devemos usar um modelo formal de resolução de conflitos na sala de aula? Não. Aprender uma estrutura para resolver o conflito de forma direta e respeitosa é uma habilidade de vida extremamente importante. Dedicamos um capítulo completo (Capítulo 14) à resolução formal de conflitos. No entanto, quando a resolução formal de conflitos é a única ferramenta usada para solucionar as dificuldades sociais, pode ser demorado e cansativo para ambos, professores e alunos. Se isso acontece, as coisas desmoronam, como aconteceu com Pilar. A Roda de escolhas ajuda as crianças a construir sua "caixa de ferramentas de habilidades sociais", ensinando-lhes uma variedade de maneiras de resolver as dificuldades sociais, incluindo a resolução direta de conflitos.

Criar uma Roda de escolhas juntos

Atividade da Roda de escolhas (para alunos da educação infantil)

1. Explique às crianças que juntos vocês vão fazer uma lista de problemas que elas poderiam ter com um amigo que as faria sentir raiva ou tristeza.
2. Criem juntos uma lista desses problemas sociais comuns (cinco a seis são suficientes).
3. Pergunte às crianças: "Quantos de vocês já tiveram algum desses problemas antes?".
4. Explique que todos nós cometemos erros e todos temos problemas com nossos amigos às vezes. Diga a eles que vocês vão trabalhar juntos a fim de criar algumas ideias para resolver esses problemas.
5. Começando com o primeiro problema da lista, pergunte: "O que alguém poderia fazer se _____ (fosse agredido por um amigo, provocado etc.)?".
6. Escreva as soluções do *brainstorming* para que todos possam vê-las (quadro branco, *flipchart* etc.).
7. Continue esse processo com cada um dos problemas da lista. Tudo bem se as soluções forem repetitivas. Por exemplo, "Chamar um professor" pode surgir como uma solução para muitos dos problemas.
8. Criem a Roda de escolhas juntos.

9. Afixe a Roda de escolhas na sala para os alunos usarem. Alguns professores criam duas – uma para ser exibida na sala de aula e outra para os alunos usarem no espaço para a Pausa positiva.
10. Pratique o uso de soluções da Roda de escolhas em Reuniões de classe. Peça às crianças que dramatizem os problemas que discutiram e, em seguida, peça que pratiquem algumas das soluções.

Atividade da Roda de escolhas (para alunos do ensino fundamental e médio)

1. Explique à turma que juntos vocês vão fazer uma lista de problemas que pode fazer alguém se sentir magoado ou com raiva.
2. Crie uma lista desses problemas sociais comuns juntos. Escreva os problemas em um quadro branco ou no *flipchart*.
3. Pergunte aos alunos: "Quantos de vocês já foram magoados por alguém?".
4. Pergunte aos alunos: "Quantos de vocês já magoaram outra pessoa?".
5. Explique que todos nós cometemos erros e todos enfrentamos problemas com nossos amigos. Avise que vocês vão trabalhar juntos para criar uma caixa de ferramentas que oferecerá os recursos de que precisam para resolver problemas quando eles surgirem.

6. Comece com o primeiro problema da lista. Pergunte: "Se o seu amigo tivesse este problema, que conselho você daria para ajudar a resolvê-lo?".
7. Escreva as soluções do *brainstorming* para que todos possam vê-las (quadro branco, *flipchart* etc.).
8. Continue esse processo com cada um dos problemas da lista. Tudo bem se as soluções forem repetitivas. Por exemplo: "Chamar um professor" pode surgir como uma solução para muitos dos problemas.
9. Quando terminar o *brainstorming*, transcreva as soluções para uma lista, sem duplicar as ideias.
10. Explique aos alunos que você gostaria de restringir a lista para oito a dez ideias que eles acham que serão mais úteis para resolver os problemas comuns. Avise que essas ideias servirão como a caixa de ferramentas da sala.
11. Peça aos alunos que votem nas ideias que eles acham que serão mais eficazes.
12. Criem a Roda de escolhas juntos.
13. Apresente a Roda de escolhas na próxima Reunião de classe. Pendure-a na sala de aula para os alunos a usarem. Alguns professores criam duas - uma para ser exibida na sala de aula e uma para os alunos usarem no espaço para a Pausa positiva.
14. Pratique o uso de soluções da Roda de escolhas em Reuniões de classe. Peça às crianças que dramatizem os problemas que discutiram e, em seguida, peça que pratiquem algumas das soluções.

Roda de escolhas individual

Ao longo dos anos, os professores se tornaram muito criativos no uso da Roda de escolhas. Uma Roda de escolhas pode ser criada individualmente com os alunos. Pilar teve tanto sucesso ao usar a Roda de escolhas em sua sala que começou a incentivar todos os seus alunos a fazer a atividade da Roda de escolhas individualmente. Cada criança escreveu os problemas com seus amigos que causavam mais dificuldade, e então trabalharam com um amigo para pensar em soluções. Pilar queria que cada uma das crianças fizesse sua própria Roda de escolhas em um gráfico de pizza já impresso. Ela plastificou as rodas, e as crianças as guardaram em suas pastas para quando precisassem delas.

Alguns outros usos da Roda de escolhas individual:

- **Planos de trabalho:** as crianças que precisam de apoio para fazer escolhas de trabalho podem criar junto com o professor uma Roda de escolhas para as tarefas durante o ciclo matinal.
- **Autorregulação emocional:** inevitavelmente, haverá crianças que têm dificuldade em regular suas emoções. Uma Roda de escolhas pode ser criada com essas crianças com a inclusão de exercícios de autorregulação, como respiração profunda, exercícios de atenção plena e práticas de relaxamento.
- **Programas de educação individualizada (PEI):** envolver os alunos na implementação dos seus PEI é uma maneira útil de convidar à cooperação e de aumentar a eficácia do plano. Os PEI geralmente contêm arranjos especiais e estratégias para apoiar o sucesso acadêmico e comportamental dos alunos na sala de aula. A Roda de escolhas pode ser usada para envolver as crianças no acesso aos arranjos. Por exemplo, uma criança com dificuldade de processamento sensorial pode se beneficiar do uso de fones de ouvido com cancelamento de ruído. Esse arranjo especial seria uma das soluções em sua Roda de escolhas. Outra seleção na Roda de escolhas poderia ser o uso do espaço de trabalho silencioso fora da sala. Quando a criança estiver se sentindo oprimida por estímulos auditivos, ela poderia simplesmente usar a Roda de escolhas para decidir qual solução funcionaria melhor.
- **Restrições na dieta:** considere criar uma Roda de escolhas para crianças que têm alergias ou restrições alimentares. Quando elas não podem comer a comida que é servida a todo o grupo, uma ideia é terem suas escolhas impressas em sua própria Roda de escolhas. Em vez de lhes dar opções entediantes no momento, peça que escolham o que gostariam de receber da Roda.

PERGUNTAS PARA DISCUSSÃO

1. Você já teve dificuldade para dar uma aula porque estava sendo "requisitado" para ajudar a resolver problemas entre os alunos? Como foi essa experiência?
2. Como as crianças que precisavam de ajuda se sentiram na sala de Pilar antes de ela apresentar a Roda de escolhas?
3. Quais são os benefícios de envolver as crianças na criação física da Roda de escolhas da sala de aula?
4. Quais características as crianças podem desenvolver quando usam uma Roda de escolhas?
5. Como os alunos de sua classe podem se beneficiar com sua própria Roda de escolhas?
6. Crie sua própria Roda de escolhas com seu professor assistente. Identifique problemas comuns que você enfrenta durante o dia e faça uma lista. Agora, consulte novamente algumas das ferramentas da Disciplina Positiva que você aprendeu e liste aquelas que sente que seriam mais eficazes para resolver esses problemas comuns.

12

O PODER DAS PERGUNTAS... E DA ESCUTA

Suponha que estudemos o fenômeno do erro em si; torna-se evidente que todos cometem erros. Essa é uma das realidades da vida, e admiti-la já significa ter dado um grande passo à frente. Se formos trilhar o caminho estreito da verdade e manter nosso apego à realidade, temos que concordar que todos nós podemos errar. ... Portanto, é bom cultivar um sentimento amigável para com o erro, tratá-lo como companheiro inseparável de nossas vidas. – Maria Montessori[76]

Ouvir uma criança significa descobrir sua lógica. Ajudá-la significa guiá-la a um ponto de vista diferente, a partir do qual ela pode perceber vantagens não vistas antes. – Rudolf Dreikurs[77]

Como educadores montessorianos, passamos nossas vidas criando um ambiente onde as crianças aprendam por meio de suas próprias descobertas e experiências. Materiais autocorretivos permitem que os alunos cometam erros sem a ameaça de receber críticas dos adultos. Elas trabalham com os materiais como se trabalhassem com um quebra-cabeça, testando cuidadosamente peças diferentes para ver se elas se encaixam, removendo-as quando isso não ocorre e tentando novamente. Em suma, os alunos montessorianos recebem dignidade e apoio para aprender por meio dos próprios erros. Esse processo de autoavaliação e autocorreção desenvolve a confiança, o pensamento crítico e habilidades de resolução de problemas, bem como incentiva a assunção de riscos acadêmicos.

Mas como aplicamos os princípios de autoavaliação e autocorreção à aprendizagem socioemocional? Não há manuais ou materiais concretos para ajudar as crianças a se autoavaliarem e se corrigirem à medida que desenvolvem habilidades pessoais e de relacionamento essenciais.

No século V a.c., Sócrates utilizou perguntas, em vez de palestras, para ajudar seus alunos a pensar de forma crítica e aprofundar sua compreensão. O método socrático exigia que o professor "preparasse o ambiente", assumindo uma mentalidade aberta, ouvindo profundamente e fazendo perguntas instigantes. Ao fazer isso, o professor encorajava os alunos a examinar o que eles sabiam e observavam, avaliar essas informações e tirar conclusões para chegar à resolução dos problemas. Sócrates ajudou os alunos a acessar e utilizar plenamente seu cérebro racional por meio de perguntas e da escuta.

Neste capítulo, apresentaremos três ferramentas que se baseiam no questionamento e na escuta para ajudá-lo a "preparar um ambiente" onde as crianças e os adolescentes sejam apoiados e encorajados a se autoavaliarem e se autocorrigirem à medida que desenvolvem habilidades sociais e de relacionamento ao longo da vida. Observe que todas as ferramentas são baseadas no princípio básico da Disciplina Positiva de Conexão antes da correção. As crianças agem melhor quando se sentem melhor. Elas se sentem melhor quando estão conectadas. Usar essas ferramentas ajuda a construir uma forte conexão entre o adulto e o aluno.

Escuta reflexiva (para todas as idades)

Quantas vezes você já pensou consigo mesmo, ao discutir seus problemas com alguém: "Eu gostaria que eles apenas me escutassem!" Você já teve um amigo que realmente escutava bem? Alguém que realmente o escutou e não ofereceu conselho? Qual foi a sensação de levar um problema para esse amigo? Muitas vezes podemos resolver problemas por conta própria quando alguém simplesmente nos escuta. Escutar, realmente escutar, pode ser uma das maneiras mais eficazes de ajudar as crianças a resolver seus próprios problemas.

Aprender a escutar sem oferecer conselhos é a chave para desbloquear a lacuna de comunicação que pode se desenvolver entre professores e alunos. Muitas vezes os adultos ouvem para falar (explicar), consertar ou aconselhar, em vez de realmente escutar o que a criança está dizendo. Quando isso acontece, perdemos a mensagem por trás das palavras que estão sendo faladas. Perdemos a oportunidade de descobrir o que está no coração da criança e a oportunidade de ajudá-la a descobrir isso também. Em vez disso, apressadamente, pulamos para os sermões e conselhos. Isso convida as crianças a se sentirem desconsideradas e não ouvidas, e elas se desconectam de nós. E então nos perguntamos: "Por que elas nunca ouvem?".

A raiz latina para a palavra "educação" é *educere*, que significa "extrair". Foi assim que Sócrates ensinou seus alunos. "Extrair" requer aprender a realmente escutar o outro, com a mente e o coração abertos. Escutar é uma habilidade que pode ser ensinada e aprendida. Algumas pessoas parecem ouvintes inatas, mas a maioria de nós precisa aprender e praticar essa habilidade. A boa notícia é que não é um aprendizado difícil.

A Escuta reflexiva é uma habilidade eficaz que desenvolve a conexão e a compreensão. Envolve escutar, refletir e verificar o entendimento. Quando os alunos vêm até nós para conversar, frequentemente estão procurando compreensão, conexão e uma maneira de processar suas próprias experiências. A escuta reflexiva é uma maneira poderosa de apoiar isso.

Aqui está um método de uso simples para ajudar você a escutar com eficácia quando um aluno lhe traz um problema:

1. Escute. (Você pode precisar perguntar "O que aconteceu?" para iniciar a conversação.)
2. Repita o que o escutou dizer, "espelhando as palavras da criança" ou refletindo o que você pensou que ouviu em suas palavras.
3. Valide seus sentimentos.
4. Pergunte à criança: "Tem mais alguma coisa?". Se houver, simplesmente repita os passos de um a quatro até que ele tenha terminado de compartilhar.

No Capítulo 13, discutiremos o uso da Linguagem "eu" ao ensinar as crianças a se comunicarem de forma eficaz. A Escuta reflexiva simplesmente muda o formato da Linguagem "eu", de modo que o ouvinte espelha de volta o que o comunicador está dizendo.

Você se sente _____ *quando* _____ *, e você deseja* _____*? Isso está correto?*

Aqui está um exemplo da vida real de Escuta reflexiva. Anthony era um menino de 6 anos da minha (de Chip) classe do ensino fundamental I. Ele era extremamente sensível; se sentia envergonhado na frente de seus colegas de classe quando eles estavam no parquinho, sua primeira linha de defesa era correr a toda a velocidade na direção do bosque que ficava no terreno da escola. A primeira vez que Anthony fez isso, não conseguimos encontrá-lo e tivemos que ligar para seus pais e chamar a polícia. Por sorte nós o encontramos antes de seus pais e a polícia chegarem, mas foi muito assustador. Felizmente para nós, Anthony era uma criatura de hábito e, quando disparou novamente para o bosque, correu para o mesmo local.

Depois da terceira vez que Anthony correu para o bosque, eu o convidei para vir até a minha sala. Ele estava chorando e com raiva. Pedi a ele que me contasse o que tinha acontecido.

Anthony: "Não importa. Eu disse à minha mãe que odeio esta escola, e ela vai me colocar na escola pública. Eu odeio esta escola".

Chip: "Parece que você está se sentindo muito magoado, Anthony. O que aconteceu?".

Anthony (sua expressão se suavizando): "Eu odeio este lugar. Eu odeio isto aqui".

Chip: "Parece que você está realmente se sentindo magoado. O que aconteceu?".

Anthony (desabando): "Eu estava esperando na fila para entrar, e Miguel me chamou de idiota na frente de toda a turma".

Chip: "Então, você ficou com vergonha quando Miguel chamou você de idiota na frente de todos, e você gostaria que ele fosse mais respeitoso?".

Anthony: "Eu gostaria que ele morresse e fosse embora para sempre".

Chip (oferecendo compreensão): "Então, você se sentiu muito magoado e envergonhado quando ele zombou de você na frente de seus amigos, e você gostaria que ele o deixasse em paz?".

Anthony (seu corpo começando a relaxar): "Sim, eu gostaria que ele simplesmente me deixasse em paz… e morresse".

Chip: "Então, você só quer que ele o deixe em paz?".

Anthony: "Sim".

Chip: "Há mais alguma coisa?".

Anthony: "Eu tentei ser amigo dele, mas ele continua me aborrecendo".

Chip: "Então, você se sente muito triste quando Miguel o aborrece, e gostaria que ele fosse mais gentil com você?".

Anthony: "Sim".

Chip: "Há mais alguma coisa?"

Anthony: "Não, eu só não quero que ele zombe de mim nem me envergonhe mais".

Chip: "Então, você estava se sentindo muito envergonhado e fugiu, mas gostaria de encontrar uma maneira de ser amigo de Miguel?".

Anthony: "Sim".

A essa altura, todo o comportamento de Anthony havia mudado. Ele estava calmo e atencioso.

Chip: "Tem mais alguma coisa?".

Anthony: "Lamento ter voltado a correr para o bosque. Talvez eu possa usar a Mesa da paz [nosso processo de resolução de conflitos em sala de aula] quando eu voltar para a sala".

Chip: "Parece um bom plano".

Quando Anthony se sentiu escutado, ele começou a se acalmar e a resolver problemas por conta própria. Ele não precisava de conselho, solução ou sermão. Quando as pessoas sentem que estão sendo escutadas, sem julgamento, elas se sentem melhor. E quando elas se sentem melhor... bem, você sabe o que acontece! Para Anthony, a Escuta reflexiva era exatamente o que ele precisava para se sentir conectado e capaz.

Deve-se notar que a Escuta reflexiva não apenas abre a comunicação e a resolução de problemas com crianças, mas também ajuda os adultos. Os professores estão frequentemente do outro lado de um "descontrole" diante de um pai zangado ou preocupado. Usar a Escuta reflexiva pode ajudar os pais a se acalmarem e resolver seus problemas também!

Perguntas curiosas motivacionais (dos 2 anos e meio até a adolescência)

As crianças são mais propensas a cooperar quando são questionadas, em vez de mandadas. Quando os adultos dizem às crianças o que fazer, eles convidam à rebeldia, ao ressentimento ou à passividade. Perguntar pode fazer toda a diferença. É questão de fisiologia. Observe o que acontece em seu próprio corpo quando você recebe um comando (mandar). Seu corpo pode enrijecer e a mensagem que vai para seu cérebro é: *resistir*. Observe o que acontece com o corpo quando uma pergunta respeitosa é feita a você. Seu corpo relaxa e a mensagem que vai para o seu cérebro é: *buscar uma resposta*. Durante o processo de busca, você se sente respeitado e capaz, e fica mais propenso a cooperar. O mesmo acontece com as crianças.

Perguntas curiosas motivacionais incentivam as crianças a pensar sobre qual é a sua responsabilidade em determinada situação. Essas perguntas são elaboradas para ajudar a criança a buscar dentro de si a resposta. Perguntas motivacionais são eficazes apenas quando as diretrizes e responsabilidades são bem compreendidas, ou porque houve tempo suficiente para treinamento e domínio, ou porque as crianças se envolveram em um *brainstorming* de soluções e "fizeram um acordo". Observe que as perguntas na coluna "Perguntar" do quadro a seguir pressupõem que as crianças entendem o que é esperado e sabem como realizar o que está sendo solicitado que elas façam.

Mandar	Perguntar
Não esqueça seu casaco.	O que você precisa levar se não quiser passar frio lá fora?
Guarde o seu trabalho.	O que você precisa fazer quando tiver terminado o seu trabalho?
Pegue logo as suas coisas para que não tenhamos que esperar por você.	O que você precisa fazer para que possa se juntar a nós lá fora quando todos nós sairmos?
Vá guardar o seu almoço.	O que você precisa fazer se não quiser que seu almoço seja pisoteado?
Por favor, pare de choramingar.	Que palavras você pode usar para que eu possa ouvir e entender você?
Não discuta comigo.	Como você pode falar comigo para que nós possamos resolver esse problema respeitosamente?
Vá para a roda.	O que você precisa fazer a fim de se preparar para a roda?
Não batemos nesta classe.	O que você e seu amigo podem fazer para resolver esse problema?
Faça seu trabalho.	Qual é o seu plano para fazer esse trabalho?

(continua)

(continuação)

Mandar	Perguntar
Concentre-se no seu trabalho ou você não terminará.	Qual é o seu plano para terminar o seu trabalho esta manhã?
Use seus pés para andar.	Como você pode se mover na sala de um jeito seguro?
Pare de distrair as outras crianças.	O que você acha que vai acontecer se continuar tratando seus amigos dessa maneira?
Por favor, sente-se na roda respeitosamente.	O que ajudaria você a se sentar na roda em silêncio e com calma?
Faça uma pausa e volte quando estiver pronto.	O que você pode fazer para se acalmar agora?
Você precisa pedir desculpas.	Como você pode consertar seu erro?
Não espere até o último minuto para fazer seu trabalho.	O que aconteceria se você fizesse uma pequena parte a cada dia?
Se você tivesse feito seu trabalho durante a aula, não teria que ficar aqui no recreio.	Que ajustes você poderia fazer durante o ciclo de trabalho para ser mais produtivo?

A maioria de nós já usou afirmações como as da coluna "Mandar". Embora possamos ter usado uma voz gentil e dito "por favor" quando demos a alguém (seja uma criança ou um adulto) um comando, eles só têm duas opções: obedecer ou se rebelar.

Quando os adultos usam muitas afirmações de comando, os alunos obstinados se rebelam, mesmo que de maneira discreta, e as crianças mais passivas obedecem. Com o tempo, isso pode levar à dinâmica "criança boa/criança má". "As crianças boas" obedecem e fazem o que o professor pede. As "crianças más" se rebelam e sempre parecem estar envolvidas em confusão. Embora a maioria dos adultos nunca use os termos "criança boa" e "criança má", as crianças fazem essa distinção e a usam. Essa dinâmica, uma vez estabelecida, leva a um aumento do mau comportamento, das disputas por poder e dos conflitos sociais. Em suma, isso pode levar a um ano desencorajador para todos.

Ao ler a coluna "Perguntar", observe que as perguntas não são permissivas. As crianças não estão sendo questionadas se *desejam* cumprir suas responsabilidades. Elas estão sendo levadas a considerar o que precisam fazer para cumpri-las. Ao fazer Perguntas curiosas motivacionais (coluna "Perguntar"), certifique-se de evitar fazer perguntas que provoquem uma resposta "sim" ou "não".

Considere o exemplo a seguir: *Teresa, você gostaria de fazer a limpeza do seu almoço agora?* Se Teresa dissesse *"Não, obrigada"*, o que a professora faria? Se fizermos uma pergunta com "sim" ou "não", devemos aceitar qualquer uma das respostas para que nossa pergunta seja autêntica. A pergunta feita a Teresa não era realmente uma pergunta, mas sim um comando passivo disfarçado de pergunta. Comandos, sejam passivos ou diretos, levam a disputas por poder e manipulação. No entanto, se o professor perguntar: *Teresa, o que você precisa fazer de modo a estar pronta para ser dispensada para o recreio?* A resposta de Teresa provavelmente será bem mais cooperativa, pois a questão foi muito mais respeitosa.

Perguntas curiosas de conversação (de 4 anos até a adolescência)

As Perguntas curiosas de conversação são diferentes das Perguntas curiosas motivacionais. Como explicado anteriormente, Perguntas curiosas motivacionais não requerem uma conversa. Elas são realmente uma maneira gentil de estimular a criança a redescobrir o que elas já sabem. Por outro lado, as Perguntas curiosas de conversação exigem uma conversa – embora seja uma conversa unilateral – em que o adulto faz perguntas e em seguida escuta. O propósito das Perguntas curiosas de conversação é "extrair" dos alunos o que eles sabem e ajudá-los a se autoavaliar, autocorrigir, resolver problemas e aprender com seus erros.

Aqui estão algumas Perguntas curiosas de conversação:

- "Eu notei que _____ . O que aconteceu?" (Escute)
- "Como isso aconteceu?" (Escute)
- "O que causou isso?" (Escute)
- "O que você aprendeu com essa experiência?" (Escute)
- "Como você planeja resolver o problema?" Escute)
- "Que ideias você tem para evitar que isso aconteça no futuro?" (Escute)
- "Como posso ajudar?" (Escute)

Perguntas curiosas de conversação são uma ótima ferramenta para usar quando você está tentado a dar um sermão (não importa quão breve ele seja). Você já recebeu um sermão de um adulto? Você se lembra de isso ter sido particularmente eficaz ou você se sentiu um pouco como Charlie Brown ouvindo sua professora? "Blá blá, blá blá blá blá..." A maioria de nós já teve essa experiência.

A maioria de nós também já teve a experiência de dar sermão para uma criança. Geralmente acontece com a melhor das intenções: entramos no modo sermão para ajudar o aluno a aprender uma lição, processar uma situação ou resolver um problema. Estamos tentando ajudar! Nossa "ajuda" pode soar mais ou menos assim: *Stephen, Janet está brava porque você a empurrou. Se você se controlar e usar suas palavras, tenho certeza de que seus amigos respeitarão seu trabalho. Nós sempre nos controlamos em nossa sala de aula.* Bem, aparentemente Stephen não faz isso! Ele bate quando o seu trabalho não é respeitado. O professor tinha ótimas informações para Stephen; se Stephen usasse suas palavras, em vez de bater em seus amigos, ele teria uma experiência muito melhor na classe, e seus amigos também. Contudo, estar certo nem sempre significa ser eficaz. O sermão encerra a comunicação e estimula a defensiva e o retraimento. É difícil para os alunos resolverem problemas quando estão ocupados se defendendo ou recuando.

As Perguntas curiosas de conversação são uma ferramenta incrível para ajudar as crianças a processarem uma experiência, um evento ou uma consequência natural para que elas possam tirar suas próprias conclusões e aprender com os próprios erros. Essas perguntas oferecem um controle do erro para que a criança aprenda por meio da autodescoberta. Elas também ajudam a desenvolver a conexão, à medida que o adulto assume o papel de ouvinte e de suporte.

Aqui estão dois cenários nos quais as Perguntas curiosas de conversação podem ser usadas para ajudar o aluno a desvendar, descobrir e resolver seus próprios problemas.

Consequências naturais

Eu (Chip) conto esta história em quase todos os *workshops* que dou. Eu estava me preparando para uma apresentação aos pais há alguns anos, revisando minhas anotações sobre Perguntas curiosas de conversação. Naquele exato momento, meu filho Quinn, de 6 anos, estava tirando um litro de leite da geladeira. Eu estava na sala ao lado e não o vi. Só ouvi o ruído da porta da geladeira se abrindo, seguido por um baque forte, e depois pelo som de leite "derramando" por todo o chão. O "gorgolejo" me deu uma pista sobre o que tinha acabado de acontecer.

Agora, antes de contar o resto da história, devo admitir para você uma das minhas maiores fraquezas. Eu dou sermões. Admito isso honestamente; meus pais me davam sermões, e sempre fico tentado a ceder a um sermão quando estou sob estresse e quero deixar algo bem claro ou ensinar uma lição para um aluno ou um dos meus filhos. Dito isso, não recomendo essa ferramenta disciplinar; ela não funciona.

Ao entrar na cozinha, vi o leite se espalhando lentamente pelo chão. Eu não estava feliz, mas mantive a compostura. Felizmente eu estava justamente revisando a atividade para ensinar Perguntas curiosas de conversação, então eu tinha uma lista de perguntas bem na minha mão e decidi dar uma chance a elas. Por que não? Eu teria que ensiná-las a um grupo de pais no dia seguinte, então pensei que poderia também praticar o que eu prego! A conversa foi assim:

Eu: "Quinn, o que aconteceu?".

Quinn: "Eu derramei muito leite".

Eu: "Como isso aconteceu?".

Quinn: "Peguei pela parte superior e a tampa saiu, e então caiu no chão".

Eu: "Nossa, tem muito leite no chão. O que você aprendeu com essa experiência?".

Quinn: "Acho que vou usar a alça da próxima vez".

Eu: "Aqui está um pano. Você gostaria de ter alguma ajuda?".

Dou risada agora porque essa conversa durou cerca de um minuto. Foi muito mais eficiente do que qualquer sermão que já dei. Se eu tivesse dado a Quinn um sermão sobre a importância do cuidado com o leite, e quanto dinheiro custou aquele leite derramado no chão, nós teríamos ficado lá por um bom tempo. Além disso, nosso relacionamento teria sido afetado, e Quinn provavelmente nunca teria compartilhado comigo como o leite tinha derramado e qual seria o seu plano na próxima vez. Em vez disso, nós dois ganhamos um pouco mais de confiança um no outro.

Conflito social

Perguntas curiosas de conversação podem ser muito eficazes para ajudar as crianças a processarem o conflito social. Vamos usar o exemplo anterior de Stephen. Stephen tem 4 anos e meio e tem tido dificuldades com seus colegas de classe. Ele fica frustrado facilmente e depois bate nas outras crianças. No decorrer do ciclo de trabalho matinal, seu professor, Toni, observa Stephen chorando ao lado de seu tapete. Existem peças de quebra-cabeça do mapa por todo o chão. O assistente informa a Toni que Janet tinha virado o mapa do quebra-cabeça de Stephen depois que ele bateu nela. Como Stephen ainda parece chateado, Toni pergunta a Stephen se ele acha que o ajudaria ir para o "espaço da calma". Ele vai, e volta para conversar com Toni depois de esfriar a cabeça.

> Toni: "Stephen, estou percebendo que você está muito triste. O que aconteceu?".
> Stephen: "Janet virou o quebra-cabeça que eu passei a manhã toda montando".
> Toni: "Posso entender por que você estava tão triste. Você se esforçou muito para isso. O que fez com que Janet virasse seu quebra-cabeça?".
> Stephen: "Bem, eu bati nela. Ela estava mandando em mim".
> Toni: "Então, você ficou muito bravo e bateu nela?".
> Stephen: "Sim".
> Toni: "O que aconteceu depois?".
> Stephen: "Depois ela virou meu mapa do quebra-cabeça".
> Toni: "O que você acha que a levou a fazer isso?".
> Stephen: "Porque eu bati nela".
> Toni: "Como você acha que Janet está se sentindo?".
> Stephen: "Triste".
> Toni: "Qual é o seu plano para resolver as coisas com Janet?".
> Stephen: "Vou dizer a ela que sinto muito e ver se ela precisa de gelo?".
> Toni: "Quer ajuda?".
> Stephen: "Não, obrigado".
> Toni: "Está certo, depois me conte como foi".

Perguntas curiosas de conversação com crianças menores (até 4 anos)

Os exemplos anteriores envolvem crianças com mais de 4 anos. Para as crianças serem capazes de processar uma série de Perguntas curiosas de conversação, elas precisam ter começado a desenvolver a capacidade de raciocinar e compreender a relação entre causa e efeito. O princípio do uso de Perguntas curiosas de conversação para ajudar as crianças a resolverem seus próprios problemas ainda pode ser eficaz com crianças entre 2 e 4 anos se você usar uma pergunta instigante, como: O que aconteceria se? Por exemplo:

O que aconteceria se você trouxesse a Janet a Rosa da paz em vez de bater nela?

O que aconteceria se você carregasse o suporte com as duas mãos?

O que aconteceria se você perguntasse se ela queria brincar?

O que poderia acontecer se você deixasse seu casaco dentro da sala?

Sugestões para uso de Perguntas curiosas de conversação

1. Evite perguntar "Por quê?". O que as crianças costumam dizer quando perguntamos a elas "por quê"? A resposta geralmente é "Não sei!".
2. Ouça ativamente as respostas das crianças. Use a Escuta reflexiva a fim de espelhar suas respostas, para que as crianças saibam que você realmente as ouviu. Isso irá abrir a conversa.
3. Tenha cuidado com o seu tom. Certifique-se de que você está realmente curioso e interessado nas respostas dos alunos.
4. Mantenha-se aberto. Tenha cuidado para não cair na armadilha de fazer uma Pergunta curiosa motivacional e esperar a "resposta certa". Alunos mais velhos podem até dar uma resposta desrespeitosa. No entanto, se seu jeito é receptivo, curioso e prestativo, os alunos estarão mais propensos a fazer conexões e decisões positivas, além de resolver o problema por si mesmos, ainda que não verbalizem isso.
5. Procure compreender em vez de buscar ser compreendido.

PERGUNTAS PARA DISCUSSÃO

1. Você se lembra de um adulto em sua vida que realmente escuta bem? Como foi estar na presença dele enquanto ele escutava você?
2. Você tem um amigo que é um bom ouvinte? O que ele faz para ajudar você a se sentir escutado?
3. Descreva um momento em que você descobriu uma solução para um problema que você estava enfrentando com a ajuda de alguém que simplesmente o escutou.
4. Como você responde a comandos como adulto? Como você respondia a eles quando era uma criança?
5. Que ordens (comandos) você dá às crianças? O que elas respondem?
6. Crie uma lista de comandos (mandar) que você pode dar às crianças no calor do momento. Transforme-os em Perguntas curiosas motivacionais, começando as perguntas com "O que" ou "Como".
7. Você se lembra de ter recebido um sermão de um professor ou pai/mãe? Qual foi sua resposta? O que você aprendeu?
8. Em que situações você se vê dando sermões? Como as crianças respondem? Elas aprendem com seus sermões?
9. Considere uma situação em que você pode ficar tentado a dar um breve sermão. Use a lista de Perguntas curiosas de conversação neste capítulo para criar uma série de perguntas a serem feitas em vez dos sermões.

13

HABILIDADES DE COMUNICAÇÃO

Quando a criança consegue falar, ela pode se expressar e não depender mais dos outros para adivinhar suas necessidades. Ela se encontra em contato com a sociedade humana, pois as pessoas só podem se comunicar por meio da linguagem. – Maria Montessori[78]

Aprendemos na amizade a olhar com os olhos de outra pessoa, a ouvir com seus ouvidos e a sentir com seu coração. – Alfred Adler[79]

Dificuldades de comunicação confundem os adultos e levam a mal-entendidos, ressentimento, conflito e desencorajamento. Mas não precisa ser assim. Aprender a se comunicar com outras pessoas é um processo que dura a vida toda.

Os alunos em uma sala de aula montessoriana recebem o presente que tantos de nós que ensinamos a metodologia montessoriana não recebemos quando crianças: um ambiente onde a comunicação aberta, a compreensão e a resolução de problemas reais têm lugar assegurado. Ao ensinar nossos alunos a se comunicarem com respeito e eficácia, damos a eles a oportunidade de construir relacionamentos fortes e saudáveis, bem como desenvolver habilidades sociais vitalícias que irão apoiá-los em todas as áreas de suas vidas. É um trabalho importante!

No próximo capítulo, examinaremos a resolução de conflitos e em seguida, no Capítulo 15, descobriremos a brilhante Reunião de classe. Contudo, antes que os alunos aprendam a resolver conflitos e a solucionar problemas como uma comunidade, é fundamental que eles aprendam a se comunicar de uma forma que promova honestidade, receptividade e compreensão. Vamos dar uma olhada nos quatro componentes de desenvolvimento de habilidades de comunicação respeitosas e eficazes: falar, escutar, comunicação não verbal e fazer reparações.

Linguagem "eu" (6 anos e maiores)

Todo mundo quer ser ouvido. No entanto, muitas vezes os alunos falam uns com os outros de maneiras que encorajam o ouvinte a não prestar atenção ou ignorar. Isso gera mais conflito quando a resolução de problemas é necessária. Eis algumas maneiras como os alunos (e adultos!) se comunicam que criam barreiras para a comunicação aberta e efetiva:

- Culpar
- Criticar
- Discutir
- Apontar os defeitos
- Dar sermão
- Humilhar
- Menosprezar
- Provocar
- Direcionar
- Mudar o assunto
- Aconselhar
- Exagerar
- Negar

Se você já facilitou a resolução de conflitos com os alunos, sabe que o processo pode desmoronar rapidamente quando os alunos começam a se comunicar dessa maneira. As crianças saem magoadas e frustradas, e a professora também fica desencorajada.

Usar a Linguagem "eu" dá às crianças as ferramentas de que precisam para se expressar com maior probabilidade de serem escutadas e recebidas pelo ouvinte.

Aqui está o modelo para a Linguagem "eu" que usamos na Disciplina Positiva (para crianças de 6 anos ou maiores):

Eu sinto _____ *quando* _____, *e eu gostaria que* _____.

Ramon aprendeu sobre o conceito de usar frases em primeira pessoa quando era o novo professor em uma sala do ensino fundamental I. Ele iria ensinar as crianças a dizer *Eu sinto* _____ *porque* _____ quando estavam resolvendo um problema com outro aluno, em vez de simplesmente usar frases de culpa, ou frases "você", por exemplo: *Você me chamou de covarde, e eu não gosto disso*. Foi um bom começo, porque ajudou as crianças a passarem a se concentrar na maneira como se sentiam em vez de apenas encontrar defeitos na outra criança envolvida.

No entanto, o que Ramon descobriu foi que as frases "eu" não estavam realmente propiciando a comunicação tanto quanto ele esperava. Havia ainda um elemento de culpa e defensiva que permeava a conversa quando elas estavam resolvendo conflitos. Aqui está o exemplo de uma conversa típica:

> Ava: "Estou triste porque você caçoou de mim por causa do meu poema".
> Sophia: "Bem, fico triste porque você sempre trabalha com Abby, e sempre me deixa de fora".
> Ava (se sentindo na defensiva): "Se você não provocasse sempre as pessoas, talvez elas trabalhassem com você...".

Ramon descobriu que precisaria estar presente em outras conversas de resolução de problemas que seus alunos tivessem, para que essas conversas não se transformassem em um problema maior. Às vezes, o simples fato de seguir o processo de resolução de conflitos sem que o problema se agravasse já era uma vitória.

Quando Ramon ensinou a seus alunos sobre a Linguagem "eu", usando a mensagem completa *Eu sinto* _____ *quando* _____, *e gostaria que* _____, ele observou uma transformação nas conversas entre os alunos enquanto estes buscaram resolver conflitos. As conversas se tornaram mais abertas e produtivas, e os alunos se mostraram mais independentes. Ramon passou a gastar menos tempo dando apoio e facilitando essas conversas. A frase *"Eu desejo"* no formato de Linguagem "eu" foi a chave.

Reserve um momento e coloque-se no mundo de uma criança ou de um adolescente. Imagine por um instante que seu amigo acabou de se aproximar de você e lhe pediu para resolver um conflito. Esse seu amigo está chateado porque você gritou com ele na frente dos outros amigos enquanto vocês dois esperavam na fila. Você ficou com raiva e gritou com ele quando ele entrou na sua frente. Considere como você se sentiu, e quais decisões você poderia tomar, quando seu amigo comunica o problema dele a você de cada uma das seguintes maneiras:

1. Amigo: *Fiquei com raiva e envergonhado quando você gritou comigo na frente de todas as outras crianças enquanto esperávamos na fila.*
2. Amigo: *Fiquei com raiva e envergonhado quando você gritou comigo na frente de todas as outras crianças enquanto esperávamos na fila. Eu gostaria que você só falasse comigo em particular quando estiver bravo.*

Como você responderia a cada uma dessas frases de seu amigo? A qual você estaria mais receptivo? Que decisões você pode tomar em resposta a cada uma dessas frases?

Depois de aprender a usar a Linguagem "eu" com as frases *Eu gostaria*, Ramon compartilhou: "As frases 'eu gostaria' dão ao receptor uma maneira de resolver o problema, em vez de deixá-lo se sentir responsável pelos sentimentos da outra pessoa. Ajuda o comunicador a ter um papel ativo na resolução de seus problemas e ajuda os dois a serem escutados. A Linguagem 'eu' empodera ambas as partes".

Outro benefício de usar a Linguagem "eu" é o fato de ela dar aos alunos habilidade para resolver conflitos menores com mais naturalidade em suas interações do dia a dia.

Quando a Linguagem "eu" se torna uma parte ativa da habilidade de comunicação dos alunos, eles podem usá-la de forma mais orgânica e simplesmente ter uma conversa breve com alguém, em vez de precisar usar o processo/área de resolução de conflito formal. Isso ajuda a manter o processo/área de resolução de conflitos como um lugar ou processo especial para resolver problemas que precisam de mais suporte ou estrutura (e permite que o professor, de fato, consiga ensinar algumas lições)!

À medida que as crianças aprendem a usar a Linguagem "eu", aprendendo a nomear seus sentimentos com precisão, isso não apenas as ajuda a se comunicarem com mais clareza como também ajuda a diminuir a carga das emoções. Auxilia os alunos a se acalmarem pela reativação do cérebro racional. O psicólogo Daniel Siegel fala sobre o processo: "nomear é controlar".[80] Usar o Quadro de sentimentos (ver a seguir) em sua área de resolução de conflitos ou o espaço para a Pausa positiva pode ajudar a identificar e nomear sentimentos.

Habilidades de comunicação

Se as crianças precisarem de ajuda para nomear seus sentimentos, o professor pode simplesmente perguntar: "Será que você está se sentindo _____?".

Quadro de sentimentos

Artista: Paula Gray   www.positivediscipline.com

Incômodos e desejos (dos 2 anos e meio aos 6 anos)

Identificar sentimentos específicos requer algum processamento abstrato e autoconsciência que as crianças mais novas em uma sala da educação infantil podem não ter desenvolvido ainda. Tudo bem, elas ainda podem começar a aprender habilidades respeitosas de comunicação; pergunte o que elas querem e comece a resolver o conflito. Em vez de usar uma linguagem de sentimento, as crianças podem simplesmente usar as palavras: "Isso me incomoda" ou "Não gosto disso". Por exemplo:

> *Quando você come todo o lanche, me incomoda. Eu gostaria que você deixasse um pouco para os outros.*
>
> *Não gosto quando me chama de feia. Eu gostaria que você parasse.*
>
> *Não gostei quando você me empurrou no escorregador. Eu gostaria que você se controlasse.*

À medida que as crianças começam a ser capazes de nomear seus sentimentos, podem começar com quatro sentimentos básicos: bravo, triste, feliz e assustado, e então começar a usar a Linguagem "eu". Na sala de aula de educação infantil, o objetivo direto desse tipo de comunicação é ajudar as crianças a aprender a definir limites e mantê-los claros e apropriados, em vez de resolver conflitos mais abstratos dentro de seus relacionamentos.

Escuta reflexiva para crianças (6 anos e maiores)

Já discutimos como os adultos podem usar a Escuta reflexiva para ajudar as crianças a se abrirem, desenvolverem conexões, acalmarem-se e resolverem seus próprios problemas. Os alunos também podem aprender a usar a Escuta reflexiva para ajudar a resolver problemas entre si. Escutar é uma habilidade social que pode ser ensinada e aprendida.

Quando as pessoas se sentem ouvidas, elas se sentem conectadas e compreendidas. A confiança se desenvolve e os problemas podem ser resolvidos. Ao resolver problemas, usar a Linguagem "eu" ajuda o receptor da mensagem a estar mais aberto para escutar. A Escuta reflexiva ajuda o comunicador da mensagem a se sentir escutado e compreendido. Um apoia o outro. Essas duas habilidades de comunicação são vitais para resolver problemas de forma efetiva ao usar a Mesa da paz (Capítulo 14) ou a Reunião de classe (Capítulos 15-17).

Ao apresentar a Escuta reflexiva para alunos do ensino fundamental I e os adolescentes, usamos o mesmo modelo que os adultos usam com crianças:

> *Você se sente _____ quando _____, e você gostaria _____ . Isso está correto?*

Aqui estão alguns exemplos de alunos que usam a Escuta reflexiva:

> *"Parece que você está dizendo que, quando eu não a convidei para a minha festa do pijama, você se sentiu realmente excluída e gostaria que eu tivesse pelo menos conversado com você sobre isso antes da festa do pijama, então você não precisaria ficar sabendo pelo Instagram. Entendi direito?"*
>
> *"Você se sentiu envergonhado quando contei a Miggy o que você disse, e quer que eu fale com você primeiro da próxima vez. Isso está correto?"*
>
> *"Uau, percebi que você ficou muito bravo quando trabalhei com Peter no projeto, em vez de fazê-lo com você. E você gostaria que eu passasse mais tempo trabalhando com vocês dois?"*

O ensino dessa habilidade para as crianças pode acontecer na Reunião de classe, quando você está apresentando lições de Graça e Cortesia. Certifique-se de dar aos seus alunos a oportunidade de praticar e encenar!

Comunicação não verbal (6 anos e maiores)

Um dia, no almoço, Isaak comeu um dos biscoitos de Elena quando ela se levantou para ir ao banheiro. Elena percebeu que estava faltando um quando voltou. Ela sabia exatamente quantos biscoitos tinha quando saiu, e sabia quem o tinha pegado. Ela ficou brava. Sua avó tinha dado a ela os biscoitos como um presente de sua viagem a Nova York. Elena marchou pela sala de aula até a área de resolução de conflitos. Ela pegou a Rosa da paz e a trouxe para Isaak, indicando que queria resolver o problema com ele. Conforme atravessava a sala, ela estendeu o braço para a frente com a Rosa da paz segura em sua mão. Sua testa estava franzida enquanto ela marchava em direção a Isaak. Quando Isaak a viu se aproximando, ele gritou: "Eu preciso que você se acalme antes de conversarmos!". Elena não tinha falado ainda, mas a linguagem corporal disse tudo!

Embora haja um debate sobre qual porcentagem de comunicação é não verbal, sabemos que esta desempenha um papel significativo no modo como a mensagem é recebida. A comunicação não verbal fala por si. O tom de voz, linguagem corporal e as expressões faciais que alguém está usando, consciente ou inconscientemente, dizem muito. Podemos dizer se alguém está realmente escutando, se está falando a verdade, como está se sentindo e se planeja nos bater com a Rosa da paz.

Antes de ensinar o processo de resolução de conflitos, ou de começar as Reuniões de classe, é útil conscientizar os alunos sobre o poder da comunicação não verbal. Eles podem aprender a usar e ler a comunicação não verbal por meio de ensino e prática diretos. Peça aos alunos que exercitem diferentes posturas e expressões faciais e discuta como eles comunicam poderosas mensagens sem falar nada (e quais são essas mensagens). Peça a eles que identifiquem quais posturas e expressões podem usar para facilitar a comunicação aberta, empática e respeitosa.

Expressão facial, linguagem corporal e tom de voz

- Zangado *versus* pacífico.
- Preocupado *versus* calmo.
- Triste *versus* feliz.
- Confiante *versus* desconfiado.
- Orgulhoso *versus* envergonhado.
- Solitário *versus* brincalhão.

Porque Elena e Isaak estavam familiarizados com o poder da comunicação não verbal e o conceito da *Pausa positiva*, um conflito maior foi evitado. Isaak manteve um limite respeitoso e familiar (eles haviam praticado isso na Reunião de classe). Ele deixou Elena saber que ele iria resolver o problema, mas precisava saber que ela havia se acalmado. Elena usou o espaço para a Pausa positiva e voltou quando estava calma. Quando ela o fez, Isaak foi voluntariamente até o espaço de resolução de conflitos e os dois foram capazes de resolver seu problema. Isaak assumiu a responsabilidade, e Elena também (descobriu-se que ela tinha pegado a sobremesa dele no início da semana).

Fazendo as pazes: os Três R da reparação (6 anos e maiores)

Os erros dividem os homens, mas sua correção é um meio de união. Corrigir os erros torna-se uma questão de interesse geral onde quer que eles possam ser encontrados. O próprio erro se torna interessante. Ele se converte em uma ligação e certamente é um vínculo de companheirismo entre os seres humanos. Ajuda especialmente a trazer harmonia entre crianças e adultos. Detectar algum pequeno erro em uma pessoa adulta não produz falta de respeito na criança ou perda de dignidade no adulto. O erro torna-se impessoal e é, então, passível de controle. Dessa forma, pequenas coisas levam a grandes coisas. – Maria Montessori[81]

Os erros são uma oportunidade de aprendizagem. A derivação latina da palavra emendar é *emendare*, que significa "reparar". Fazer as pazes significa reparar erros. A palavra desculpe é mais frequentemente definida como uma expressão de arrependimento ou admissão do erro.

Desculpas

Em muitos lares, as crianças são forçadas a dizer "me desculpe" mesmo quando não se arrependem de suas ações. Isso ensina habilidades de manipulação e não contribui em nada para reparar ou retificar um erro. Quando as crianças usam essa abordagem na escola, muitas vezes tornam os problemas piores porque um aluno ofendido entende que o ofensor que pede desculpas não está arrependido de seu erro. Outro problema que pode acontecer quando crianças e adultos pedem desculpas é o fato de seu pedido de desculpas ser seguido por uma desculpa para seu comportamento. *Desculpe-me por ter gritado com você. Tive uma manhã difícil e não dormi o suficiente.* Nesse exemplo, a pessoa que pede desculpas pode estar tentando expressar que não era culpa da criança, mas como ela pode receber esse pedido de desculpas? O que a criança pode estar pensando? Talvez: Muito bom. Ter uma manhã difícil dá a você permissão para gritar comigo?

Um pedido de desculpas honesto (sem justificativa) é certamente necessário às vezes. Há momentos em que não podemos consertar um erro. Por exemplo, se eu compartilhar informações que deveria ter guardado para mim mesmo, não há como consertar isso. A informação já está compartilhada. Sim, eu posso oferecer um pedido de desculpas e expressar meu arrependimento, bem como reconhecer meu erro abertamente.

Fazendo reparações

Reparar significa consertar nossos erros. Enquanto as desculpas são restauradoras, fazer reparações pode ser transformador. Você já fez reparações com alguém e descobriu que seu relacionamento com essa pessoa ficou melhor do que era antes de você cometer o erro que exigia as reparações? Sim, melhor do que era *antes do erro*! A maioria de nós já teve essa experiência. Reparar pode transformar um relacionamento para melhor. Os Três R da reparação são uma ferramenta concreta para reparar erros e melhorar relacionamentos. Quando os alunos aprendem a fazer as pazes e a reparar relacionamentos, esses relacionamentos muitas vezes podem ficar mais fortes do que eram antes do erro.

Quando os professores dão exemplos de como fazer as pazes com os alunos ao cometerem erros, isso envia uma mensagem poderosa – a de que não há problema em cometer erros! Isso cria confiança e conexão entre o professor e as crianças, além de promover a confiança e a vontade de assumir responsabilidades sem vergonha. Ensinar as crianças a fazerem as pazes as ajuda a desenvolver habilidades sociais e de relacionamento para toda a vida e a aprofundar sua conexão com os outros.

Três R da reparação

1. **Reconhecer** o erro com senso de responsabilidade, sem culpa ou justificativas.
   Eu gritei com você na roda hoje.
   Eu empurrei você no escorregador.
   Peguei seu lápis hoje quando você foi ao banheiro.
   Não incluí você no nosso jogo.

Habilidades de comunicação

2. **Reconciliar** expressando compreensão quanto aos sentimentos magoados.
   Isso deve ter envergonhado você.
   Você provavelmente se sentiu muito magoado.
   Eu teria ficado realmente bravo se fosse você.
   Aposto que você se sentiu excluído.

3. **Resolver** o problema, quando possível, trabalhando juntos em uma solução, perguntando o que seria necessário para consertar as coisas ou pedindo perdão.
   O que posso fazer para corrigir isso?
   Posso ajudá-lo pegando gelo?
   Aqui está o livro que tirei de você. Você gostaria de alguma ajuda terminando o trabalho que não conseguiu fazer?
   Você estaria disposto a trabalhar em algumas soluções comigo?
   Você me perdoaria?
   Eu sinto muito.

Aqui está um exemplo de um aluno fazendo reparações com outro:
Francis, eu peguei seus lápis mais cedo e neguei quando você me perguntou sobre isso. (reconhecer) *Você deve ter se sentido muito zangado. Eu realmente sinto muito.* (reconciliar) *Aqui, eu comprei alguns lápis novos para você. Você gostaria de alguma ajuda para apontá-los?* (resolver)

Ensinar às crianças os Três R da reparação as ajuda a construir habilidades de relacionamento importantes que irão durar por toda a vida. Quando as crianças têm tempo para praticar essas habilidades nas Reuniões de classe, começam a usá-las com mais fluência na sala de aula. Imagine se todos aprendessem a assumir a responsabilidade por seus erros e a repará-los.

Fazer reparações para alunos mais jovens (3 a 6 anos)

Como nomear e interpretar sentimentos é uma habilidade social mais abstrata. As crianças na sala de educação infantil podem aprender um modelo mais simples de reparação, que transmite responsabilidade e o desejo de fazer as pazes no relacionamento:

Eu _____ . *Você me perdoa?*
Eu _____ . *Eu sinto muito.*
Eu _____ . *Como posso tornar isso melhor?*

Observe que, nesse modelo, a criança começa declarando o que fez, o que é seguido por um pedido de desculpas ou tentativa de consertar as coisas. Na maioria das vezes, adultos e crianças começam com um "sinto muito". Considere as seguintes desculpas. Qual delas você prefere?

"Sinto muito por ter pegado seus lápis."
"Eu peguei seus lápis. Sinto muito."

Lamar empurrou Theo enquanto corria para pegar um lanche. Theo caiu e machucou a cabeça. Depois que seu professor atendeu Theo, Lamar abordou Theo e disse: "Theo, eu o empurrei. Você me perdoaria?". Lamar sorriu e levantou a mão para Theo em um gesto de "toca aqui".

Modelagem (para todas as idades)

Erros cometidos por adultos têm certo interesse, e as crianças simpatizam com eles, mas de forma totalmente independente. Para elas isso se torna um dos aspectos naturais da vida, e o fato de que todos podemos cometer erros provoca um profundo sentimento de afeto em seus corações; é mais um motivo para a união entre mãe e filho. Os erros nos aproximam e nos tornam melhores amigos. A fraternidade nasce mais facilmente no caminho do erro do que no da perfeição. Uma "pessoa perfeita" não pode mudar. Se duas "pessoas perfeitas" são colocadas juntas, elas invariavelmente brigam, porque nenhuma delas consegue compreender a outra nem tolerar quaisquer diferenças. – Maria Montessori[82]

A maneira adequada de treinar as crianças é idêntica à maneira adequada de tratar outros seres humanos. – Rudolf Dreikurs[83]

Podemos promover um senso de conexão autêntica com as crianças em nossa sala de aula sendo honestos e vulneráveis com nossa humanidade (nossos erros). Quando somos abertos e honestos sobre nossos erros e modelamos como corrigi-los, enviamos uma mensagem poderosa para as crianças: tudo bem cometer erros. É assim que todos nós aprendemos e crescemos. Erros são uma oportunidade para aprender. Somos responsáveis por definir esse tom na sala.

Certa vez, eu (Chip) estava em uma situação complicada com uma aluna, Hope. Ela estava enfrentando dificuldades sociais e acadêmicas. Trabalhei muito para ajudá-la, mas seu comportamento em relação a mim estava se tornando cada vez mais desrespeitoso, especialmente em grupo. Eu me sentia magoado e frustrado porque estava dedicando muito tempo e energia para ajudá-la. Acho que esperava que ela fosse grata. Seu desrespeito foi ficando cada vez pior, e alguns dias eu temia ir trabalhar por causa disso. Um dia, na roda, Hope caçoou de mim e me bateu. Com raiva, eu a mandei para fora da roda. Depois da roda, pedi a Hope para "conversar" comigo no corredor. Mas eu não falei; eu descarreguei sobre ela. Naquele momento eu me senti justificado porque estava com muita raiva.

Meu filho, que também era aluno da minha sala, por acaso estava no corredor e testemunhou a interação. Mais tarde ele veio me dizer que Hope estava chorando no corredor. Ele disse: "Acho que você deve a ela um pedido de desculpas". Meu senso de justificativa evaporou e eu me senti muito culpado. Parei alguns minutos para refletir sobre a situação e, em seguida, fui até Hope e perguntei se poderia falar com ela em particular. Eu disse a ela que lhe devia desculpas. Ela concordou em ir falar comigo. Eu disse: "Hope, eu gritei com você. Eu a culpei por ter sido desrespeitosa, mas fui desrespeitoso com você. Você não merecia isso. Você deve ter se sentido magoada e ressentida. O que posso fazer para consertar isso?". Hope chorou e disse: "Por favor, espere até se acalmar antes de falar comigo da próxima vez. Lamento ter sido tão desrespeitosa". Eu respondi: "Você me perdoaria?". Essa curta troca mudou nosso relacionamento e melhorou nossa dinâmica. Com um novo fundamento, Hope e eu conseguimos resolver muitos dos problemas com os quais estávamos tendo dificuldades. Isso gerou um efeito cascata na sala porque Hope era vista como uma líder. No ano seguinte, Hope ficou em uma sala diferente e se deparou com um difícil desafio pessoal. Eu era a pessoa com quem ela queria falar.

Nossa presença como adultos é poderosa. Fazemos parte do ambiente. As crianças observam de perto a maneira como interagimos e nos comunicamos com elas e outros membros da comunidade, e como lidamos com situações difíceis; elas seguem o que sugerimos. Quando os professores modelam os quatro elementos de comunicação eficaz – Linguagem "eu", Escuta reflexiva, Comunicação não verbal e os Três R da reparação –, estamos preparando o ambiente socioemocional para promover um senso de pertencimento e importância.

Considerações para modelagem da comunicação respeitada

- Sempre que possível, certifique-se de estar no nível de uma criança quando se comunicar com ela. Falar com uma criança ao nível dos olhos a ajuda a se sentir segura, respeitada e conectada.
- Ao ter uma discussão com uma criança, considere sentar-se ao lado dela, em vez de ficar na frente dela. Essa posição comunica que vocês estão do mesmo lado, trabalhando juntos.
- Respeite a dignidade das crianças. Acordos e discussões sobre maus comportamentos devem ser estabelecidos reservadamente, longe de outros alunos.
- Use a Linguagem "eu".
- Use um tom que transmita respeito e compreensão mútuos.
- Seja um exemplo ao fazer a Pausa positiva.
- Coloque os problemas na pauta da Reunião de classe.
- Siga as regras básicas. Limite as atividades adultas (que não são permitidas para as crianças) ao mínimo. Se você pedir às crianças que coloquem a mão em seu ombro para chamar sua atenção, faça o mesmo quando elas estiverem envolvidas em algo e você desejar a atenção delas.
- Permita que as crianças mencionem problemas sobre você. As crianças convidam você para resolver o conflito se elas têm um problema com você? Em caso negativo, por que não?
- Faça as pazes quando cometer um erro, ou peça desculpas se reparações não puderem ser feitas.
- Diga "por favor" e "obrigado".
- Pratique as ferramentas de gestão de sala de aula da Disciplina Positiva (como ser gentil e firme ao mesmo tempo). Quando sabemos o que fazer em situações estressantes, estamos mais propensos a responder de forma respeitosa e gentil.

PERGUNTAS PARA DISCUSSÃO

1. Peça a alguém que lhe diga as seguintes mensagens:
   a. "Fiquei magoado quando você caçoou de mim na frente de nossos amigos."
   b. "Eu me senti magoado quando você caçoou de mim na frente de nossos amigos, e eu gostaria que você falasse comigo em particular quando estiver com raiva de mim."

   Como você se sente quando recebe a primeira mensagem?

   Como você se sente quando recebe a segunda mensagem?
2. Pense em uma ocasião recente em que você ficou magoado. Use o Quadro de sentimentos neste capítulo para identificar o que estava sentindo no momento. Como o quadro pode ajudar os alunos a identificar com precisão seus sentimentos?
3. Em um pedaço de papel, na lousa ou no quadro branco, relacione os quatro sentimentos primários como títulos no topo da página: bravo, feliz, triste e assustado. Faça um *brainstorming* de uma lista de "sentimentos derivados" que podem se relacionar abaixo de cada título. Essa atividade pode ser feita com os alunos, e eles podem fazer um quadro de seus próprios sentimentos.
4. De que maneira o aprendizado da Escuta reflexiva pode ajudar os alunos a se tornarem mais independentes na resolução de problemas?
5. Você já observou alunos que usam "me desculpe" para evitar conflitos? De que maneira outras crianças ou adultos respondem a essa estratégia para superar as dificuldades?
6. Você se lembra de um adulto fazendo as pazes com você quando era criança? Em caso afirmativo, como isso afetou seu relacionamento com ele? Como você se sentiu em relação a cometer erros?
7. Considere a diferença entre dizer "me desculpe" antes e depois de assumir a responsabilidade. Por exemplo: "Desculpe por ter batido em você" ou "Eu bati em você. Sinto muito". Qual você prefere ouvir? Por quê?
8. Ao trabalhar com alunos, alguns adultos pedem desculpas exageradas e alguns nem pedem desculpas. Você faz alguma dessas coisas? Como cada uma dessas tendências afeta a confiança e a comunicação?
9. Você já observou uma sala de aula onde acha que o comportamento/modelagem do adulto estava afetando significativamente o ambiente socioemocional, seja positiva ou negativamente? Explique.

14

RESOLUÇÃO DE CONFLITOS

O que é vida social senão a resolução de problemas sociais, comportando-se de maneira adequada e buscando objetivos aceitáveis para todos? – Maria Montessori[84]

Não podemos proteger nossos filhos da vida. Portanto, é essencial que nós os preparemos para ela. – Rudolf Dreikurs[85]

Jalen e Quinten, de 6 anos, eram melhores amigos e colegas de classe em uma escola montessoriana. Eles trabalhavam juntos quase todos os dias durante o ciclo matinal e brincavam juntos lá fora todos os dias no recreio. Os momentos fora da escola eram preenchidos com festas do pijama, encontros para brincar e festas de família. Ambos eram filhos únicos, mas interagiam mais como irmãos do que como amigos. Eles discutiam muito, sobre questões ridiculamente pequenas, assim como dois irmãos fariam. Para eles, no entanto, os problemas não eram pequenos, mas muito importantes. No início do ano letivo, Jalen e Quinten precisaram de muita ajuda de seu professor, Antonio, para resolver seus conflitos. Antonio trabalhou incansavelmente a fim de ensinar a Jalen e Quinten as habilidades de que precisavam para resolver os conflitos de modo eficaz, às vezes até ficando depois da aula com eles enquanto seus pais esperavam em seus carros.

Depois de alguns meses, Jalen e Quinten estavam pedindo cada vez menos ajuda. No final do ano, eles raramente precisavam do apoio do professor para resolver conflitos. Na verdade, eles tiveram menos problemas e gastaram mais tempo trabalhando e jogando harmoniosamente. Naquela primavera, a mãe de Jalen, Anne, ligou para Antonio para lhe contar uma história. Anne compartilhou que ela tinha recentemente convidado Quinten para passar o fim de semana na casa deles. Naquela sexta-feira, Anne recebeu uma entrega de pedras soltas para a calçada da casa, o que gerou horas de entretenimento para os meninos. Anne estava fazendo jardinagem e ouviu Jalen e Quinten discutindo e depois gritando um com o outro enquanto brincavam de rei da montanha. Mas então, quando Quinten estava prestes a empurrar Jalen para baixo da pilha de pedras, ele parou e disse: "Vamos ver se podemos encontrar uma solução para esse problema". Jalen concordou. Eles, então, sentaram-se e dividiram igualmente o "território" no topo da "montanha". O resto do dia eles passaram brincando pacificamente na pilha de pedras. Anne disse a Antonio: "Eu amo o método Montessori. Obrigada".

O que Jalen e Quinten aprenderam para criar uma mudança tão impressionante em seu comportamento?

A necessidade de independência social

Desde os primeiros momentos na sala de aula, as crianças montessorianas começam a desenvolver habilidades sociais por meio de aulas de Graça e Cortesia. As lições de Graça e Cortesia ensinam as crianças a lidarem com o mundo social dentro de suas comunidades na sala de aula e na comunidade mais ampla. Uma das habilidades mais importantes de Graça e Cortesia que as crianças aprendem é como se comunicar umas com as outras de forma eficaz e resolver conflitos interpessoais. As crianças aprendem a resolver problemas sociais com seus amigos, de forma independente, expressando seus sentimentos honestamente e aprendendo a ouvir umas às outras. Elas aprendem a se concentrar em soluções em vez de culpar.

O objetivo final de ensinar a resolução de conflitos para crianças e adolescentes é torná-los solucionadoras de problemas independentes. As habilidades sociais e emocionais que os alunos desenvolvem à medida que aprendem a lidar com difíceis problemas interpessoais durarão toda a vida. Os alunos desenvolvem a capacidade de experimentar o ponto de vista do outro, defender suas próprias necessidades, discordar sem crítica ou julgamento, engajar-se em um diálogo aberto e honesto, negociar soluções, bem como definir e manter limites claros e apropriados. Imagine como o nosso mundo se parecerá à medida que os alunos montessorianos crescerem e trouxerem essas habilidades de pacificação para suas casas, locais de trabalho, comunidades e, talvez, até mesmo para o resto do mundo.

Em um nível muito prático, é imperativo que os alunos aprendam a resolver conflitos de forma independente para que a sala de aula montessoriana funcione efetivamente. O ambiente é configurado para que os alunos possam se mover livremente através da sala e escolher um trabalho que os envolva. Se houver impedimentos para essa liberdade e propósito, como a dependência de um adulto para ajudar a resolver o conflito, o professor não conseguirá conectar adequadamente os alunos ao trabalho, e a normalização não ocorrerá. E, quando as crianças não estão ativamente envolvidas em um trabalho significativo, então é mais provável que se envolvam em conflitos com seus colegas. Torna-se um ciclo de dependência em relação aos adultos para resolver problemas.

Por outro lado, quando as crianças se tornam solucionadoras de problemas, um desentendimento matinal com um amigo é apenas um obstáculo na estrada em um ciclo de trabalho produtivo e tranquilo. O professor pode nem notar que duas crianças tiveram dificuldade porque elas são capazes de resolver o problema de forma respeitosa e independente. Nesse ínterim, o professor pode dar aulas, fazer observações e ajudar os alunos a se conectarem com o ambiente.

Os conflitos de sala podem ser pequenos, como no caso de Jalen e Quinten, ou podem ser maiores, às vezes resultando em violência. Professores envolvidos em uma pesquisa relataram que, quando os alunos aprenderam e praticaram habilidades de resolução de conflitos, todas as incidências de conflito diminuíram. Os conflitos eram menos propensos a se intensificar porque os alunos aprenderam as etapas que podiam seguir de forma independente para resolver seus próprios problemas.[86] Os passos para a resolução de problemas da Disciplina Positiva combinam perfeitamente com uma sala de aula montessoriana por causa do seu foco no respeito mútuo e na independência.

Os Quatro passos para resolução de problemas

Os Quatro passos para resolução de problemas oferecem um guia para ajudar os alunos a resolverem dificuldades comuns com outras crianças na sala de aula.

1. **Desapegar.** Isso pode incluir fazer uma Pausa positiva, caminhar até o lado de fora ou escolher outro amigo para trabalhar/brincar.
2. **Falar com respeito.**
   – Compartilhar como você se sente e o que gostaria que acontecesse de forma diferente. Os alunos do ensino fundamental e os adolescentes podem usar a Linguagem "eu", enquanto os alunos da educação infantil podem usar Incômodos e desejos.
   – Ouvir o que a outra pessoa sente ou não gosta, e o que ela gostaria que acontecesse de forma diferente. Alunos do ensino fundamental e médio podem usar a Escuta reflexiva.
3. **Chegar a um acordo sobre uma solução.** Elaborar várias ideias para resolver o problema e escolher uma juntos. As ideias podem incluir fazer reparações, um plano para compartilhar ou uma solução para evitar que o problema aconteça no futuro.
4. **Pedir ajuda se você não conseguir resolver.** Os alunos podem pedir ao seu professor ou a um amigo para ajudá-los a falar sobre as coisas com respeito e encontrar soluções, ou colocar o conflito na pauta da Reunião de classe para obter ajuda do grupo.

Preparando o ambiente: a Mesa da paz

A Mesa da paz é um espaço designado na sala de aula montessoriana para onde as crianças se dirigem juntas para a resolução de problemas. Normalmente de concepção simples, oferece uma área relativamente reservada para as crianças terem uma conversa importante. Se não houver espaço para uma mesa, algumas salas usam o canto da sala, ou criam um lugar dentro (ou fora) dela onde os alunos podem conversar reservadamente, assim como os adultos fazem quando precisam ter uma conversa importante e pessoal longe de outras pessoas. Ter um espaço identificado para resolver conflitos interpessoais pode ser útil para os professores, bem como para os alunos: em uma movimentada sala de aula montessoriana, onde muitos alunos estão fazendo coisas diferentes ao mesmo tempo, a Mesa da paz oferece uma sugestão visual para os professores de que dois alunos estão tendo dificuldades e podem precisar de suporte.

Um objeto da fala (bicho de pelúcia, concha, flor artificial etc.) pode ser usado na Mesa da paz como uma dica visual para que cada criança reveze a vez de falar. A pessoa que está falando segura o objeto da fala e a outra pessoa escuta. Quando a pessoa que está falando termina, entrega o objeto da fala para a outra pessoa e se prepara para escutar. Muitas salas usam uma Rosa da paz como o objeto da fala, do livro *The Peace Rose*, de Alicia Jewell. (Esse livro é um recurso maravilhoso para professores de educação infantil e fundamental que ajuda a ensinar a resolução de problemas usando as ferramentas de comunicação que foram descritas no Capítulo 13.)

Resolução de conflitos para alunos da educação infantil

As crianças mais novas da educação infantil estão simplesmente desenvolvendo sua capacidade de se expressar e de definir e manter limites claros de forma respeitosa. Essa é uma grande tarefa, e, no verdadeiro estilo montessoriano, nós reduzimos uma tarefa difícil em partes distintas e gerenciáveis, isolando a dificuldade. Identificar sentimentos é uma habilidade bastante abstrata. Muitos adultos têm dificuldade para fazer isso. Portanto, começamos em um nível mais simples com crianças mais novas, usando Incômodos e desejos do Capítulo 13.

> Lucia: *Darius, não gosto quando você toca no meu trabalho. Eu gostaria que você esperasse até eu terminar.*
>
> Darius: *Está bem. Não gosto quando você grita comigo, Lucia. Eu gostaria que você falasse comigo de uma forma gentil da próxima vez.*
>
> Lucia: *Está bem.*

Quando o apoio de um adulto é necessário, o adulto pode usar as habilidades da Escuta reflexiva para ajudar as crianças a lidarem com o conflito e saber que elas foram ouvidas. O adulto também pode ajudar as crianças a nomearem os sentimentos, dando-lhes instruções, que atuam como uma etapa gradual na aprendizagem de uso das palavras para identificar e descrever emoções:

> Lucia: *Não gosto quando você toca no meu trabalho. Eu gostaria que você esperasse até eu terminar.*
>
> Professor: *Lucia, parece que você ficou com raiva quando Darius pisou em seu trabalho e que você gostaria que ele esperasse até você terminar. Tem mais alguma coisa?*
>
> Lucia: *Não.*
>
> Professor: *Darius, você estaria disposto a esperar até que Lucia terminasse o trabalho dela antes de usá-lo?*
>
> Darius: *Sim.*
>
> Professor: *Darius, o que você gostaria de dizer a Lucia?*
>
> Darius: *Lucia, não gosto quando você grita comigo quando toco no seu trabalho. Eu gostaria que você falasse comigo com respeito.*
>
> Professor: *Darius, parece que você se sentiu triste quando Lucia gritou com você, e gostaria que ela falasse com você com respeito?. Mais alguma coisa?*
>
> Darius: *Gosto muito da Lucia e quero ser amigo dela.*
>
> Professor: *Então, você realmente gosta da Lucia e quer ser amigo dela? Você diria isso a ela?*
>
> Darius: *Eu quero ser seu amigo.*
>
> Professor: *Lucia, Darius perguntou se você falaria com ele respeitosamente se ele fizesse algo de que você não gosta. Você está disposta a fazer isso?*
>
> Lucia: *Sim. Eu quero ser sua amiga também, Darius.*
>
> Professor: *Darius e Lucia, vocês resolveram esse problema com muito respeito. Bom trabalho.*

Modelo de resolução de conflito para a educação infantil (passos dois e três dos Quatro passos para resolução de problemas)

1. A criança A usa Incômodos e desejos.
2. A criança B reconhece o pedido da criança A.
3. A criança B usa Incômodos e desejos.
4. A criança A reconhece o pedido da criança B.

Observação: se uma das crianças não está disposta a fazer o que a outra solicitou a ela, então as duas podem pedir ajuda a um adulto (passo quatro).

Resolução de conflitos para alunos do ensino fundamental e médio

A resolução de conflitos assume um papel muito importante nas comunidades de sala de aula de ensino fundamental e de adolescentes, à medida que os alunos entram em seus períodos sensíveis de socialização, justiça, moralidade e, em seguida, valorização (desenvolvimento de uma identidade madura na adolescência). Alunos do ensino fundamental e médio também desenvolvem a capacidade de raciocinar e prever resultados. Eles estão se tornando capazes de resolver problemas. A fim de resolver o conflito de forma eficaz, eles devem aprender a se comunicar, ouvir uns aos outros, identificar soluções plausíveis e se comprometer.

Modelo de resolução de conflito para alunos do ensino fundamental e médio (passos dois e três dos Quatro passos para resolução de problemas)

1. Ambos os alunos verificam um com o outro para ter certeza de que ambos estão calmos o suficiente para resolver o problema (não estão descontrolados).
2. A criança A compartilha usando a Linguagem "eu".
3. A criança B usa a Escuta reflexiva.
4. Repetem-se as etapas dois e três até que a criança A tenha dito tudo o que precisava dizer.
5. A criança B compartilha usando a Linguagem "eu".
6. A criança A usa a Escuta reflexiva.
7. Repetem-se as etapas dois e três até que a criança B tenha dito tudo o que ela precisava dizer.
8. Elaboram-se várias ideias e as duas chegam a um acordo sobre uma solução.

> Alyssa: *Eu me sinto excluída quando você passa todo o seu tempo com a Olivia no intervalo. Eu gostaria que você me deixasse brincar com você.*
>
> Maya: *Então, você se sentiu excluída quando eu passei um tempo com a Olivia no intervalo, e você quer que eu inclua você quando estivermos brincando. Tem algo mais?*
>
> Alyssa: *Realmente me magoou quando você e Olivia me provocaram na roda por ser muito carente. Eu gostaria que você tivesse falado comigo em particular, se você sentisse dessa maneira.*
>
> Maya: *Você ficou triste quando Olivia e eu estávamos provocando você sobre ser carente na roda, e você gostaria que eu falasse com você em particular. Sem dúvida eu posso fazer isso. Tem algo mais?*
>
> Alyssa: *Não, é isso. Pode ir agora.*
>
> Maya: *Alyssa, estou com raiva porque você provoca a Olivia o tempo todo. Sinto como se eu tivesse que escolher entre vocês duas. Eu gostaria que você fosse gentil com a Olivia, daí eu não teria que escolher.*
>
> Alyssa: *Então, você está com raiva porque eu provoco a Olivia, e você sente que tem que escolher entre nós, e você gostaria que eu fosse gentil com ela. Tem mais alguma coisa, Maya?*
>
> Maya: *Não.*
>
> Alyssa: *Sinto muito por ter colocado você nessa posição. Vou me esforçar para ser mais gentil com a Olivia.*
>
> Alyssa: *Você acha que deveríamos pensar em algumas ideias para consertar isso?*
>
> Maya: *Acho que acabamos de fazer isso.*

Erros comuns na resolução de conflitos

A maioria dos professores montessorianos treinados, especialmente do ensino fundamental e de adolescentes, aprendeu elementos de resolução de conflitos em algum momento de seu treinamento. Se você é um desses professores, como eu (Chip) sou, isso provavelmente soou como um conceito maravilhoso na época, e em sua mente alinhado perfeitamente com a ideia de desenvolver um ambiente que ensine e encoraje a paz. No entanto, o que costuma acontecer é que a maioria de nós se depara com obstáculos significativos na hora de implementar essas práticas em nossas salas de aula. Por quê? Porque é algo complicado; estamos trabalhando com seres humanos que têm diferentes perspectivas e diferentes capacidades de comunicação. Além disso, a maioria de nós não foi formalmente treinada para resolver conflitos, então aprendemos a descobrir por nós mesmos, cometendo muitos erros. Erros são uma oportunidade maravilhosa de aprendizagem, mas não há mal nenhum em aprender com os erros dos outros, então vamos delinear uma série de erros comuns que os adultos cometem ao ensinar e facilitar a resolução de conflitos na sala de aula - e algumas soluções concretas para esses erros.

1. **Erro: facilitar o conflito entre duas crianças quando uma ou ambas as crianças estão "descontroladas".** Os professores costumam trazer dois alunos juntos para resolver um problema quando um ou ambos ainda estão muito chateados. Espera-se que, ao lidar com o problema, as crianças se acalmem e encontrem uma solução. Infelizmente isso raras vezes funciona, e o adulto acaba ajudando demais e fazendo a comunicação pelas crianças. A verdadeira resolução raramente ocorre.
   Solução: use o espaço para a Pausa positiva, que é criado pelas crianças, para que elas tenham um local para se acalmar e reconectar a parte de seu cérebro que resolve problemas. Certifique-se de que as regras básicas que orientam o processo de resolução de conflitos incluam que ambas as partes devem estar calmas e prontas para resolver o problema.

2. **Erro: contar apenas com o modelo de resolução de conflitos para ajudar as crianças a resolverem problemas.** Os adultos resolvem conflitos de muitas maneiras diferentes. Além de falar diretamente com alguém sobre nosso problema, também tomamos decisões de "deixar para lá", passar tempo com outros amigos, fazer as pazes, acalmar-se, discutir o problema com outro amigo etc. Imagine quanto tempo levaria se, cada vez que você tivesse um problema com alguém, usasse um processo de resolução de conflito para resolvê-lo. Não haveria muito tempo no dia para fazer qualquer outra coisa! Muitas vezes o processo de resolução de conflitos pode ser a única ferramenta para resolver problemas em sala de aula, e isso requer que os professores gastem uma quantidade excessiva de tempo facilitando o processo. Isso os afasta de observar, dar aulas e redirecionar as crianças para o trabalho produtivo.

Solução: desenvolva uma Roda de escolhas (consultar o Capítulo 11) com seus alunos. Certifique-se de incluir a Mesa da paz ou os Quatro passos para resolução de problemas como escolhas. A Roda de escolhas também dá ao professor um método concreto de redirecionamento dos alunos para resolverem seus próprios problemas. Para que a Roda de escolhas seja eficaz, os alunos precisam praticar as habilidades na roda primeiro, a fim de que possam usar as habilidades efetivamente quando um problema real ocorrer.

3. **Erro: não ensinar e praticar as habilidades de comunicação eficazes.** Quando uma criança tem um problema com outra criança, é natural para elas usarem uma linguagem que culpe ou insinue a culpa. Isso faz com que a criança que recebe a mensagem se torne defensiva ou fechada. Uma vez que esse ciclo começa, é difícil reverter, e a comunicação é interrompida. Para um problema ser resolvido efetivamente, é importante que ambas as partes assumam a responsabilidade pelo seu papel no problema. Isso só acontece quando a comunicação está livre de culpa e de defensiva. **Solução:** ensine e pratique Incômodos e desejos com os alunos da educação infantil e a Linguagem "eu" com alunos do ensino fundamental e médio (ver o Capítulo 13). Além disso, reserve um tempo para ensinar habilidades de comunicação não verbal eficaz. Certifique-se de representar essas habilidades de comunicação para os alunos poderem sentir seu impacto.

4. **Erro: não ensinar e praticar habilidades de escuta eficazes (para alunos do ensino fundamental e médio).** Uma das maiores queixas que as crianças têm sobre o processo de resolução de conflitos é que a outra criança não as escuta. Aprender a escutar bem desenvolve a conexão, abre a comunicação honesta e cria um ambiente sem julgamentos em que é seguro assumir responsabilidades. Algumas crianças têm habilidades auditivas naturalmente boas, mas a maioria precisa aprender essas importantes habilidades de Graça e Cortesia. **Solução:** ensine habilidades de Escuta reflexiva e a importância da linguagem corporal para alunos do ensino fundamental e médio. Para evitar que o roteiro se torne mecânico e, em seguida, sem sentido, peça aos alunos para encenarem maneiras de ouvir reflexivamente usando suas próprias palavras em vez de contar apenas com o modelo.

Conscientizar as crianças sobre o impacto da linguagem corporal e da comunicação não verbal também é essencial para uma comunicação aberta e eficaz de resolução de problemas:

- Contato visual.
- Posição dos braços (dobrados ou abertos).
- Expressões faciais.
- Postura.
- Espaço.
- Tom.

5. **Erro: depender apenas de um modelo um a um para resolver conflito interpessoal (para alunos do ensino fundamental e médio).** Conforme as crianças entram no período sensível para o desenvolvimento social e a justiça, alguns conflitos são mais complexos e difíceis de resolver com resolução de conflitos entre si. Aqui estão alguns exemplos:

– Conflitos que envolvem mais de duas crianças.
– Conflitos que fizeram parte de uma dinâmica de grupo estabelecida conforme o grupo passa por um nível ou pela escola.
– Conflitos contínuos entre crianças que não estão resolvendo conflitos entre si.

Quando essas dinâmicas estão bem estabelecidas, e as crianças tentam resolver seu problema por meio da resolução de conflitos entre si, o problema pode apenas parecer resolvido. Os alunos estarão apenas trabalhando com a ponta do *iceberg*, e a verdadeira natureza do problema provavelmente não será abordada, porque nem todas as partes afetadas estarão envolvidas na resolução. O problema, então, se manifesta mais tarde com maior intensidade ou complexidade.

Solução: usar a Reunião de classe (Capítulos 15-17) como caminho para as crianças obterem ajuda umas das outras de modo a resolver conflitos. Para que isso seja eficaz, a reunião deve ocorrer em um lugar seguro a fim de que as crianças sejam receptivas, honestas e assumam a responsabilidade sem medo de punição ou consequências. Os alunos se ajudam entre si, dando suporte e se concentrando nas soluções. As Reuniões de classe são mais eficazes quando ocorrem todos os dias, então as crianças ganham prática diária com foco nos problemas "reais" que colocaram na pauta do dia.

Sugestões para facilitar a resolução de conflitos

Encontrar o equilíbrio entre apoiar as crianças enquanto elas resolvem problemas (sem interferir) requer prática, observação e bom senso. Claro que o bom senso vem de cometer erros e aprender com esses erros. Aqui estão algumas sugestões a serem consideradas ao facilitar a resolução de conflitos com as crianças:

- Certifique-se de que ambas as partes estão calmas. Se não estiverem, então adie a discussão até que elas estejam. Não tenha medo de adiar uma conversa que já esteja em andamento se uma ou ambas as crianças começarem a "se descontrolar".
- Antes de começar a conversa, lembre às duas crianças que cada uma delas terá a chance de falar e pergunte se ambas estão prontas para ouvir uma à outra.
- Use linguagem e tom neutros, sem julgamento. Coloque as crianças no mesmo barco! Tenha cuidado para não tomar partido, mesmo se você achar que sabe o que aconteceu, e, especialmente, se uma das crianças apresentar desafios comportamentais frequentes.
- Peça às crianças que falem diretamente uma com a outra e não com você. Redirecione se elas começarem a falar sobre a outra pessoa para você (na terceira pessoa), pedindo-lhes para falar diretamente com a outra criança.
- Redirecione as crianças para usarem a Linguagem "eu" ou Incômodos e desejos, se elas usarem frases que culpam.
- Se uma criança não quiser fazer o que a outra criança está pedindo, peça ideias de ambas sobre como elas poderiam resolver o problema e decidir juntas.

PERGUNTAS PARA DISCUSSÃO

1. Quais características podem ser desenvolvidas em crianças que aprendem falar honestamente, a ouvir com atenção e a resolver problemas de forma interdependente?
2. O que acontece se as crianças não tiverem oportunidades frequentes de usar e praticar habilidades de resolução de problemas?

3. Quais métodos de resolução de conflitos você tentou em sua sala de aula? Quais elementos funcionaram? Quais elementos não funcionaram?
4. Que erros você cometeu ao ajudar as crianças a resolver problemas? Explique.
5. Com um colega, pratique a resolução de conflitos usando os modelos deste capítulo. O que você estava vivenciando ao resolver seu problema? O que você estava sentindo? O que estava decidindo?
6. Como você resolve conflitos como adulto? Como isso pode afetar a maneira como você ensina a resolução de conflitos aos alunos?

15

VISÃO GERAL DA REUNIÃO DE CLASSE

Há um grande senso de comunidade na sala de aula montessoriana, onde crianças de diferentes idades trabalham juntas em uma atmosfera de cooperação e não de competitividade. – Maria Montessori[87]

Uma atmosfera democrática não implica anarquia e permissividade, nem pode a ordem ser estabelecida pela dominação. Em uma sociedade democrática, ambas, liberdade e ordem, são necessárias.... – Rudolf Dreikurs[88]

Se as ferramentas que discutimos nos capítulos anteriores fossem raios da roda da construção de uma comunidade que busca pertencimento, respeito mútuo e cooperação, então a Reunião de classe seria o centro dessa roda. Como o centro de uma roda, a Reunião de classe apoia e é apoiada por outras ferramentas que nós discutimos, o que por sua vez apoia toda a comunidade.

Muitas salas de aula montessorianas conduzem rodas ou reuniões em que os alunos e professores resolvem problemas juntos; o conceito provavelmente não é novo para você. Como você deve ter descoberto, essas reuniões podem melhorar a sua comunidade. Estudos mostram que, quando os professores realizam Reuniões de classe, os alunos desenvolvem habilidades sociais para a vida toda e criam um ambiente pacífico mais propício à aprendizagem.[89] O professor e autor Dan Gartrell descobriu que "As reuniões de classe capacitam as crianças a serem cidadãos contribuidores de uma comunidade de aprendizagem, a trabalharem em conjunto para alcançar um senso de pertencimento

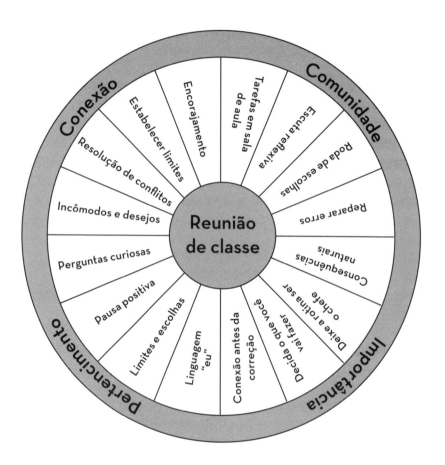

e a desenvolver responsabilidade individual".[90,91,92] Os pesquisadores Bucholz e Sheffler descobriram que as Reuniões de classe eram componentes importantes na criação de um ambiente acolhedor e inclusivo, onde as crianças praticavam habilidades pró-sociais, e atos de agressão foram significativamente reduzidos.[93] Um estudo na Turquia descobriu que ambientes democráticos de sala de aula demonstraram impacto significativo no desenvolvimento do pensamento crítico dos alunos.[94]

O processo específico para a Reunião de classe da Disciplina Positiva, delineado nos próximos capítulos, provavelmente será um pouco diferente das rodas e reuniões que você realiza atualmente, e irão ajudá-lo a transformar a maneira como você capacita seus alunos e resolve alguns dos desafios mais difíceis em sua comunidade de sala de aula. O processo de Reunião de classe

Visão geral da Reunião de classe

é elaborado para desenvolver um profundo senso de respeito mútuo e cooperação, bem como ensinar às crianças habilidades de comunicação e resolução de problemas ao longo da vida. Professores e alunos que adotam a Reunião de classe se beneficiam de décadas de experiência cumulativa nesse processo democrático. Nós realmente acreditamos que, se a Reunião de classe da Disciplina Positiva estivesse ocorrendo em todas as salas de aula do mundo, as habilidades aprendidas irradiariam e teriam um impacto duradouro na paz mundial.

As Reuniões de classe diferem de outros métodos de resolução de problemas em grupo ou reuniões comunitárias em cinco aspectos:

1. A Reunião de classe da Disciplina Positiva foi elaborada para ajudar a desenvolver habilidades sociais e de vida essenciais que vão muito além da sala de aula.
2. A pauta da Reunião de classe é criada pela comunidade da sala. Alunos e professores podem incluir tópicos na pauta.
3. Os alunos têm papéis específicos e importantes na facilitação da reunião.
4. Toda a turma está envolvida na resolução de problemas, mesmo os que não estejam diretamente envolvidos no problema. Aqueles que não estão diretamente envolvidos oferecem perspectiva, dão suporte e aprendem ajudando os outros.
5. O formato específico oferece estrutura, liberdade de expressão e apoio eficaz para criar um ambiente onde os alunos vivenciam criar um senso de pertencimento e importância dentro de sua comunidade na sala de aula.

Reuniões de classe em ação: sala de educação infantil

Martha lecionava há cinco anos, e as Reuniões de classe compunham sua rotina na maior parte do tempo. As crianças se tornaram muito adeptas da resolução de problemas na Reunião de classe. Um dia, Amari, de 4 anos, colocou um problema na pauta. Quando chegou sua vez, ela compartilhou: "Sinto muita falta de lanchar, porque sempre há crianças na área de lanches. Não gosto de esperar, então vou procurar um trabalho. Às vezes não pego um lanche porque tudo já acabou quando eu volto mais tarde. Eu gostaria que pudéssemos encontrar uma forma de todos fazerem um lanche".

Martha perguntou ao grupo se alguém já teve um problema semelhante, e cerca de metade das crianças levantou a mão. Então ela perguntou se alguma outra pessoa já havia demorado muito na área de lanches, e muitas das crianças levantaram a mão. As crianças, então, reservaram um tempo para pensar em soluções para o problema.

Sam, de 5 anos, sugeriu que os alunos pudessem comer o lanche em qualquer mesa na sala, em vez de uma mesa de lanche designada. Assim, as crianças poderiam comer quando estivessem com fome, em vez de esperar por uma abertura na mesa do lanche. Embora muitas outras soluções tenham sido propostas, essa foi a solução que a turma escolheu (por meio de voto simples). Martha, então, perguntou às crianças como poderiam garantir que a sala ficasse limpa se os alunos comessem em qualquer mesa. Uma criança respondeu: "Podemos usar o *kit* de limpeza que temos para o almoço para limparmos depois de usarmos o espaço".

Martha estava disposta a tentar, mas ficou cética. Dificuldades na hora do lanche não eram novidade para ela. Ela vinha tentando resolver problemas como esse nos últimos cinco anos. No entanto, o ceticismo de Martha diminuiu rapidamente quando as crianças começaram sua nova rotina de lanches e ela observou algumas mudanças maravilhosas. Não havia mais filas de alunos esperando pelo lanche, sobrava menos bagunça e muitos dos conflitos que aconteciam na área do lanche desapareceram. Seis anos depois, Martha ainda usa a ideia de Sam para coordenar o lanche. O sucesso foi tão grande que as outras salas de aula da educação infantil adotaram a prática. Essa ideia ajudou outros professores e outras crianças. Martha vinha lutando com esse problema fazia cinco anos, e precisou de dez minutos de uma turma da educação infantil para resolvê-lo! Como Sam e seus colegas de classe devem ter se sentido sobre suas contribuições para a comunidade escolar?

Reuniões de aula em ação: sala do ensino fundamental I

Antes de aprender sobre o processo de Reunião de classe, Anna, uma professora do ensino fundamental I, realizava reuniões comunitárias todas as sextas-feiras com seus alunos, nas quais abordava os problemas que ela observava na sala de aula durante a semana. A classe falava sobre o problema ou problemas, e apresentava algumas ideias e soluções. As reuniões eram úteis, mas não se mostraram muito eficazes em longo prazo. Anna participou de um *workshop* de Disciplina Positiva para professores e aprendeu sobre o processo de Reunião de classe da Disciplina Positiva. Ela ficou intrigada com a estrutura, mas preocupada em encontrar tempo para realizar as reuniões com tanta frequência. Começou realizando Reuniões de classe três vezes por semana, e percebeu um impacto muito rápido. Depois de apenas algumas semanas, os alunos começaram a assumir a responsabilidade pela sala de uma forma que ela sempre tentara promover. Eles também começaram a se ajudar mais. As crianças pareciam se importar mais quando as coisas não iam bem e se sentiam empoderadas para colaborar para a resolução desses problemas.

Poucos meses após o início das Reuniões de classe, Rajiv, de 7 anos, começou a exibir alguns comportamentos perturbadores. Ele era física e verbalmente agressivo e estava magoando outras crianças, tanto na escola quanto nas brincadeiras. Ameaçava os colegas, inclusive disse a uma criança que mataria seus pais se contasse sobre ele. Os alunos ficaram assustados, e os pais se mostraram naturalmente muito preocupados e zangados.

Um dos colegas de classe de Rajiv adicionou o problema à pauta da Reunião de classe. Enquanto as crianças falavam sobre seu comportamento, ficou claro que eles estavam aliviados porque o problema estava vindo à tona. Como tinham praticado Reuniões de classe por alguns meses, as crianças se sentiram confortáveis para falar honesta e respeitosamente sobre seus sentimentos. Elas até expressaram sua preocupação com Rajiv. Rajiv compartilhou que sentia que ninguém gostava dele. Ele disse que não tinha amigos de verdade na escola e que não estava mais sendo convidado para brincar na casa dos colegas ou para participar de festas de aniversário.

Antes de a turma começar a resolução de problemas, Anna lembrou a todos: "Ninguém 'tem problemas' em uma Reunião de classe. Ajudamos uns aos outros a resolver problemas". Os alunos, então, começaram a elaborar uma lista de sugestões. Eles trouxeram ideias sobre o que fazer quando vissem alguém sendo magoado, como apoiar todos os envolvidos e como ser assertivo quando alguém está magoando outra pessoa; e compartilharam ideias para ajudar Rajiv a fazer amigos e a se sentir incluído. Então, juntos, eles decidiram sobre as soluções que tentariam e, as praticaram na Reunião de classe. Em duas semanas os comportamentos de intimidação de Rajiv quase desapareceram. Na verdade, Rajiv até fez um novo amigo (os dois se formaram na mesma faculdade e ainda são amigos hoje). Anna compartilhou: "As crianças ficaram muito orgulhosas por terem ajudado a resolver esse problema. A verdade é que eu não poderia ter feito isso sozinha. O que as crianças não sabem é que ajudaram Rajiv a permanecer na nossa escola. Naquela manhã em que tivemos a Reunião de classe, o diretor me informou que estava se preparando para se encontrar com os pais de Rajiv e discutir a expulsão do menino".

Benefícios da Reunião de classe

A Reunião de classe é o cerne de uma sala democrática, e, uma vez que se torna parte da cultura da sua sala, você se perguntará como ensinou até agora sem esse recurso. Aqui estão onze benefícios da Reunião de classe.

1. **Desenvolve um senso de comunidade e conexão.**
   Quando uma turma de alunos se reúne para ajudar uns aos outros, eles naturalmente desenvolvem interesse social e propriedade. O senso de conexão entre eles cresce e a preocupação mútua torna-se a cultura da sala de aula.
2. **Desenvolve cooperação e "adesão".**
   Como os alunos estão envolvidos no processo de tomada de decisão, a adesão às soluções é muito maior do que se um adulto resolvesse um problema e, em seguida, apresentasse suas soluções para a turma. Simplificando, participação = cooperação.
3. **Cria responsabilidade compartilhada para resolver problemas e o gerenciamento da sala.**
   Imagine o alívio, como professor, de não ter que resolver todos os problemas na sala sozinho. Se houver 24 crianças na sala e dois adultos, então há 26 solucionadores de problemas capazes, cada um com diferentes perspectivas sobre as questões. Além disso, quando as crianças participam da resolução de problemas, elas também participam naturalmente da aplicação das soluções que ajudaram a criar.
4. **Oferece uma visão que o professor poderia nunca obter, mesmo em uma observação cuidadosa.**
   Já lhe ocorreu de um pai ou mãe de aluno vir lhe contar sobre um problema ou dinâmica social que estava acontecendo em sua sala que você des-

conhecia? Pode ser um pouco embaraçoso. Isso se torna mais comum com crianças mais velhas, pois elas compartilham menos com os adultos e mais com seus colegas. A Reunião de classe oferece um horário, local e processo que facilita a comunicação aberta, bem como um ambiente seguro para compartilhar abertamente aquilo com que os alunos estão tendo dificuldades, seja do ponto de vista acadêmico ou social. Alunos do ensino fundamental e médio começam a confiar no processo de Reunião de classe à medida que vivenciam que ninguém está em apuros e que o foco está nas soluções, não na culpa. Quando essa confiança é desenvolvida, os professores se tornam os primeiros adultos a ouvir sobre problemas, e podem levar as informações para os pais (conforme apropriado), com as soluções!

5. **Cria empatia.**
   Durante a Reunião de classe, as crianças têm a oportunidade de ouvir as dificuldades e perspectivas de outros alunos. Elas aprendem que não estão sozinhas em seus problemas, que nem todo mundo vê as coisas da mesma forma e que nem todo mundo sente o mesmo sobre o que elas vivenciam. Elas também aprendem como as ações das pessoas afetam umas às outras, tanto de forma positiva como negativa. A comunicação aberta e honesta abre uma janela para o coração de cada um e promove o desejo de ajudar.

6. **Desenvolve habilidades de comunicação.**
   Na Reunião de classe, os alunos aprendem a se comunicar de maneiras que encorajem os outros a ouvi-los. Eles também aprendem sobre comunicação não verbal, e a falar de forma honesta, direta e respeitosa entre si em um ambiente de grupo. Os alunos também praticam habilidades de escuta e como realmente ouvir a perspectiva de outra pessoa. Uma vez ninguém fica em apuros durante uma Reunião de classe, os alunos aprendem a se concentrar em soluções em vez de culpar e, como resultado, a comunicar e trabalhar a partir de uma perspectiva ganha-ganha.

7. **Desenvolve habilidades de resolução de problemas.**
   É tão fácil dizer: "Ajudamos as crianças a desenvolver habilidades de resolução de problemas". Esse tipo de afirmação é usado em materiais de *marketing* escolar o tempo todo. Mas como podemos fazer isso na realidade? A Reunião de classe oferece um ambiente perfeitamente preparado. As crianças aprendem a pedir ajuda de forma construtiva e a receber ajuda na resolução de problemas de seus colegas e professores. Mesmo aque-

las que simplesmente observam o processo de Reunião de classe aprendem habilidades valiosas de resolução de problemas enquanto veem os problemas dos outros serem resolvidos.

8. **Cria um ambiente seguro para a responsabilidade pessoal.**
Quando a cultura da sala de aula se concentra em soluções em vez de culpa, os alunos naturalmente começam a assumir a responsabilidade por sua parte nos problemas, o que os torna muito mais fáceis de resolver. É quase impossível resolver os problemas se os envolvidos negam a responsabilidade. Sem um entendimento comum sobre o que causou o problema em primeiro lugar, como podemos encontrar soluções que sejam eficazes e resolvam a raiz do problema?

Uma das minhas histórias favoritas (de Chip) sobre assumir responsabilidades em Reuniões de classe aconteceu em uma das primeiras aulas do ensino fundamental. Mabel expressou que estava se sentindo magoada porque estava sendo provocada no parquinho. Quando chegou a hora de o resto da turma discutir o problema, cada uma das três alunas que estavam fazendo a provocação compartilhou que eram elas que provocavam Mabel, e elas seguiram com um pedido de desculpas. Elas perceberam que a colega estava magoada. Mabel também se abriu e assumiu sua responsabilidade. Ela admitiu que tinha excluído cada uma das três meninas individualmente quando queria passar mais tempo com uma ou duas delas. A comunidade da sala participou do processo de resolução de problemas, mas, como todas as meninas tinham sido honestas com sua parte no conflito, a solução era evidente. As três pararam de provocar Mabel, e esta escolheu incluir cada uma das meninas quando brincava lá fora. As alunas foram capazes de assumir a responsabilidade porque era um lugar seguro para isso. Todas elas tinham experiência com o processo da Reunião de classe, e confiaram que não teriam problemas quando cometessem erros sociais. Isso não acontece da noite para o dia, mas é uma experiência poderosa ver as crianças assumirem a responsabilidade em um ambiente não punitivo e realmente resolverem seus problemas.

9. **Cria um ambiente onde os erros são uma oportunidade para aprender.**
Em cada Reunião de classe, antes de falar sobre o(s) item(ns) da pauta, a classe analisa os problemas anteriores para ver se a solução que foi escolhida está funcionando. Se não estiver funcionando, a pessoa com o

problema ou a turma pode escolher uma solução diferente ou pode recomeçar. Dessa forma, a comunidade pode avaliar o que funcionou, o que não funcionou e por quê: os erros se tornam oportunidades de aprendizagem.

Em um ambiente onde os erros são vistos (e vivenciados) como uma oportunidade de aprendizagem, há uma atmosfera de criatividade, parceria e preocupação com o bem comum. A pressão para ser perfeito está fora de cogitação, e a liberdade para ajudar uns aos outros em uma atmosfera cooperativa torna-se a força motriz da comunidade.

10. **Oferece um espaço natural para a Pausa positiva.**

Quando as crianças colocam um tópico na pauta da Reunião de classe, podem se sentir seguras de que seu problema será abordado, de que serão ouvidas e que receberão o apoio de sua turma. Os problemas que são colocados na pauta da reunião geralmente não são discutidos nesse mesmo dia; isso oferece um período natural para se acalmar. Às vezes escrever o problema e saber que ele será abordado já é o suficiente para ajudar uma criança a esfriar a cabeça e recuperar a capacidade de se autorregular e de resolver seu problema de maneira independente. Nesses casos, quando o problema surge na Reunião de classe, a criança costuma dizer: "Resolvi esse problema sozinho". Sucesso!

11. **Desenvolve e ensina habilidades de liderança.**

Um desafio que os professores montessorianos enfrentam é o desenvolvimento da liderança em seus alunos do terceiro ano. Cada ano traz uma dinâmica diferente. Às vezes, um grupo de alunos do terceiro ano parece ter líderes fracos; são passivos ou não dão um bom exemplo. Outras vezes, alunos do terceiro ano podem se tornar líderes negativos, causando turbulência para o resto da turma e mau comportamento. Em outros anos, você tem a sorte de ter um grupo naturalmente forte de líderes do terceiro ano, e esses anos são incríveis.

Um professor exasperado compartilhou: "Achei que, se desse boas aulas e preparasse bem o ambiente, os alunos do terceiro ano iriam naturalmente se tornar líderes e ajudar os mais jovens. Isso soou muito bem no treinamento. Mesmo assim, muitas vezes me pego dando sermões aos meus alunos mais velhos: 'Seja um bom líder' ou 'Dê um bom exemplo'. É desencorajador, porque eles certamente dão exemplos – mas os errados".

A maioria dos professores montessorianos espera que o ambiente preparado e o agrupamento de três idades naturalmente desenvolvam os alunos mais velhos em líderes gentis e igualitários. No entanto, isso nem sempre acontece, porque as habilidades de liderança são como outras habilidades sociais: elas devem ser aprendidas. Quando a Reunião de classe faz parte da cultura da sala de aula, as crianças têm tempo, estrutura e treinamento para aprender essas habilidades ao longo do ciclo de três anos.

PERGUNTAS PARA DISCUSSÃO

1. De que maneira sua comunidade na sala de aula resolve problemas atualmente como um grupo?
2. Que tipo de dificuldade você encontra com seu método atual?
3. Quais sucessos você teve com seu método atual?
4. Qual é a sensação quando um chefe ou supervisor toma uma nova decisão ou faz um plano para toda a escola sem obter a opinião do grupo?
5. Quando criança, você teve um adulto em sua vida (pai, professor, membro da família, treinador etc.) que o envolveu de forma adequada em uma decisão que afetava você? Qual foi a sensação de estar na presença daquela pessoa ou daquele ambiente?
6. Quais habilidades para a vida as crianças podem estar aprendendo ao participar da Reunião de classe?
7. Você já teve um aluno que apresentou uma solução para um problema que você estava enfrentando e que ajudou a resolver esse problema? Explique.

16

REUNIÃO DE CLASSE
NA EDUCAÇÃO INFANTIL

Se estamos entre os homens de boa vontade que anseiam pela paz, nós mesmos devemos construir a base para a paz, trabalhando para o mundo social da criança. – Maria e Mario Montessori[95]

Considerando que a criança é um ser social, sua motivação mais forte é o desejo de pertencer... Esse é o seu requisito básico. Tudo o que ela faz é voltado para encontrar seu lugar. – Rudolf Dreikurs[96]

Mari estava tendo dificuldade para fazer amigos na escola. Ela se colocava em situações sociais e estimulava uma resposta irritada de outras crianças. Uma manhã, depois de ser informada de que não seria convidada para a festa de aniversário de outra criança, Mari começou a chorar e correu para sua professora, Kara. Kara a confortou. Quando Mari se acalmou, Kara perguntou se ela gostaria de pedir ajuda aos colegas durante a Reunião de classe, e Mari disse que sim. Durante a Reunião, Mari compartilhou que estava tendo um momento difícil fazendo amigos e que ninguém gostava dela. Kara solicitou à turma ideias para ajudar Mari, e as crianças se mostraram animadas para contribuir com ideias. Uma delas se ofereceu para almoçar com Mari; outra sugeriu que Mari gentilmente pedisse às pessoas para brincar ou trabalhar com ela; e outra criança sugeriu que ela usasse palavras gentis ao falar com amigos. Mari escolheu pedir gentilmente para trabalhar ou brincar com outras crianças. Naquela tarde, Kara observou enquanto Mari perguntava a um grupo de crianças se poderia brincar com elas. Eles concordaram.

Por que as crianças foram mais gentis com Mari depois da Reunião de classe do que antes?

1. Pedir ajuda em um ambiente de grupo estruturado, onde as crianças aprendem habilidades sociais e emocionais, convida à empatia - especialmente quando elas podem praticar suas habilidades em situações "reais" (em vez de situações fictícias).
2. A Reunião de classe é organizada para convidar as crianças a "ajudarem" umas às outras. Foi cientificamente demonstrado que o ato de ajudar (altruísmo) ocorre naturalmente quando encorajado.[97]
3. As crianças se sentem empoderadas quando são formalmente ensinadas e encorajadas a desenvolver seu desejo inato de se concentrar em soluções, assim como as crianças devem ser ensinadas e apoiadas para desenvolver seu desejo inato de aprender um idioma.

O objetivo direto da Reunião da classe na educação infantil é criar um ambiente socioemocional que promova o pertencimento e a importância por meio do interesse e do serviço aos outros (crianças ajudando crianças). Isso inclui resolução de problemas, bom senso, empatia e outras habilidades socioemocionais.

No Capítulo 3, descobrimos as raízes do mau comportamento: uma criança malcomportada é uma criança desencorajada. As crianças procuram pertencimento e importância, mas têm dificuldade porque estão apenas começando a aprender habilidades sociais básicas, incluindo como fazer amigos e se tornar parte de uma comunidade. A estrutura da Reunião de classe permite o ensino direto e indireto de habilidades de Graça e Cortesia. As reuniões não eliminarão o mau comportamento ou os erros, mas vão criar um senso de pertencimento, importância e conexão, bem como oferecer oportunidades para praticar habilidades socioemocionais que reduzirão o mau comportamento. As Reuniões de classe também promovem a cooperação e o respeito mútuo porque as crianças estão envolvidas na resolução de problemas.

A vantagem das Reuniões de classe com um grupo de idade mista

O agrupamento de idades mistas de uma sala de aula montessoriana oferece uma oportunidade única que a maioria das salas da pré-escola não tem: os alunos mais velhos podem ajudar e ser vistos como modelo pelos mais novos. As crianças de 5 e 6 anos começaram a desenvolver a habilidade de raciocinar. Elas têm mais linguagem e habilidades do que seus colegas mais jovens, e algumas já estão entrando no período sensível da socialização. Os alunos mais novos as observam de perto e seguem seu exemplo.

Depois que as Reuniões de classe se tornarem parte da cultura da sua sala, você descobrirá que as crianças mais velhas se tornarão excelentes solucionadoras de problemas e estarão mais dispostas a assumir um papel de liderança positivo. Conforme discutido no Capítulo 15, um dos grandes benefícios da Reunião de classe é o fato de que ela oferece uma estrutura concreta para que as crianças mais velhas desenvolvam habilidades de liderança construtiva. Isso é particularmente útil durante aqueles anos em que os alunos do terceiro ano não assumem o rumo da liderança naturalmente. Como disse Rudolf Dreikurs: "Crianças precisam ser ensinadas a serem líderes eficazes".[98]

Tipos de problemas resolvidos na Reunião de classe da educação infantil

Nas Reuniões de classe, as crianças desenvolvem um senso de conexão e aprendem habilidades de relacionamento e liderança, ajudando-se mutuamente a resolver problemas. Dois tipos de problemas podem ser tratados na Reunião de classe na educação infantil: problemas individuais e problemas que afetam todo o grupo.

Problemas individuais são aqueles que crianças específicas estão enfrentando. Por exemplo, uma criança pode estar tendo dificuldade em colocar seu casaco quando é hora de sair, ou alguma (como a Mari) pode estar tendo dificuldades em fazer amigos. Na Reunião de classe, as crianças pedem ajuda aos colegas para resolver seus problemas. Como você pode imaginar, as outras crianças ficam animadas para ajudar. Raramente há um problema que a maioria não vivenciou, então resolver esses problemas ajuda todos na sala de aula.

Problemas que afetam todo o grupo geralmente têm a ver com rotinas, regras básicas ou procedimentos que toda a sala segue. Por exemplo, a turma fica muito barulhenta durante o ciclo de trabalho, as crianças não estão colocando seu trabalho no lugar ou levam muito tempo para fazer o lanche. Na Reunião de classe, alunos e professores trazem problemas que afetam todo o grupo. Resolver problemas de todo o grupo ajuda as crianças a desenvolverem um senso de importância, pois elas entendem que suas contribuições fazem a diferença para sua comunidade.

Formato de Reunião de classe na educação infantil

As Reuniões de classe na educação infantil são curtas e agradáveis. Elas começam e terminam em um tom positivo, com a resolução de problemas "como recheio" no meio. Há quatro partes da reunião: primeiro os alunos reservam um tempo para se encorajar e se reconhecer mutuamente, promovendo um senso de conexão. Isso é seguido por uma revisão das soluções escolhidas para problemas anteriores e, em seguida, um segmento breve de resolução de problemas em que as crianças ajudam umas às outras e à comunidade. A reunião dura cerca de dez minutos e termina com uma atividade de conexão.

1. Reconhecimentos e apreciações.
2. Acompanhamento de soluções anteriores.
3. Itens da pauta.
   - Compartilhamento do problema enquanto os outros escutam.
   - Validação.
   - Elaboração conjunta de soluções.
4. Atividade de conexão.

Reconhecimentos e apreciações

Durante esta parte da reunião, as crianças reservam um tempo para reconhecer as contribuições de seus colegas de classe. É um momento especial em que os alunos aprendem a encorajar uns aos outros e a dar e receber reconhecimento, além de começar a perceber o quanto cada pessoa é importante para a comunidade. Para seus alunos mais novos, é útil usar uma linguagem simples para descrever o que são reconhecimentos e apreciações. Por exemplo, "Vamos reservar um tempo para dizer obrigado aos nossos amigos hoje ou dizer algo que nós apreciamos sobre eles". O professor então passa o objeto da fala pela roda. Quando o objeto é passado a uma criança, é a vez dela de falar. Elas podem manifestar um reconhecimento, apreciação ou passar, se quiserem. Depois que a criança falou um reconhecimento ou apreciação (ou passou), ela passa o objeto para a pessoa ao lado dela. Isso continua até que todos tenham tido uma chance de compartilhar. Aqui estão alguns exemplos de comentários que as crianças fazem durante essa parte da reunião:

> *Jonelle, obrigado por trabalhar comigo hoje.*
> *Teresa, obrigada por me ajudar a calçar os sapatos.*
> *Dorian, você é muito bom em construir fortes com Lego.*

À medida que as crianças aprendem a dar reconhecimentos e apreciações, elas podem dizer coisas como: "Gostei muito da sua calça com brilho, Ichiro". Tudo bem isso acontecer durante o período de aprendizagem. Mas, conforme as crianças ficam mais velhas, você pode ensinar um "nível mais alto" de reconhecimento – apreciar o que as pessoas fazem para seu autoaperfeiçoamento ou contribuição.

Seus alunos mais novos podem não entender o propósito ou o conceito de reconhecimento e apreciações imediatamente. Você pode ouvir comentários como:

> *Vamos comprar um novo cachorrinho.*
> *O aniversário da mamãe é hoje.*
> *Quero cumprimentar meu irmão por ser fofo.*

Quando isso acontecer, você pode simplesmente sorrir e agradecer à criança por compartilhar, para que ela se sinta bem por ter feito uma contribuição. No meio do ano, a maioria das crianças mais novas começará a manifestar de forma mais direta, significativa e relevante os reconhecimentos e apreciações. Ensinar as crianças a dizerem o nome do colega a quem estão se dirigindo antes de tudo as ajuda a dar seu reconhecimento ou apreciação diretamente.

Ao introduzir essa parte da reunião, os professores podem mostrar como se recebe um reconhecimento com elegância. Quando uma criança recebe um reconhecimento, ela simplesmente diz: "Obrigado". Essa é uma habilidade social com a qual muitos de nós, adultos, ainda lutamos!

Acompanhamento de soluções anteriores

Em seguida, o professor verifica se as soluções para os problemas recentes estão funcionando. Se não estiverem, eles são colocados de volta na pauta para serem discutidos novamente. Se estiverem, os professores geralmente oferecem uma breve expressão de encorajamento. *Trabalhamos muito para encontrar uma solução para esse problema e descobrimos uma solução juntos!* Esse breve comentário ajuda professores e alunos a se lembrar de que os erros são uma oportunidade de aprendizagem e de quão eficaz podem ser para resolver problemas juntos.

Itens da pauta

Na terceira parte da Reunião de classe, as crianças têm a oportunidade de pedir ajuda com problemas individuais ou problemas que afetam o grupo todo. A pauta é compilada ao longo do dia escolar. Quando as crianças têm um problema que gostariam de colocar na pauta, o professor o escreve. Os itens da pauta são tratados na ordem em que foram colocados nela (os problemas mais antigos primeiro). O professor seleciona o próximo item da pauta e pergunta à criança se ela compartilharia seu problema e como se sente.

Uma criança compartilha seu problema e o grupo oferece sugestões para resolvê-lo. Se for um problema individual, as soluções serão oferecidas ao aluno que está pedindo ajuda. Se o problema afetar todo o grupo, a turma terá a oportunidade de votar sobre a solução. Geralmente, há tempo para um problema a ser resolvido em cada reunião. Reuniões de classe na educação infantil devem ser breves e agradáveis.

O objetivo direto da Reunião de classe na educação infantil é dar às crianças uma oportunidade de obter e receber ajuda do grupo e promover um senso de pertencimento e importância. O objetivo indireto é realmente resolver o problema (crianças pequenas podem aprender a ser incrivelmente capazes de solucionar problemas).

Vamos dar uma olhada em dois exemplos. O primeiro é um problema individual e o segundo é um problema que afeta todo o grupo.

Problema individual

1. **Compartilhar o problema enquanto os outros ouvem:**
   O professor seleciona o próximo problema da pauta. É o problema de Danielle: Maddie escolheu Nicholas como parceiro de trabalho em vez dela. Quando chegar a hora de escolher uma solução, Danielle escolherá aquela que achar que funcionará melhor.
   Professor: *Danielle, seu problema é o próximo na pauta. Você ainda gostaria de obter ajuda do grupo?*
   Danielle: *Sim.*
   Professor: *Você gostaria de usar Incômodos e desejos para nos contar sobre o seu problema?*
   Danielle: *Eu não gostei quando estava trabalhando com Maddie e ela saiu e foi trabalhar com Nicholas. Ele disse que eu não poderia trabalhar com eles porque era uma mesa para duas pessoas. Eu gostaria de poder trabalhar com os dois.*
2. **Validação:** nesse ponto, o professor geralmente faz duas perguntas para oferecer validação e perspectiva para as crianças. Cada pergunta é respondida com um simples levantar de mão. Primeiro o professor pergunta se alguém também já teve esse problema ou tipo de problema; a seguir pergunta se alguém já participou desse problema ou tipo de problema:
   Professor: *Alguém já teve um amigo que escolheu trabalhar com outra pessoa quando você queria trabalhar com ele?*
   A maioria das crianças levanta a mão e oferece validação para a criança que está pedindo ajuda.
   Professor: *Alguém já trabalhou com um amigo e depois decidiu que queria trabalhar com outra pessoa?*
   Mais uma vez, a maioria das crianças levanta a mão, permitindo que a outra criança saiba que não está sozinha. Essa etapa é importante, porque ajuda as crianças a se sentirem seguras ao assumir responsabilidades na Reunião de classe.

A maioria das crianças teve seus sentimentos magoados ou corpos feridos por outra pessoa, e a maioria magoou os sentimentos ou feriu o corpo de outra pessoa. Tudo bem cometer erros; é assim que aprendemos!

3. **Elaborar soluções juntos:** em seguida, o professor pede ideias que ajudarão a resolver o problema. As crianças adoram oferecer soluções para os problemas e geralmente ficam animadas para participar. Um objeto da fala pode ser passado ao redor da roda para reunir ideias, de modo que cada criança tenha a chance de falar. Isso também permite às mais silenciosas uma oportunidade de contribuir. Se passar um objeto da fala também for demorado para o grupo, pedir um número específico de ideias pode ser uma maneira útil de manter a reunião curta (lembre-se, curta e agradável). Depois que as crianças compartilharam suas ideias, a professora repete as sugestões para aquela que está pedindo ajuda e pede que escolha uma para testar.

Ao repetir as sugestões, as crianças mais novas muitas vezes escolhem a última mencionada, pois é dela que se lembram. Então, quando você repetir as sugestões para uma criança, considere dizer a sugestão que você acha que será a mais eficaz por último.

Professor: *Gostaria de pedir ideias que possam ajudar Danielle. Quem tem uma ideia que gostaria de compartilhar?*

Marco: *Você pode perguntar a um professor se você pode trazer uma cadeira e fazer uma mesa para três pessoas.*

Razia: *Você pode encontrar outra pessoa para trabalhar. Eu posso trabalhar com você.*

John: *Você pode contar para sua mãe.*

Professor: *Danielle, que sugestão você gostaria de testar? Você gostaria de pedir ideias aos seus pais, encontrar alguém com quem trabalhar ou perguntar a um professor se pode trazer uma cadeira?*

Danielle: *Vou perguntar a um professor se posso trazer uma cadeira.*

Professor: *Obrigado por nos deixar ajudá-la com seu problema, Danielle. Voltaremos a verificar com você em nossa próxima reunião para ver como sua solução está funcionando para você.*

Se você tiver tempo, pode pedir outro voluntário que precise de ajuda.

Problema de grupo

1. **Compartilhar o problema enquanto os outros escutam:** problemas que afetam o grupo todo são resolvidos da mesma maneira que os problemas individuais, exceto pelo fato de a turma votar para a solução que acha que será mais útil. Samantha colocou um problema na pauta. Ela notou que a sala de aula ficou barulhenta durante o ciclo de trabalho matinal.

   Professor: *Samantha colocou um problema na pauta de hoje. Samantha, parece que você está tendo um problema com a turma, que fala alto demais durante o ciclo de trabalho. Você gostaria de nos contar sobre isso usando Incômodos e desejos?*

   Samantha: *Sim, não gosto quando todo mundo está falando alto. Eu perco as contas quando estou usando a escada de contas. Eu queria que fosse mais silencioso para que eu pudesse me concentrar.*

2. **Validação:** o professor faz as mesmas duas perguntas para validar todas as partes envolvidas no problema – aqueles que têm o mesmo problema e aqueles que contribuíram para isso. Como antes, as crianças levantam a mão para responder.

   Professor: *Quantas crianças se sentiram frustradas porque estava muito barulhento para elas durante o ciclo de trabalho?*

   Professor: *Quantas crianças talvez tenham falado um pouco alto demais durante o ciclo de trabalho?*

3. **Elaborar soluções juntos:** neste momento, o professor pede ideias da turma sobre como resolver o problema. Enquanto as crianças oferecem sugestões, um adulto deve escrevê-las no quadro para as crianças verem (mesmo que ainda não saibam ler). Passar um objeto da fala pela roda dá a todos a chance de participar. Considerando que dar a todas as crianças a chance de contribuir é a meta, se passar o objeto da fala consumir muito tempo para um grupo, peça um número específico de sugestões a fim de manter a reunião curta e agradável. Depois que as sugestões são escritas, o professor lê as ideias e pede às crianças que considerem quais soluções elas acham que funcionará melhor. O professor, então, segue com a votação, lendo cada sugestão novamente.

   Professor: *Podemos ter algumas sugestões para ajudar a resolver esse problema? Quem tem uma ideia que acha que ajudará a manter a turma mais silenciosa?*

Jeremiah: *Acho que devemos colocar um cartaz que diga: "Silêncio, por favor".*
Lilly: *Podemos ter uma tarefa de "monitor de ruído". Isso pode ajudar a garantir que todo mundo saiba ficar quieto. Eu posso ajudar.*
Isaac: *Podemos usar um sinal com a mão para pedir aos nossos amigos que façam menos barulho.*
Matthew: *Podemos falar com o professor se estiver muito alto.*
Porche: *Meu cachorro é sempre barulhento.*
Hazel: *Na turma do meu irmão, eles apagam e acendem as luzes para pedir que todos fiquem quietos.*
Professor: *Obrigado por suas ideias. Gostaria de ler as sugestões que temos. Enquanto leio, por favor, pensem em qual vocês acham que funcionará melhor. Quando terminar de ler as sugestões, vou lê-las novamente, devagar, e nós vamos votar.*

Muito bem, aqui estão as ideias: podemos usar um sinal manual especial para pedir aos nossos amigos que façam menos barulho. Podemos desligar e ligar as luzes rapidamente para pedir aos nossos amigos que façam menos barulho. Podemos falar com o professor. Podemos colocar um cartaz que diz: "Silêncio, por favor", ou podemos ter um "monitor de ruído".

Vocês estão prontos para votar? Quantas pessoas acham que deveríamos ter um sinal especial com a mão para pedir aos nossos amigos que fiquem quietos? Quantas pessoas acham que devemos apagar e acender as luzes rapidamente para pedir aos nossos amigos que façam menos barulho? Quantas pessoas acham que devemos falar com o professor? Quantas pessoas acham que devemos colocar um cartaz dizendo "Silêncio, por favor"? Quantos acham que devemos ter um "monitor de ruído"?

O professor registra os votos e compartilha a solução escolhida pelo grupo.
Professor: *Muito bem, parece que vamos tentar usar um sinal especial para pedir aos nossos amigos que fiquem quietos. Em roda, usamos o sinal de paz [fazendo um "V" com o indicador e o dedo médio]. Por favor, levante a mão se você gostaria de usar esse sinal. Vamos começar amanhã. Obrigado a todos pela sua ajuda.*

Muitas das crianças mais novas, especialmente no início do ano letivo, não serão capazes de se lembrar de todas as sugestões. Tudo bem. O objetivo direto da Reunião de classe é criar um ambiente de pertencimento e importância, dando às crianças a chance de contribuir. Habilidades de resolução de problemas irão se desenvolver naturalmente nesse ambiente, e as crianças mais novas começarão a compreender o processo de votação à medida que seus colegas mais velhos modelarem essa habilidade para elas.

Uma observação rápida: a ordem em que as soluções sugeridas são lidas terá impacto sobre as soluções escolhidas. Ao resolver um problema de grupo, considere ler a sugestão que você acha que será a mais eficaz *primeiro*. As crianças pequenas não conseguem esperar para participar e votar, muitas delas vão votar na primeira sugestão que você ler. (Você também descobrirá que muitas das crianças votarão em mais de uma solução, e às vezes, em todas elas.) Ao resolver problemas individuais, considere ler a solução mais eficaz por *último*, já que as crianças mais novas costumam repetir a última solução lida pelo professor.

Atividade de conexão

A parte final da Reunião de classe na educação infantil é uma breve atividade de conexão. Se você tem um grupo mais ativo, é um momento maravilhoso para brincar de, por exemplo: "O mestre mandou", "Corre cotia" ou "Estátua". Você também pode terminar com uma música ou com a leitura de um livro. Torne-a divertida e atraente, de modo que a Reunião de classe comece e termine com a conexão.

Sugestões para Reuniões de classe eficazes

Duração, frequência e tempo

As Reuniões de classe para crianças na educação infantil devem ser curtas e agradáveis, durando entre dez e doze minutos. Esse é um tempo razoável para os alunos mais novos ficarem sentados e participarem da conversa. Felizmente, os comentários dos alunos do ensino infantil em geral são curtos e objetivos, e isso ajuda a reunião a seguir em frente.

Se possível, é útil fazer as Reuniões de classe todos os dias no ensino infantil. Como as crianças nessa idade ainda vivem "no momento", abordando problemas o mais rápido possível, isso ajudará a manter o processo de resolução de problemas relevante para elas. Se você não pode fazer reuniões diárias, pelo menos três reuniões por semana ajudarão as crianças a aprender a rotina e as habilidades associadas à Reunião de classe. Outro bom motivo para realizar as Reuniões de classe regulares é que as crianças realmente as amam!

Um momento ideal durante o dia para realizar as Reuniões de classe é no final do ciclo de trabalho de três horas, se sua programação permitir. Assim, as crianças que vão para casa ao meio-dia podem ter a chance de participar das reuniões.

Amostra de uma Reunião de classe na educação infantil

Sim, há muitas explicações para cada parte da Reunião de classe. Como você pode fazer tudo isso em um momento apropriado para o desenvolvimento? Com um pouco de prática é mais fácil do que você pensa. Aqui está um exemplo do ritmo para a Reunião de classe no ensino infantil:

1. Reconhecimentos e apreciações (quatro minutos).
2. Acompanhamento de soluções anteriores (um minuto).
3. Itens da pauta (cinco minutos).
4. Atividade de conexão (curta ou longa, conforme apropriado para a sua turma).

A pauta

Na Reunião de classe do ensino infantil, as crianças colocam seus problemas na pauta ao longo do dia. Aqui estão alguns exemplos de problemas que podem ser colocados na pauta da reunião:

- As pessoas demoram muito durante o lanche.
- Dylan me bateu.
- As pessoas estão andando sobre os tapetes de trabalho.
- Fui empurrado no escorregador.
- Não há lanche suficiente.
- Minha amiga disse que eu não poderia ir à festa de aniversário dela.

A pauta em uma sala de aula de ensino infantil é frequentemente exibida em um lugar onde as crianças podem vê-la com facilidade. Como muitos alunos da educação infantil ainda não conseguem escrever, o professor escreverá os problemas na pauta para eles. Muitos professores usam prancheta e papel para manter a pauta. Claro, os alunos que sabem escrever podem escrever seus próprios problemas. Quando as crianças colocam seus problemas na ordem do dia, isso também oferece um período natural para elas se acalmarem. Não é incomum para uma criança já ter resolvido seu próprio problema quando ele surge na Reunião de classe. Quando isso acontecer, certifique-se de oferecer uma palavra de encorajamento à criança por ter resolvido seu problema.

Usando um objeto da fala

Um "objeto da fala" indica de quem é a vez de falar. Algumas turmas usam um bicho de pelúcia, um pedaço de madeira decorado ou um pequeno objeto precioso para esse propósito. (Evite bichos de pelúcia grandes, pois crianças pequenas tendem a esfregar o rosto neles, podendo transmitir muitos germes.) A criança que segura o objeto da fala tem a vez. Normalmente o objeto da fala é passado pela roda quando as crianças estão compartilhando para que todos tenham uma oportunidade para falar. É também um lembrete físico para os alunos que não têm o objeto da fala para ouvir enquanto a pessoa com o objeto da fala tem a vez.

Fazer anotações

É útil para o adulto anotar as sugestões dadas e escolhidas na Reunião de classe. A maioria das turmas usa um caderno especial para anotar as soluções sugeridas. No início de cada reunião, o professor revisará os esforços de resolução de problemas da semana anterior. Isso dá às crianças a oportunidade de rever suas soluções para os problemas e ver se eles estão funcionando ou não. Se uma solução não estiver funcionando, o aluno ou a turma pode colocá-lo de volta na pauta para discussão adicional. A "pesquisa" feita para o problema que não funcionou antes os ajudará a encontrar outra solução que poderia funcionar.

A roda

Como todas as reuniões de grupo em uma sala de aula montessoriana, Reuniões de classe no ensino infantil são realizadas em roda. Isso dá a todos a chance de se verem, o que facilita a comunicação aberta e direta e cria uma atmosfera de igualdade e democracia. Ninguém tem um lugar de honra, e todos na toda são encorajados a participar. Crianças de 2 anos e meio e 3 anos provavelmente precisarão de um pouco de prática para sentar em roda no início do ano, pois essa é uma habilidade em si.

Habilidades de comunicação

Sempre que possível, encoraje as crianças a usar Incômodos e desejos (Capítulo 13) quando compartilham seus problemas na Reunião de classe. Isso ajuda a promover a comunicação positiva e auxilia as outras crianças a ouvirem abertamente o comunicador.

Fiquei incomodado quando não tive a chance de usar o novo material de pintura a dedo. Eu gostaria de poder usá-lo esta tarde.

Apresentando as Reuniões de classe

Como você pode imaginar, se começar a introduzir as Reuniões de classe no início do ano, precisará fazer isso lentamente. Em janeiro, você provavelmente terá alguns jovens alunos do ensino infantil rolando no chão enquanto você tenta conduzir uma roda. Não se preocupe; isso acontece todos os anos.

Quando a maioria das crianças da sala consegue se sentar em uma pequena roda, é hora de apresentar as Reuniões de classe. A melhor maneira de apresentar as Reuniões de classe para as crianças do ensino infantil é um passo de cada vez. Comece modelando como fazer cada seção da reunião e, em seguida, dê tempo para o grupo praticar. Aqui está um exemplo de programação que pode ser útil.

- Janeiro (ou primeiro mês do ano letivo): apresente Reconhecimentos e apreciações e faça uma atividade de conexão. Pratique diariamente.

- Primeira quinzena de fevereiro (ou segundo mês do ano letivo): apresente a pauta para problemas individuais. Comece com problemas fictícios, depois comece usando problemas reais quando o grupo estiver pronto.
- Primeira quinzena de março (ou terceiro mês do ano letivo): apresente itens da pauta para problemas que afetam o grupo. Novamente, comece com problemas fictícios e, em seguida, resolva problemas reais quando a turma estiver pronta.

O que você descobrirá é que uma programação como essa funcionará bem para o primeiro ano, dependendo da prontidão das crianças em sua sala. À medida que a Reunião de classe se torna parte da cultura da sua sala, o tempo que leva para apresentá-la a cada ano vai encurtando. Após dois anos de prática das Reuniões de classe, provavelmente mais da metade de sua turma terá pelo menos um ano inteiro de experiência com elas, e os alunos do segundo e terceiro anos darão o exemplo.

A Reunião de classe na educação infantil: perguntas e respostas

1. **Tenho outras rodas ou reuniões todos os dias. Adicionar uma Reunião de classe parece muito. Devo fazer os dois?**
   As Reuniões de classe da Disciplina Positiva são diferentes de outras rodas ou reuniões. A maioria das rodas é gerada pelo professor. O professor apresenta o "tópico" e conduz a uma discussão que pode ou não envolver os alunos.
   Uma Reunião de classe da Disciplina Positiva é gerada pelos alunos. Em outras palavras, as crianças são ensinadas a perceber o "bem" que veem a cada dia e a compartilhar reconhecimentos durante o horário da Reunião de classe. Elas criam a pauta adicionando os itens que lhes dizem respeito (com itens ocasionais acrescentados pelo professor). As crianças elaboram juntas as soluções e escolhem a solução que funciona melhor para elas. Muitas habilidades socioemocionais são praticadas durante a Reunião de classe da Disciplina Positiva.

2. **As Reuniões de classe realmente precisam ser realizadas todos os dias?**
   As crianças aprendem alguma habilidade apenas por meio da prática esporádica? As Reuniões de classe são mais eficazes quando realizadas de forma

consistente e frequente. Como parte da cultura da sala, elas promovem a independência socioemocional e um senso de pertencimento e importância que levam à redução do mau comportamento e à normalização. Por esse motivo, as Reuniões de classe reduzem o tempo que os professores gastam lidando com os desafios de comportamento. A maioria dos professores montessorianos rapidamente entende que as habilidades que seus alunos praticam durante as Reuniões de classe são tão importantes (se não mais importantes) do que qualquer outro assunto que eles possam aprender.

Ao agendar as Reuniões de classe, reserve um tempo para avaliar o número de rodas que você tem a cada dia, e o quanto elas são produtivas. Reunir-se como um grupo inteiro não está errado; existem habilidades importantes para serem aprendidas ao participar de atividades em grandes grupos. No entanto, como as crianças na sala de ensino infantil precisam de liberdade de movimento e independência, e aprender por meio de experiências concretas, é importante minimizar o tempo da roda e maximizar a atividade independente.

Na minha escola (de Chip), sentimos fortemente que a Reunião de classe foi um elemento essencial na preparação do ambiente socioemocional, mas estávamos tendo dificuldade para encontrar tempo em nossa programação. Nós analisamos o número de rodas que realizamos durante o dia em nossas salas de ensino infantil, e o que estávamos fazendo durante aquelas rodas. Descobrimos que algumas de nossas rodas não eram muito produtivas e, sem querer, tornaram-se parte da cultura da sala. Por exemplo, debatemos a eficácia da introdução do calendário mensal para os alunos da educação infantil. As crianças realmente entendem a marcação do tempo ao longo de um período de trinta dias? Concluímos que elas não entendem, e que o conceito de tempo era adequado ao desenvolvimento de uma sala de aula do fundamental. Também concluímos que as lições de vida prática eram mais impactantes se fossem apresentadas para as crianças individualmente, em vez de fazer isso em um grande grupo.

Ao examinar nossas práticas de roda dentro do contexto da filosofia montessoriana, descobrimos que tínhamos muito tempo para realizar Reuniões de classe. No final, as crianças se tornaram mais independentes e houve menos casos de mau comportamento crônico. Além disso, os professores foram liberados para dar mais aulas e promover a normalização.

3. **Crianças de 3 anos não são muito pequenas para as Reuniões de classe?**
No início do ano, muitas crianças mais novas simplesmente acompanham ou observam a Reunião de classe até que estejam prontas quanto ao aspecto do desenvolvimento e tenham tido experiência com o processo. Essas crianças mais novas estão apenas começando a desenvolver a habilidade de raciocinar e resolver problemas. No entanto, a resolução de problemas é um objetivo indireto da Reunião de classe. O objetivo direto da Reunião de classe no ensino infantil é criar um ambiente socioemocional que promova um senso de pertencimento (amor/aceitação) e importância (responsabilidade) nas crianças, o que reduz as tentativas desajeitadas das crianças (mau comportamento) como uma forma de encontrar pertencimento e importância.

Queremos repetir uma história contada no livro *Disciplina Positiva para crianças de 3 a 6 anos*.[99] Em uma roda de crianças de 3, 4 e 5 anos discutia-se o problema das pessoas que jogam cascalho no parquinho. As crianças de 4 e 5 anos estavam tendo ótimas ideias para resolver o problema e, então, uma criança de 3 anos disse: "Eu comi bananas no meu cereal hoje", e passou o objeto da fala para a próxima pessoa. Isso é típico e apropriado do ponto de vista do desenvolvimento. À medida que se desenvolvem, eles em breve estarão adicionando mais sugestões úteis. Enquanto isso, estão aprendendo com o exemplo e se tornando parte da comunidade.

As Reuniões de classe oferecem oportunidades do mundo real para praticar e modelar as lições de Graça e Cortesia que você tem dado aos alunos. Elas também podem ser usadas como um momento para observar a quais lições de Graça e Cortesia os alunos podem precisar ser apresentados, ou precisam de revisão.

4. **Os professores podem colocar problemas na pauta?**
Claro. Os professores fazem parte da comunidade. Embora os professores devam ter cuidado para não monopolizar a pauta, colocar problemas na pauta ocasionalmente mostra às crianças que você precisa de ajuda também – e eles adoram ajudar!

5. **Os professores devem participar dos reconhecimentos e apreciações?**
Certamente. No entanto, na sala de aula da educação infantil, você vai querer ter cuidado ao dar reconhecimentos individuais às crianças, a menos que tenha uma turma muito pequena. Se você manifestar um reco-

nhecimento ou apreciação por uma criança, as outras crianças podem se sentir excluídas. Considere dar um reconhecimento ou apreciação para todo o grupo, em vez de fazê-lo para uma criança individualmente. No entanto, existem muitas oportunidades ao longo do dia para oferecer afirmações de encorajamento para crianças individualmente!

6. **E se uma criança não receber um reconhecimento durante os Reconhecimentos e apreciações?**

    Apresente Dar, receber ou passar. Isso significa que, conforme o "objeto da fala" é passado ao redor da roda, eles podem escolher "dar um reconhecimento", "pedir um reconhecimento" ou "passar". É importante esperar até que todos tenham a chance de praticar a habilidade de dar reconhecimentos antes de apresentar Dar, receber ou passar, porque você quer certificar-se de que as crianças não estão passando porque não sabem como dar um reconhecimento.

    Quando introduzi pela primeira vez o Dar, receber ou passar, eu (Jane) temia que uma criança pudesse pedir para "receber" um reconhecimento e ninguém responderia. O oposto aconteceu. Tantas crianças levantaram a mão para dar um reconhecimento (mesmo para as crianças que não eram muito populares) que tivemos que definir um limite de quanto tempo uma criança poderia levar para escolher a pessoa para fazer o reconhecimento. Dar, receber ou passar é uma ótima oportunidade para ensinar as crianças a pedirem o que elas querem, e que outras crianças demonstrem preocupação, empatia e ajuda.

7. **Devo usar problemas reais ao apresentar a parte da Reunião de classe de resolver problemas?**

    Use problemas fictícios ao apresentar e praticar a resolução de problemas. No entanto, depois de praticar o processo algumas vezes, é hora de começar a resolver problemas reais.

8. **As crianças devem usar nomes de outras crianças quando estamos resolvendo problemas? Não vai envergonhá-las?**

    O problema de não usar nomes de crianças é que os alunos estão muito sintonizados com a dinâmica social da sala de aula. Elas muitas vezes sabem quem é o "fulano". Se não sabem, elas podem ficar intrigadas sobre quem é o "fulano". Isso pode estimular os alunos a ficarem distraídos tentando descobrir "quem fez isso" em vez de ajudar a resolver o real problema.

Além disso, as crianças aprendem a gostar de ter seu nome mencionado porque sabem que receberão ideias úteis – e podem escolher a solução de que mais gostam.

9. **E se as crianças não quiserem vir à Reunião de classe?**

Se você tiver alguns alunos mais jovens que não querem frequentar, por que não deixá-los observar de fora da roda? Algumas crianças precisam observar as atividades em grupo antes de se sentirem confortáveis para participar. Para essas crianças, se lhes for dada a liberdade de aderir quando se sentirem prontas, muitas vezes elas se juntam em um dia e nunca perdem um encontro. A maioria das crianças adora Reuniões de classe. Vários professores têm observado que, quando nenhum problema foi adicionado à pauta, os alunos dizem: "Ainda podemos fazer os reconhecimentos".

Para uma criança mais velha que não quer vir, você pode simplesmente afirmar que a turma de fato se beneficiaria com a contribuição dela, e que, se ela gostaria de ter uma palavra a dizer sobre como os problemas são resolvidos, então precisaria comparecer.

10. **E se uma criança trouxer um problema pessoal delicado de casa?**

Isso acontecerá ocasionalmente. Uma criança pode revelar que seus pais estão se divorciando, ou que um dos pais foi demitido, ou que um membro da família foi preso. Se você achar que é apropriado, quando isso acontecer pergunte à criança se ela gostaria da ajuda do grupo. Se a criança disser que quer ajuda, peça que levante a mão quem já sentiu o mesmo. *Você realmente deve estar preocupado. Alguém mais se preocupou com um problema de casa?* Enquanto outras crianças podem não ter vivenciado a mesma situação, a maioria se mostra preocupada com sua família. Você pode, então, perguntar se alguém gostaria de oferecer sugestões para ajudar. As crianças são muito amáveis por natureza. Empoderá-las para ajudar um colega de classe magoado oferece uma oportunidade para elas expressarem compaixão e servirem a um membro de sua comunidade. Também ajuda uma criança que sofre a se sentir cuidada e conectada. Se você acha que a questão levantada não é apropriada para a idade das crianças, pode simplesmente expressar sua preocupação e perguntar à criança se ela pode conversar com você sobre isso após a reunião.

PERGUNTAS PARA DISCUSSÃO

1. Qual é a sensação de ser incluído no processo de tomada de decisões que afetam você e seu ambiente?
2. Como você se sentiria como criança ao participar de Reuniões de classe?
3. Quais obstáculos você vê que podem surgir na Reunião de classe do ensino infantil? Que ideias você tem para superar esses bloqueios?
4. Que decisões as crianças podem tomar sobre si mesmas e sobre seu lugar na comunidade como resultado das Reuniões de classe?
5. Quais são as características que as crianças que participam das Reuniões de classe podem desenvolver?
6. Que hora do dia você considera mais eficaz para conduzir as Reuniões de classe?
7. Quais lições em grande grupo ou outras rodas você tem que podem ser conduzidas de maneira diferente para abrir espaço para as Reuniões de classe?

17

REUNIÃO DE CLASSE NOS ENSINOS FUNDAMENTAL E MÉDIO

Devemos ver o indivíduo em seu lugar na sociedade, porque nenhum indivíduo pode se desenvolver sem a influência da sociedade. É como a nutrição do corpo – podemos falar sobre comida, mas se não houver comida nosso estômago não pode digerir nada. Embora tenhamos pulmões, não podemos respirar sem ar. – Maria Montessori[100]

Podemos nos tornar sensíveis às necessidades dos outros; podemos nos sentir valorizados, respeitados e apreciados. Podemos aprender a aliviar os problemas dos outros. Não por palavras, mas por ações. Devemos trabalhar para o estabelecimento geral da dignidade humana, respeito mútuo e assistência mútua para realmente ter uma "sociedade democrática". – Rudolf Dreikurs[101]

Nia recostou-se na cadeira e olhou para a tela do computador. Em dez anos como professora montessoriana, ela nunca tinha recebido um *e-mail* como esse. A autora era Zoe, a mãe de Charlotte, uma aluna de 11 anos da sala de Nia. Zoe estava furiosa. Alguém tinha aberto o almoço de Charlotte na escola e colocado frutas silvestres em seu sanduíche. Embora as pequenas bagas vermelhas não fossem letais, elas eram levemente venenosas e teriam deixado Charlotte doente se ela as tivesse comido. O *e-mail* estava repleto de ameaças de retirada e potencial ação legal se uma ação punitiva rápida não fosse adotada contra a criança responsável. Nia ficou perturbada. Muitas pessoas seriam afetadas.

No dia seguinte, Nia se encontrou com o diretor da escola, Raymond. Juntos eles identificaram as crianças que colocaram as frutas no sanduíche de

Charlotte e fizeram um plano para abordar a situação com as crianças e seus pais. Raymond, que vinha praticando a Disciplina Positiva por muitos anos, disse a Nia: "Mantenha o foco nas crianças. Vou me preocupar com os pais. Vamos resolver isso da mesma forma que resolvemos todos os problemas – como uma comunidade".

Mais tarde naquele dia, Raymond se reuniu individualmente com os pais de todas as crianças envolvidas no incidente. Ele lhes assegurou que a escola iria levar o incidente a sério, e que o foco dos esforços da escola seria restabelecer um ambiente emocional seguro e em reparar a confiança e os relacionamentos que tinham sido prejudicados. A mãe de Charlotte disse a Raymond que esperava que as meninas fossem punidas. Raymond respondeu: "Parece que você quer ter certeza de que as crianças que fizeram isso saibam que o que elas fizeram foi sério, e que Charlotte saiba que está sendo apoiada".

A mãe de Charlotte respondeu: "Sim, é isso que eu quero".

Raymond disse: "Queremos a mesma coisa. Se eu puder garantir que esses serão os resultados, você pode deixar a metodologia por minha conta?". A mãe de Charlotte concordou relutantemente.

Na Reunião de classe do dia seguinte, Charlotte explicou ao grupo o que ocorrera. Ela falou com Annabelle e Ling e compartilhou quão magoada estava, e como o incidente a deixara com medo. Annabelle e Ling estavam muito arrependidas. Elas ficaram com raiva de Charlotte por excluí-las intencionalmente de outro grupo de amigos, mas não tinham percebido quão sérias suas ações tinham sido. Ambas se desculparam com Charlotte e o restante da classe. Quando chegou a hora de as outras crianças compartilharem seus sentimentos, muitas delas explicaram como se sentiram inseguras como resultado do incidente, enquanto algumas procuraram validar os sentimentos de Charlotte. Uma criança disse a Charlotte: "Eu realmente sinto muito pelo que aconteceu com você. Você deve ter se sentido muito sozinha e com medo. Isso não deveria ter acontecido. Mas eu entendo quão irritada Annabelle e Ling estavam porque você encorajou seus outros amigos a excluí-las". Outra criança expressou seu pesar por não dizer nada a um adulto quando ouviu falar do plano de colocar as frutas silvestres no sanduíche de Charlotte.

Como muitos problemas sociais ou comportamentais em uma sala do ensino fundamental ou médio, esse problema afetou mais do que apenas as pessoas diretamente envolvidas; teve um efeito cascata em toda a turma. Depois de todos compartilharem seus pensamentos e sentimentos, Nia perguntou a

Charlotte, Annabelle e Ling se elas queriam ajuda do grupo para encontrar soluções que as ajudassem a reparar seu relacionamento e resolver seus problemas. Todos consentiram. Cada membro da classe teve a oportunidade de oferecer ideias de apoio às meninas. Algumas das ideias foram dadas especificamente a Charlotte ou Annabelle/Ling, e algumas foram dadas a todas elas.

As ideias incluíram:

Falar diretamente com alguém quando você tem um problema.

Trazer problemas para a Reunião de classe a fim de obter ajuda antes que as coisas se tornem mais sérias.

Avisar um adulto se você souber de algo inseguro.

Passar mais tempo com outros amigos.

Dizer "não" quando alguém tem uma ideia que não é segura.

Annabelle, Charlotte e Ling se reunirem para falar sobre sua amizade.

Ling e Annabelle escreverem uma carta de desculpas para a família de Charlotte.

Depois que as crianças criaram uma lista de soluções, Charlotte, Ling e Annabelle escolheram as ideias que achavam que funcionariam melhor para elas. Charlotte escolheu passar mais tempo com outros amigos. Ling e Annabelle escolheram trabalhar em falar diretamente com Charlotte na Mesa da paz se elas tivessem um problema, e Annabelle reconheceu que ela queria praticar dizer "não" quando se sentisse pressionada a concordar com algo que achava que não estava bom.

Naquela noite, Nia ligou para a mãe de Charlotte, Zoe, e enviou um *e-mail* para todos os outros pais da turma explicando a eles o que aconteceu na Reunião de classe e o quanto tinha sido aprendido por todos (não apenas as crianças envolvidas diretamente). Na semana seguinte, Nia e Raymond se encontraram com Zoe. Quando ela entrou no escritório, estava visivelmente relaxada. A reunião foi curta e terminou com Zoe compartilhando: "Obrigada por fazer Charlotte e nossa família se sentirem apoiadas. Charlotte aprendeu muito com essa experiência e tomou algumas decisões muito maduras. Ainda estou com raiva das outras garotas, mas fico feliz que elas não tenham precisado ser expulsas para aprender algo com isso também. Você criou um lugar especial aqui".

A sala de aula montessoriana nos ensinos fundamental e médio e a Reunião de classe

Um segundo lado da educação nessa idade diz respeito à exploração da criança do campo moral, a discriminação entre o bem e o mal. Ela não é mais receptiva, absorvendo impressões com facilidade, mas quer entender por si mesma, não se contentando com a mera aceitação dos fatos. Conforme a atividade moral se desenvolve, ela quer usar seu próprio julgamento, que muitas vezes será bem diferente daquele de seus professores. – Maria Montessori[102]

À medida que as crianças entram no segundo plano de desenvolvimento, seus relacionamentos sociais assumem um novo significado e importância. Elas aprendem fazendo, socialmente! Maria Montessori apelidou esse plano de desenvolvimento "A idade da grosseria". Ela não quis dizer que todas as crianças no ensino fundamental são rudes, mas que, em suas tentativas de encontrar um senso de pertencimento em suas comunidades (escola, casa etc.), elas aprendem cometendo erros – muitos deles. As tentativas de construir relacionamentos com colegas e adultos são muitas vezes estranhas, e parecem rudes.

As relações entre colegas são mais complexas, e as dificuldades sociais mais sutis, conforme as crianças se aproximam da adolescência. Os relacionamentos entre colegas tornam-se influenciadores significativos no comportamento dos alunos, e estes se tornam capazes de resolver seus próprios problemas com o apoio adequado de colegas e adultos. Se os adultos exercerem muito controle, enfrentarão disputas por poder e ciclos de mau comportamento. Imagine como os alunos da sala de Nia reagiriam se ela e Raymond adotassem uma abordagem punitiva com Annabelle e Ling. Como poderia ser o comportamento de Annabelle e Ling depois de retornarem de uma suspensão?

Os alunos do ensino fundamental e médio precisam de um equilíbrio de apoio, orientação e independência durante esse período crucial de desenvolvimento social. A Reunião de classe oferece esse equilíbrio. A independência é privilegiada conforme os alunos ajudam uns aos outros a resolver dificuldades sociais. A pressão dos colegas é transformada em suporte de colegas. Os professores são capazes de assumir o papel de guia, em vez de juiz e júri, dentro da estrutura da Reunião de classe, criando uma atmosfera de respeito mútuo.

Tipos de problemas resolvidos na Reunião de classe dos ensinos fundamental e médio

Alguns tipos diferentes de problemas podem chegar à pauta da Reunião de classe em uma sala de aula do ensino fundamental ou médio. Em geral, eles podem ser classificados em quatro categorias:

- Problemas individuais: um aluno está procurando ajuda do grupo para resolver um problema que o afeta individualmente. Alguns exemplos: um aluno que está tendo dificuldade para terminar o trabalho durante o ciclo, um aluno que está tendo problemas com a organização, um aluno que não foi escolhido para brincar lá fora, um aluno que está tendo problemas para fazer amigos etc.
- Problemas que afetam todo o grupo: são problemas que afetam a comunidade da sala. Alguns exemplos de problemas comunitários podem ser: as pessoas não estão guardando seu trabalho, as lições são muito longas, os alunos estão perturbando a roda, as pessoas estão levando para casa os lápis da sala de aula, trabalhos de sala não estão sendo feitos etc.
- Problemas interpessoais: são conflitos sociais que ocorrem entre dois ou mais alunos. Às vezes os conflitos entre alunos podem afetar todo o grupo, impactando a cultura da sala de aula, como o exemplo de Charlotte, Annabelle e Ling. Quando alunos precisam de ajuda para resolver conflitos, eles podem pedir ajuda à turma por meio da Reunião de classe, que oferece um formato estruturado para lidar com tais conflitos com respeito e eficácia.
- Ideias: ocasionalmente, os alunos podem ter uma ideia que gostariam de trazer para o professor e para a comunidade. Pode não ser uma solução para um problema, mas simplesmente uma maneira de tornar as coisas melhores, ou um plano para melhorar o que já está indo bem. Os exemplos podem incluir: uma ideia para uma excursão, maneiras de aprimorar as áreas atuais de estudo (como um projeto de ciências), uma nova forma de comemorar aniversários ou uma sugestão para ter uma celebração especial. (Ver a história da excursão, página 247, para um exemplo da vida real.)

Formato de Reunião de classe dos ensinos fundamental e médio

O formato de Reunião de classe tem quatro partes. A reunião começa com os alunos dando Reconhecimentos e apreciações uns aos outros para construir um senso de conexão e encorajamento. Isso é seguido pela verificação das soluções anteriores e, em seguida, uma sessão de resolução de problemas em que os membros da comunidade ajudam e apoiam uns aos outros e a comunidade. Finalmente, a reunião termina com uma atividade de conexão.

1. Reconhecimentos e apreciações.
2. Acompanhamento de soluções anteriores.
3. Itens da pauta
   – Compartilhe o problema enquanto os outros escutam.
   – Discussão.
   – Elaborar soluções juntos.
4. Atividade de conexão.

Reconhecimentos e apreciações

A Reunião de classe começa com reconhecimentos e apreciações; isso cria um senso de comunidade e conexão, e um campo fértil de cooperação e disponibilidade para a resolução efetiva e democrática de problemas. É um ritual especial do qual as crianças vão se lembrar muito depois de deixar sua sala de aula.

O facilitador da reunião abre a reunião perguntando: "Será que alguém gostaria de começar os reconhecimentos e apreciações?" Um "objeto da fala" é passado ao redor da roda, e cada pessoa tem a chance de dar um reconhecimento ou apreciação a outro membro da comunidade da sala. Os alunos podem passar se quiserem.

Quando todos têm a chance de dar um reconhecimento ou apreciação, o facilitador ou professor pode perguntar: "Alguém precisa de um reconhecimento ou apreciação que ainda não recebeu?" Esse pode ser um momento muito tocante. Se alguém levanta a mão, o facilitador ou professor pergunta: "Alguém tem um reconhecimento ou apreciação para _____ ?". É incrível como

Reunião de classe nos ensinos fundamental e médio

as crianças podem ser amáveis e educadas quando o ambiente socioemocional encoraja um senso de pertencimento e importância.

Veja como soa a parte dos reconhecimentos e apreciações da reunião:

> *Will, obrigado por me dar o teste de ortografia hoje.*
> *Lana, você trabalhou muito naquela pesquisa sobre animais hoje. Bom trabalho.*
> *Miguel, agradeço muito por você ter me ajudado a resolver meu problema esta manhã.*
> *Dujna, eu realmente aprecio o cuidado que você tem tido ao alimentar os porquinhos-da-índia.*

Reconhecimentos diretos, significativos e específicos proporcionam ao receptor um senso de conexão. *Direto* significa que os alunos falam diretamente com a pessoa a quem manifestam reconhecimento ou apreciação. Observe como, nos Reconhecimentos e apreciações mencionados, o orador usa o nome da outra pessoa primeiro. Isso ajuda a evitar a armadilha de fazer comentários "generalizados" ou impessoais, como: "Quero agradecer à Maria por me ajudar com matemática". *Significativo* quer dizer que os reconhecimentos ou apreciações são para algo que fez diferença para outra pessoa. *Específico* significa que o reconhecimento ou apreciação é para uma ação específica. Então, em vez de dizer: "Sam, obrigado por ser um bom amigo", um aluno poderia dizer: "Sam, obrigado por me ouvir esta manhã. Você é um bom amigo".

Algumas comunidades de sala de aula também usam a parte dos Reconhecimentos e apreciações da reunião para dar aos membros a oportunidade de fazer reparações ou se desculpar. Às vezes, alunos ou professores cometem erros publicamente, e a Reunião de classe oferece um ambiente aberto e de apoio para fazer as pazes publicamente.

Os alunos da classe de Nia desenvolveram uma grande confiança e respeito por ela porque ela sempre foi rápida em assumir a responsabilidade por seus erros. Não muito antes do encontro com Charlotte, Annabelle e Ling, Nia perdeu a paciência com Jeremy, que estava interrompendo a aula de geografia. Mais tarde naquele dia, durante a Reunião de classe, quando foi a vez de Nia dar um reconhecimento ou agradecimento, ela aproveitou a oportunidade para se desculpar com Jeremy. "Jeremy, esta manhã eu gritei com você durante a aula de geografia. Pedi que você fosse respeitoso, mas não estava sendo respeitosa com você. Você deve ter se sentido envergonhado e magoado. Sinto muito".

Acompanhamento de soluções anteriores

A segunda parte da Reunião de classe é dedicada a uma revisão de problemas passados. A secretária (ver "Tarefas dos alunos na Reunião de classe" na página 242) analisa o(s) problema(s) que foram resolvidos anteriormente e pergunta se as soluções escolhidas foram eficazes. Caso contrário, existem duas opções: o problema pode ser colocado de volta na pauta da Reunião de classe se precisar de mais discussão, ou o(s) aluno(s) envolvido(s) podem tentar uma das outras soluções que foram sugeridas e que estão listadas no caderno da Reunião de classe. Ao revisar problemas passados, as crianças têm a oportunidade de aprender com seus erros e validar seus sucessos.

Itens da pauta

Em seguida, a turma passa para a parte de resolução de problemas da Reunião de classe.

1. **Compartilhar os problemas enquanto os outros escutam:** a primeira etapa do processo de resolução de problemas é para a pessoa cujo problema é o próximo na pauta compartilhar seu problema e seus sentimentos sobre ele. As crianças são encorajadas a compartilhar seus sentimentos usando a Linguagem "eu". E foi dessa forma que Charlotte compartilhou sobre seu problema com Annabelle e Ling: "Annabelle e Ling, eu me senti magoada e insegura quando descobri que vocês colocaram frutas silvestres no meu sanduíche. Estou me sentindo preocupada porque vocês estavam tão bravas que queriam me machucar. Eu quero encontrar uma maneira de resolver isso com vocês e me sentir segura novamente".
Aqui estão alguns outros exemplos do que as crianças podem dizer:
Estou preocupado porque há muito empurrão na fila quando nós voltamos do parque e as pessoas estão se machucando. Eu quero encontrar uma maneira mais segura de entrar na sala.
Fiquei envergonhado quando estava sendo provocado sobre meu tópico de pesquisa. Eu gostaria que pudéssemos encontrar uma maneira de sermos mais gentis com as pessoas que gostam de coisas diferentes.

2. **Discussão:** depois que Charlotte compartilhou sobre seu problema com o uso da Linguagem "eu", Nia perguntou: "Você gostaria de alguma ajuda da turma?". Charlotte disse que sim e, então, o objeto da fala foi passado ao redor da roda, dando a todos a chance de participar da discussão.

   A discussão é uma etapa importante e a turma deve ser encorajada a "discutir sem corrigir". Em última análise, esse processo cria empatia, compreensão e clareza, e ajuda a garantir que a solução oferecida no processo de elaborar ideias será eficaz.

   "Discutir sem corrigir" oferece:

   1. Validação para a pessoa que está com o problema.

      Eu entendo como você se sente, Charlotte. Já fui magoado pelos meus amigos também.

   2. Diferentes perspectivas sobre o problema.

      Isso também me fez sentir insegura. Deixamos os almoços em nossos armários, e nunca pensei que algo assim pudesse acontecer.

   3. Compreensão do que está causando o problema.

      Charlotte, eu me pergunto se Annabelle e Ling teriam ficado com tanta raiva se você não as tivesse excluído.

   4. Um lugar seguro para assumir responsabilidades.

      Eu soube disso e não fiz nada. Sinto muito.

   Quando os alunos começam a assumir responsabilidades sem serem instigados a fazer isso, você saberá que conquistou algo especial na Reunião de classe. Nia havia criado um ambiente baseado em confiança e respeito mútuo, e com foco em soluções, não em culpas. Os alunos dela sentiam-se seguros para assumir a responsabilidade, sabendo que ninguém teria problemas na Reunião de classe. Eles foram capazes de trabalhar juntos a fim de encontrar uma solução para um problema social sério, e foi reforçado que os erros são uma oportunidade incrível de aprendizagem.

   Se a etapa de discussão for bem realizada pelo grupo, a solução para o problema original frequentemente se tornará evidente. A criança que pedir ajuda na resolução de problemas pode decidir que não precisa das ideias de soluções dadas pelo grupo. E está tudo bem.

3. **Elaborar soluções juntos:** após a discussão, o processo de focar as soluções envolve três etapas:

   1. Elaboração de ideias (*brainstorming*).
   2. Avaliação.

3. Escolha.

Elaboração de ideias (brainstorming): durante esse processo, o professor ou facilitador pergunta se alguém gostaria de iniciar o processo de *brainstorming* e, então, passa o objeto da fala para essa pessoa, que oferece sua solução e passa o objeto da fala para a pessoa da sua esquerda ou da direita e, então, essa pessoa oferece uma solução ou a repassa, na mesma direção. À medida que as soluções são oferecidas, a secretária escreve as soluções no caderno da sala, e o escrevente as registrará de modo que a turma possa vê-las (no quadro branco, *flipchart*, lousa etc.)

É importante que o processo de elaboração de ideias seja livre de avaliação enquanto os alunos oferecem sugestões. Os alunos devem apenas oferecer soluções, não comentar sobre as sugestões de outros alunos, mesmo que seja um comentário positivo. Isso protege o processo criativo de *brainstorming* e mantém um ambiente seguro para todos contribuírem. O que pode parecer uma ideia boba para um aluno pode dar inspiração a outro. As ideias se baseiam em sugestões durante o processo de *brainstorming*, e a avaliação de ideias durante o processo pode quebrar o fluxo e fazer os alunos mais tímidos ficarem quietos em vez de participar.

Durante o processo de *brainstorming* para Charlotte, Annabelle e Ling, as seguintes sugestões foram feitas:

Fale diretamente com alguém quando tiver um problema.

Traga os problemas para a Reunião de classe para obter ajuda antes que as coisas se tornem mais sérias.

Annabelle e Ling devem ser suspensas.

Informe um adulto se souber de algo que afeta a segurança.

Deixe para lá; frutas silvestres não são tão importantes assim.

Passe mais tempo com outros amigos.

Diga "não" quando alguém tiver uma ideia que afete a segurança.

A escola deve comprar armários com cadeados de combinação.

Annabelle, Charlotte e Ling devem se encontrar para falar sobre sua amizade.

Ling e Annabelle deveriam escrever uma carta de desculpas à família de Charlotte.

Avaliação: algumas das sugestões do *brainstorming* foram obviamente questionáveis. Quando surgiram, Nia não comentou sobre elas no momento. Ao esperar, ela e os alunos puderam avaliar as soluções em vez de avaliar a pessoa que ofereceu a solução. Pense nos critérios dos Três "R" e um "U" que foram introduzidos no Capítulo 8; esses critérios podem ser aplicados à parte da elaboração de ideias na Reunião de classe.

Todas as sugestões devem ser:

Razoáveis

Respeitosas

Relacionadas

Úteis

Ao revisar as soluções de elaboração de ideias acima, Nia pediu aos alunos para perceber se alguma delas não se encaixava nos Três "R" e um "U". Os alunos identificaram três soluções que não atendiam aos critérios, e a secretária as riscou:

Uma solução não era útil: *Annabelle e Ling deveriam ser suspensas.*

Uma solução não respeitava Charlotte: *Deixe para lá, frutas silvestres não são tão importantes assim.*

Uma solução não era razoável: *A escola deve comprar armários com cadeados de combinação.*

Escolha: depois de avaliar os Três "R" e um "U", é hora de escolher uma solução. Quando as sugestões forem dadas a um aluno individual, ele escolhe a solução que acha que lhe será mais eficaz. Quando chegou a hora de Charlotte, Annabelle e Ling escolherem as soluções, cada uma delas escolheu aquela que pensava que seria mais útil para elas e para a situação.

Quando os professores aprendem sobre as Reuniões de classe, muitas vezes perguntam: "Como fazer para evitar que as reuniões se tornem punitivas?" Por trás dessa questão está um mal-entendido. Eles imaginam que a comunidade da sala está tomando decisões para a pessoa cujo problema está na ordem do dia. Na realidade, como os alunos sempre escolhem as soluções que acham que serão mais eficazes para eles, não é punitivo.

Se o problema for um problema comunitário (que afeta o grupo todo), então a turma vota nas soluções que acha que seriam mais eficazes. A maioria simples geralmente funciona bem. Se uma solução acabar não sendo eficaz, lembre-se de que você analisará o assunto na próxima Reunião de classe.

Outra solução pode ser escolhida na lista original, ou o problema pode ser colocado de volta na pauta do dia.

Atividade de conexão

Comece e termine a Reunião de classe com uma nota positiva, com conexão. Para encerrar a reunião, a turma pode fazer um breve jogo em grupo, fazer uma atividade que una a turma ou usar o tempo para planejar uma festa de classe ou excursão. Os alunos também podem se voluntariar para ler um trecho de seus escritos ou recitar um trecho de poesia que memorizaram. Alguns professores usam esse tempo para mostrar e falar sobre algum objeto. Nia encerrou sua reunião com um mistério de dois minutos, em que os alunos tiveram que adivinhar a solução em "uma história de detetive".

Sugestões para Reuniões de classe eficazes

Duração, frequência e tempo

Reuniões de classe para turmas do ensino fundamental e médio geralmente acontecem por 20 a 25 minutos. É aconselhável começar antes do fim de um período, por exemplo, pouco antes do recreio ou do almoço, por dois motivos: 1) isso oferece um final definido; 2) quando as crianças estão respeitosamente envolvidas nesse processo, elas podem querer estendê-lo, tirando um tempo de outra atividade valiosa de aprendizado. Se não terminaram e é hora de ir almoçar ou ir para casa, elas podem continuar de onde pararam na reunião do dia seguinte. Isso pode realmente ser útil para permitir mais tempo para "se acalmar" ou para pensar em mais soluções.

As Reuniões de classe devem ser realizadas de três a cinco vezes por semana. Reuniões de classe regulares e frequentes proporcionam a todos os alunos a prática contínua de que precisam, conforme eles desenvolvem suas habilidades de resolução de problemas ajudando uns aos outros. Os alunos se tornam mais independentes, nos aspectos social e emocional, e isso facilita a normalização. E desenvolvem confiança no processo quando sabem que receberão ajuda para resolver seu problema enquanto ele ainda é relevante. Quando a rotina é o chefe, o professor não precisa ser.

Uma amostra do ritmo de uma Reunião de classe dos ensinos fundamental e médio

Sim, há muitas explicações para cada parte da Reunião de classe. Como você pode fazer tudo isso em um momento apropriado para o desenvolvimento? Com um pouco de prática, é mais fácil do que você pensa. Aqui está um exemplo de ritmo de uma Reunião de classe para alunos dos ensinos fundamental e médio:

1. Reconhecimentos e apreciações (cinco minutos).
2. Acompanhamento de soluções anteriores (dois a três minutos).
3. Itens da pauta (dez a doze minutos).
4. Atividade de conexão (dois minutos).

Reuniões que começam e terminam pontualmente são um convite à autorregulação, cooperação e respeito mútuo.

A pauta

Quando os alunos dos ensinos fundamental ou médio enfrentam problemas durante o dia, eles podem colocá-los na pauta da Reunião de classe. Muitos professores usam um recipiente (com tampa ou coberto) para a pauta. As crianças escrevem seus assuntos na pauta, nome e data em um pedaço de papel e o colocam na caixa. Isso proporciona uma sensação de privacidade. Os itens são abordados na ordem em que são colocados na caixa.

Você já se sentiu dividido porque uma criança se aproximou de você para pedir ajuda com o que parecia ser um problema importante enquanto você estava ajudando outro aluno com algo importante? A pauta da Reunião de classe proporciona um suporte natural para essa ocasião. O professor pode simplesmente dizer: "Parece que você precisa de ajuda. O que está acontecendo?". O aluno explica. O professor responde: "Isso parece importante. Você gostaria de colocar isso na pauta da Reunião de classe?".

Nesse caso, todos são atendidos. Encorajar o aluno a usar a pauta da Reunião de classe transmite a mensagem de que seu problema será cuidado e permite que o professor volte respeitosamente sua atenção para o aluno com quem ela estava trabalhando. Isso mostra compaixão e compreensão para ambos os alunos.

Tarefas dos alunos na Reunião de classe

À medida que os alunos dos ensinos fundamental e médio aprendem o processo da Reunião de classe, eles rapidamente se tornam capazes de assumir a responsabilidade por facilitá-lo. Aqui estão algumas tarefas importantes que os alunos são capazes de assumir:

- Facilitador: este aluno facilita a pauta. Ele abre a reunião, conduz a turma pela pauta e mantém as discussões sob controle. Um adulto está sempre presente, como cofacilitador, para intervir quando necessário e para manter a segurança da reunião. Em algumas salas, o facilitador é um trabalho especial para alunos do terceiro ano, o que os ajuda a assumir um papel de liderança na sala de aula e serve como um rito de passagem. Os alunos realmente esperam com ansiedade para assumir essa função.
- Cronometrista: esse aluno usa um cronômetro para acompanhar o progresso da reunião dentro dos limites de tempo. Algumas turmas esboçam uma meta de tempo geral para a reunião estar completa, e outros definem metas de tempo para cada parte da pauta. Reuniões respeitosas começam na hora e terminam na hora!
- Guardião da pauta: se a turma usa uma caixa como pauta, o guardião da pauta classifica os problemas em ordem por hora e data, e permite que a turma saiba de quem é o problema seguinte a ser discutido na pauta quando é hora de resolvê-lo.
- Escrevente: o escrevente é responsável por escrever todas as ideias, em ordem, em um quadro branco ou *flipchart* durante a parte de *brainstorming* da reunião. Dessa forma, os alunos podem ler as soluções de elaboração de ideias sozinhos antes de escolher aquela que acham que será mais eficaz.
- Secretário: além de o escrevente anotar as soluções de elaboração de ideias em um quadro branco ou *flipchart*, outro aluno deve registrar todas as soluções em um caderno para referência futura. Mais tarde, quando a turma fizer o acompanhamento do problema, ela pode consultar a lista. Mantenha o caderno na sala em um lugar onde todos possam acessá-lo.

Objeto da fala

Um "objeto da fala" é usado para identificar a pessoa que deve falar. Essa pessoa consegue falar sem ser interrompida. Quando o orador termina, passa o objeto para a pessoa ao lado até que todos na roda tenham a oportunidade de falar ou passar.

Ao fazer um *brainstorming* de soluções, considere passar o objeto da fala ao redor da roda duas vezes para dar aos alunos a chance de adicionar outra solução, ou para oferecer uma solução que não tiveram da primeira vez.

Sugestões de resolução de problemas

1. Com alunos do ensino fundamental, ao votar em soluções para o grupo, considere pedir a eles que abaixem a cabeça para que não votem com base no que seus amigos ou outras pessoas votam.
2. Sempre deixe o aluno ou a turma escolherem a solução que acham que irá ser mais útil para eles. Às vezes, você pode recuar, mas erros são uma oportunidade de aprendizagem. Dessa forma, a Reunião de classe é autocorretiva.

Resolver problemas interpessoais

Quando Nia começou a usar a Disciplina Positiva, não usava a Reunião de classe para a resolução de problemas interpessoais. Ela estava preocupada que fosse potencialmente vergonhoso para os alunos serem "chamados" na frente de seus colegas e que isso poderia se tornar punitivo. Mas, durante seu segundo ano, Nia encontrou dificuldade com Bryson. Ele estava magoando outros alunos. Era uma classe pequena, portanto o impacto foi significativo e contínuo. Alguns pais reclamaram, e Bryson estava sendo excluído de atividades sociais fora da escola. Ela tentou tudo o que sabia para ajudar a resolver o problema: resolução de conflito um a um, resolução de problemas em pequenos grupos, falar com Bryson individualmente e mediação de colegas. Nada parecia ajudar. Finalmente, quando sua paciência acabou, ela pediu conselhos a outro professor, Tom. Tom sugeriu que ela usasse a Reunião de classe. Nia expressou sua preocupação em usar a Reunião de classe para resolver problemas interpessoais. Tom entendeu e fez três sugestões para manter a reunião segura e produtiva:

1. Ao facilitar a reunião, exija que os alunos usem a Linguagem "eu" enquanto falam uns com os outros.
2. Certifique-se de que os alunos falem diretamente uns com os outros, em vez de falar de outro aluno na terceira pessoa.
3. Sempre permita que os alunos escolham suas próprias soluções.

Nia ficou cética, mas disposta. Ela estava sem respostas. Alguns dias depois, um aluno trouxe um problema com Bryson para a Reunião de classe. Nia implementou as sugestões de Tom, e a reunião transcorreu muito melhor do que ela tinha esperado. As crianças estavam ansiosas para ajudar Bryson e o outro aluno. O comportamento de Bryson começou a melhorar quase imediatamente, com a ajuda do grupo, e as outras crianças começaram a incluí-lo no trabalho e nas brincadeiras. As reclamações dos pais sobre Bryson começaram a desaparecer, e Bryson começou a receber convites para brincar fora da escola e participar de festas de aniversário. Nia foi convencida, e tem usado as Reuniões de classe para resolver problemas interpessoais desde então.

Assim como Nia e muitos outros descobriram, há uma série de razões pelas quais é tão importante envolver toda a turma para ajudar uns aos outros a resolver problemas interpessoais em uma sala de aula montessoriana:

1. Nas salas de aula dos ensinos fundamental e médio, muitas vezes há vários alunos envolvidos em um conflito. Com o tradicional modelo de resolução de conflito individual, os alunos que estiverem envolvidos indiretamente não participam do processo de resolução de problemas. Isso significa que um problema pode não ser resolvido por completo, deixando que se manifeste novamente mais tarde. Além disso, os alunos que estavam indiretamente envolvidos perdem o desenvolvimento importante de habilidades sociais e de vida que são aprendidas na resolução de conflitos.
2. Se um problema é discutido abertamente na Reunião de classe ou por meio de fofoca no parquinho, isso será discutido pelos alunos na sala (e, às vezes, no estacionamento, pelos pais). Quando os problemas são discutidos de forma aberta e proativa em uma Reunião de classe, com a facilitação dos

adultos, há uma chance muito maior de que sejam resolvidos de forma eficaz e respeitosa. A Reunião de classe reduz significativamente a probabilidade de fofocas e mal-entendidos por parte de alunos e adultos.

3. Todos se beneficiam ao ajudar outros alunos a resolverem questões interpessoais. Quando um aluno coloca um conflito interpessoal ou social na pauta, é muito provável que a maioria dos colegas na reunião já tenha enfrentado ou esteja enfrentando o mesmo tipo de problema. Eles aprendem habilidades sociais e de vida valiosas apenas observando como ajudar outros alunos.

4. Em muitas escolas montessorianas, grupos de crianças ascendem aos diferentes níveis juntos, e sua rede social não pode mudar drasticamente de ano para ano. Isso significa que algumas dinâmicas sociais e conflitos contínuos seguem com o grupo enquanto eles avançam na escola. A Reunião de classe transforma esse desafio em oportunidade, dando ao grupo a chance de abordar padrões sociais contínuos.

5. Os alunos têm perspectivas e prioridades diferentes dos adultos. Eles interagem no "nível básico" na sala de aula. Como resultado, têm uma compreensão diferente das soluções, e às vezes essa compreensão pode funcionar para ajudar a resolver problemas que os adultos podem não ser capazes de resolver sozinhos.

6. À medida que as crianças crescem e seus relacionamentos com os colegas tornam-se mais importante para elas, é menos provável que os alunos envolvam os adultos. Hoje as conversas nas redes sociais e por mensagens de texto acontecem fora da escola, muitas vezes fora do radar dos adultos. Isso significa que os professores e pais estão mais propensos a serem surpreendidos por conflitos sociais e dificuldades em suas salas de aula. A Reunião de classe oferece um local para que essas informações sejam divulgadas a fim de que os problemas possam ser resolvidos em uma atmosfera proativa, direta e de apoio.

7. A Reunião de classe ajuda a aumentar a confiança dos pais e a comunicação positiva com eles. Em uma sala que usa Reuniões de classe efetivamente, os problemas interpessoais são tratados de forma proativa e aberta, e os alunos se sentem fortalecidos e apoiados. Isso significa que estão menos propensos a ir para casa se sentindo desencorajados por causa dos conflitos sociais. Quando os pais entendem esse processo e o veem funcionando, também têm o poder de ajudar seus filhos a resolver as dificul-

dades sociais, sugerindo que eles busquem ajuda na Reunião de classe. Fazer Reuniões de classe com problemas fictícios nas noites de encontro de pais os ajudará a perceber como elas podem ser eficazes.

Resolver problemas que afetam todo o grupo

Usamos intencionalmente um problema interpessoal com sutilezas como exemplo para a Reunião de classe neste capítulo, porque nos deu a chance de discutir todas as diferentes habilidades e elementos necessários para realizar uma Reunião de classe eficaz. Ao resolver problemas que afetam todo o grupo, a classe, como um todo, vota nas soluções. Na maioria dos casos, os professores usam o voto da maioria simples.

Na sala de Nia, Tommy estava tendo dificuldade para concluir seu trabalho porque outros alunos estavam trabalhando com as peças faltantes ou não colocavam os materiais de volta nas prateleiras. Ele percebeu que outros alunos estavam tendo o mesmo problema. Tommy colocou o problema na pauta da Reunião de classe. A turma discutiu o problema e decidiu que afetava todo o grupo. Foi feito um *brainstorming* de soluções e os alunos votaram em colocar uma pequena lista de verificação plastificada em cada bandeja de trabalho para que os alunos pudessem certificar-se de que o trabalho estava completo antes de colocá-lo de volta na prateleira. Fazer a lista de verificação plastificada para os trabalhos tornou-se uma tarefa de sala.

Resolver problemas individuais

Resolver problemas individuais é simples e direto. Alunos que vêm para a Reunião de classe pedindo ajuda podem compartilhar seus problemas com o grupo, receber *feedback* deste e, em seguida, elaborar ideias para ajudar a resolver o problema. Após o *brainstorming*, o aluno que pediu ajuda escolhe uma solução que acha que será mais eficaz para ele.

Elizabeth estava se sentindo excluída por alguns de seus colegas de classe. Ela conversou com Nia sobre isso, e Nia sugeriu que ela pedisse ajuda à turma. Elizabeth colocou seu problema na pauta da Reunião de classe. Quando o problema dela foi trazido à reunião, essa aluna compartilhou que se sentia magoada, e pediu ajuda para fazer amigos. Vários alunos expressaram empatia e compreensão por Elizabeth. Eles também tinham vivenciado a experiência de serem excluídos. Alguns compartilharam que gostavam de Elizabeth, mas que estavam preocupados em dizer "não" para ela porque ela chorava quando eles diziam isso. Eles compartilharam que haviam excluído Elizabeth secretamente, em vez de dizer "não", para evitar a reação dela. Eles se desculparam. A turma, então, discutiu ideias para ajudar Elizabeth quando se sentiu excluída. Elizabeth escolheu trabalhar no uso da Mesa da paz se estivesse se sentindo magoada.

Explorando ideias

Às vezes, um aluno trará uma ideia, em vez de um problema, para a Reunião de classe. Por exemplo, minha turma (de Chip) do ensino fundamental II estava estudando as treze colônias. Uma aluna, Briana, teve uma ideia para uma excursão, e a colocou na pauta da Reunião de classe. Na Reunião de classe, Briana perguntou se eu consideraria fazer uma viagem para Jamestown, na Virgínia, para uma excursão. Doze dos treze alunos em sala escolheram fazer pesquisas sobre o assentamento de Jamestown, e houve uma febre de exploração acontecendo na sala.

Meu primeiro pensamento foi descartar a ideia, porque Jamestown era uma viagem de treze horas de carro da nossa escola, e seria longa e cara. Quem financiaria a excursão? Os pais dariam permissão para seus alunos do ensino fundamental II irem tão longe? No entanto, também senti um senso de encorajamento de que meus alunos estavam muito engajados e confiavam em mim e no processo da Reunião de classe o suficiente para fazer a pergunta. Expliquei que poderíamos explorar a ideia.

A primeira coisa de que precisávamos era a aprovação dos pais. Eu disse aos alunos que precisaríamos do consenso dos pais se fôssemos fazer a viagem. Afinal, era um longo caminho longe de casa! Mandei um *e-mail* para os pais e, em um dia, todos deram seu apoio entusiástico à viagem.

Relatei essa notícia para a turma e os alunos ficaram emocionados. Eu disse: "Esperem, não tão rápido. Essa é uma ideia cara. Precisamos calcular quanto vai custar. Então, temos que descobrir como pagar por isso". Fizemos uma lista de todos os custos possíveis da viagem, e cada aluno levou um item de custo para pesquisar. Na reunião seguinte, revisamos os custos e os totalizamos. Iria custar mais de $4,000. Eu disse: "Precisamos levantar esse dinheiro. Não está no orçamento da escola".

Em reuniões sucessivas, discutimos ideias para arrecadar dinheiro. A turma decidiu que cada aluno seria responsável por levantar seu próprio dinheiro para a viagem, trabalhando para vizinhos e amigos. Nos meses seguintes, as crianças lavaram carros, limparam casas, arrancaram ervas daninhas e fizeram tarefas para arrecadar fundos.

Conforme a viagem se aproximava, elaboramos os planos de viagem e registramos as arrecadações de fundos ao final de cada Reunião de classe. Em maio daquele ano, com $4,000 arrecadados, todos os treze alunos, um acompanhante dos pais e eu embarcamos em uma van e fomos para a Virgínia!

Sem dúvida, é uma das minhas lembranças favoritas como professor. Quando chegamos à Virgínia após a longa viagem, as crianças estavam radiantes. Elas se sentiram muito orgulhosas e capazes. Eu também estava orgulhoso delas. Tinham trabalhado muito para chegar lá. Se eu não tivesse realizando Reuniões de classe, essa ideia nunca teria se manifestado na realidade.

A reunião de classe dos ensinos fundamental e médio: perguntas e respostas

1. **E se eu estiver fazendo outros tipos de reuniões comunitárias?**
Essa questão surge muito. Nossa experiência é que a maioria dos professores descobriu que outros tipos de reuniões comunitárias se tornam supérfluas quando as Reuniões de classe passam a fazer parte da cultura da sala. As Reuniões de classe da Disciplina Positiva não apenas desenvolvem um senso de comunidade como ensinam importantes habilidades sociais e de vida, como empatia, resolução de problemas, comunicação, cooperação e respeito mútuo. Mais importante ainda, as Reuniões de classe desenvolvem o interesse social, que cria um senso de pertencimento e importância que por sua vez reduz o mau comportamento e aumenta a cooperação e o respeito mútuo. Quando os alunos se sentem melhor, eles agem melhor, social e academicamente.

2. Posso fazer alterações no formato?

Você pode fazer o que quiser! No entanto, gostaríamos de sugerir que você mantenha a estrutura e o formato da Reunião de classe por um tempo antes de fazer qualquer alteração significativa. O formato e a estrutura da Reunião de classe foram elaborados com base nos resultados das experiências, ao longo de muitos anos, por muitos educadores talentosos e experientes. Os "excessos" já foram resolvidos para você. Raramente ouvimos falar de qualquer pessoa que tenha feito alguma alteração, porque todos acham o formato e a estrutura muito eficazes. Na verdade, na maioria dos casos, quando os professores encontram dificuldades com alguma parte da Reunião de classe, é porque adicionaram seu próprio toque ou deixaram algo de fora.

3. Estou preocupado em manter a manhã ininterrupta para o ciclo de trabalho.

Isso é ótimo; você deve estar! O ciclo de trabalho de três horas é fundamental para a normalização. As Reuniões de classe devem ajudá-lo a se tornar mais eficaz na sala, reduzindo o tempo que você gasta durante o ciclo de trabalho resolvendo conflitos e lidando com o mau comportamento. Quando os alunos percebem um senso de pertencimento e importância, ficam mais envolvidos. Seu tempo para dar aulas e trabalhar diretamente com os alunos aumentará, e a Reunião de classe o ajudará a proteger o ciclo de trabalho matinal ininterrupto e a facilitar a normalização. Consulte a pergunta 16 para saber mais sobre quando realizar Reuniões de classe.

4. Como ensinar habilidades sociais na Reunião de classe?

Durante as primeiras Reuniões de classe, as crianças estão aprendendo as habilidades para reuniões de sucesso. Elas aprendem e retêm melhor essas habilidades se as reuniões forem realizadas diariamente, assim poderão obter uma prática consistente.

Nas páginas 68-71 há uma lista de habilidades de Graça e Cortesia que são úteis para os alunos aprenderem enquanto fazem amigos e constroem relacionamentos na comunidade da sala de aula. Considere usar o seguinte formato para ensinar habilidades de Graça e Cortesia na Reunião de classe.

1. Apresente e demonstre a habilidade.

   Eu gostaria de mostrar a vocês uma maneira de interromper respeitosamen-

te alguém para que ele esteja mais propenso a lhe dar atenção, positivamente, quando terminar de falar com outra pessoa. O professor coloca a mão gentilmente no ombro de outra pessoa, em seguida remove-a e espera pacientemente.

2. Pergunte aos alunos o que alguém poderia fazer se não tivesse essa habilidade social.

   O que faria alguém que não soubesse como interromper respeitosamente? Como isso pareceria?

3. Solicite voluntários, e peça aos alunos que representem uma situação em que um aluno não tem a habilidade de Graça e Cortesia.

4. Pergunte o que cada pessoa que representou o papel estava pensando, sentindo e decidindo. Peça a outros para compartilhar.

   Miranda, quando você foi interrompida por Frances, e ela simplesmente começou a falar sem que você tivesse terminado, o que você sentiu? O que você estava pensando e decidindo?

   Frances, o que você sentiu quando Miranda se afastou de você? O que você estava pensando e decidindo?

   Alguém mais gostaria de compartilhar suas observações?

5. Peça aos voluntários para repetirem a cena, mas, neste caso, peça ao aluno que use a habilidade de Graça e Cortesia apropriada.

6. Pergunte o que cada pessoa que representou o papel estava pensando, sentindo e decidindo. Peça a outros para compartilharem.

   Miranda, quando você foi interrompida por Frances, e ela colocou a mão no seu ombro, o que você sentiu? O que você estava pensando e decidindo?

   Frances, o que você sentiu quando Miranda respondeu a você?

   O que você estava pensando e decidindo?

   Alguém mais gostaria de compartilhar suas observações?

   Os alunos adoram encenar. Dar a eles uma experiência como essa de Graça e Cortesia permite que eles entendam por que essas habilidades sociais são eficazes. Esta citação, muitas vezes atribuída a Confúcio, diz bem: "Ouço e esqueço. Vejo e me lembro. Faço e compreendo".

5. **E se eu precisar de ajuda para resolver um problema?**

   Os professores podem colocar seus próprios problemas na pauta. Quando eu (Jane) era conselheira de uma escola de ensino infantil, era conhecida como "o disco quebrado" porque, sempre que um professor pedia conselho sobre um problema, eu geralmente respondia: "Coloque na pauta de Reunião de classe e deixe as crianças descobrirem".

Os professores também fazem parte da comunidade! Mas seja cauteloso. Se seus problemas surgem em mais de 20% do tempo, os alunos podem começar a ver a reunião como centrada no professor. Use seu discernimento. Os professores costumam se surpreender com o fato de seus alunos estarem tão preocupados quanto eles com dificuldades na sala de aula. E os professores costumam descobrir que seus próprios níveis de estresse diminuem à medida que seus alunos compartilham a responsabilidade pelo gerenciamento da sala por meio da resolução de problemas durante a Reunião de classe. Crianças e adolescentes se preocupam e são capazes!

6. **Quando devo permitir problemas interpessoais?**

Assim que você se sentir confortável para facilitar a reunião e percebem que os alunos entendem o processo da Reunião de classe. Muitos professores dos ensinos fundamental e médio esperam alguns meses antes de apresentar problemas sociais e interpessoais na Reunião de classe. Certifique-se de praticar com problemas fictícios antes de resolver problemas reais, e de discutir abertamente como manter a reunião segura e produtiva. Lembre-se, quando os alunos falam uns com os outros na Reunião de classe, certifique-se de que estão falando diretamente com a outra pessoa e usando a Linguagem "eu".

7. **Devo usar os nomes dos alunos na Reunião de classe?**

Sim. No início, você pode querer oferecer um desafio "genérico" para que as crianças possam praticar a resolução de problemas com respeito. Uma vez que os alunos acreditem que resolver problemas é um processo respeitoso e entendam que, se tiverem um desafio, podem escolher a solução que acharem que seria a mais útil, será bom ter todos aqueles "consultores" focados em seus desafios.

8. **Como evitar os sentimentos de mágoa se os alunos estiverem usando nomes na Reunião de classe?**

Se as crianças falam diretamente com a pessoa a quem estão se dirigindo e usam a Linguagem "eu", é incrível como essa estrutura de comunicação direta estimula interações abertas, gentis e respeitosas. Também ensina ao comunicador como ser assertivo e gentil ao mesmo tempo – uma habilidade que muitos adultos poderiam usar para ajudar.

9. **O que fazer se os alunos começarem a atacar outro aluno?**
   Ensinar completamente as habilidades de comunicação descritas no Capítulo 13 irá reduzir de forma significativa a probabilidade de isso acontecer. No entanto, se ocorrer, é mais provável que aconteça durante a parte da discussão dos itens da pauta. Uma maneira eficaz de abordar a questão é simplesmente redirecionar a conversa. Você pode fazer isso diretamente dizendo algo como: *Percebi que Will está recebendo muitos comentários sobre seu papel no problema. Alguém já* _____? *Vamos também assegurar que seja dado a Liam algum* feedback *para que ele possa aprender com essa situação também.*

10. **E quanto ao comportamento desrespeitoso na Reunião de classe?**
    Essa é uma ótima pergunta para um professor colocar na pauta. Se houver um problema com a Reunião de classe, leve-o para a Reunião de classe! Se determinado aluno continua atrapalhando a reunião, considere usar os Quatro passos para o acompanhamento (ver o Capítulo 8) para resolver problemas diretamente com aquele aluno.

11. **E se a pauta se acumular?**
    Aqui estão algumas considerações se você achar que a pauta está acumulando assuntos:
    – Certifique-se de que você ou o facilitador perguntem se o aluno com o problema deseja ajuda na resolução, ou simplesmente quer compartilhar seu problema ou fazer um pedido.
    – Traga o problema para o grupo. Será que há partes da reunião que estão durando muito tempo? Os alunos não estão resolvendo problemas fora da reunião? Você está fazendo reuniões suficientes a cada semana?
    – Se houver apenas uma obstrução de problemas, e nenhum problema real com a eficiência da reunião, considere adicionar algumas reuniões no calendário por uma semana para compensar o atraso. Certifique-se de pedir contribuições à turma.
    – A turma pode querer pedir aos alunos que tentem resolver seus problemas fora da Reunião de classe antes de trazê-los ao grupo para obter ajuda.

12. **Quantos problemas podem ser resolvidos em cada reunião?**
    Ainda mais importante do que resolver um problema é aprender o processo de resolução de problemas. Quando os alunos aprenderam o processo de resolução de problemas, geralmente os resolvem sem colocá-los na pauta. Alguns professores reclamam que é um problema quando eles não

têm nenhum desafio na pauta, porque seus alunos não podem continuar praticando suas habilidades de resolução de problemas.

Além disso, alguns alunos simplesmente querem compartilhar seu problema, ou fazer uma solicitação para o grupo; esses problemas geralmente levam apenas um ou dois minutos. Se o problema precisa de discussão e ajuda na resolução, que geralmente ocupam uma única reunião, pode, ocasionalmente, se estender para a próxima reunião.

13. **E se não houver nada na pauta?**

Certifique-se de realizar a reunião de qualquer maneira. Os alunos sempre podem fazer reconhecimentos. No entanto, se isso se tornar um assunto recorrente, e se você estiver preocupado que os alunos estejam evitando colocar problemas na pauta, traga-o para a Reunião de classe como um item da pauta e descubra o porquê.

14. **E se houver um problema que precisa de atenção imediata?**

Sempre que possível, faça o seu melhor para respeitar a ordem da pauta. No entanto, de vez em quando você encontrará itens da pauta que precisam de atenção imediata. Aqui estão algumas sugestões:

– Peça permissão ao aluno cujo problema é o próximo na pauta para resolver um problema imediato e, em seguida, peça permissão à turma.

– Considere a realização de uma Reunião de classe adicional em um dia no qual você não tenha uma agendada.

– Peça permissão à turma para resolver dois problemas na próxima reunião, o que significa que pode ser necessário prolongá-la.

15. **As crianças podem trazer problemas sobre o professor?**

Sim, claro. Na verdade, você deve se preocupar se eles não mencionarem alguns problemas sobre você durante o ano. Se a turma for verdadeiramente democrática por natureza e se houver respeito mútuo e cooperação sendo praticados pelos adultos e alunos, então é natural que um aluno exponha um problema envolvendo um professor. Aqui estão alguns exemplos de problemas que os alunos podem levantar:

– Suas aulas são muito longas.

– O trabalho de acompanhamento que você deu levou muito mais tempo do que você disse que levaria.

– As aulas de ciências parecem chatas ultimamente.

– Acho que você ficou do lado de Ben quando resolvemos nosso problema na semana passada.

– Você não seguiu a decisão da turma de ficar quinze minutos adicionais no recreio às sextas-feiras.

16. **Em que horário do dia devemos fazer as Reuniões de classe?**

As Reuniões de classe não devem interromper o ciclo de trabalho matinal. A maioria dos professores realiza suas Reuniões de classe no final de um ciclo de trabalho, ou após o almoço ou recreio no início da tarde. Realizar as Reuniões de classe no final do dia pode ser complicado, pois os alunos estão cansados e os problemas não resolvidos têm o potencial de ir para casa em vez de permanecer na sala de aula, e isso pode gerar mais *e-mails* para você!

17. **Parece muita coisa para realizar em 20 a 25 minutos. Como podemos cumprir a pauta?**

Isso geralmente não acontece se você tiver Reuniões de classe diárias. Mesmo se você passar por apenas um item da pauta, não é difícil esperar até o dia seguinte para o próximo problema. Isso pode até mesmo ser uma vantagem: mais tempo para esfriar a cabeça se for um problema "quente", e mais tempo para pensar em soluções para desafios comuns. Se você está tendo dificuldade para terminar uma reunião na hora certa e realizar o que precisa, considere trazer esse problema para a ordem do dia e envolver toda a turma. Algumas ideias a serem experimentadas para manter a reunião avançando de forma eficiente são:

– Estabelecer limites de tempo para cada segmento da reunião e usar um cronômetro para se manter no tempo.

– Fazer reuniões práticas para trabalhar no seu ritmo e tempo.

– Como turma, criar diretrizes para compartilhar na reunião, com foco em manter os comentários claros, concisos e completos. Isso requer prática, mesmo para adultos.

18. **E se as crianças tiverem problemas com situações, alunos ou equipes fora da comunidade da sala?**

Se um problema na pauta envolve um membro da equipe que não está na reunião, o problema deve ser adiado até que aquela pessoa possa comparecer. Não é respeitoso resolver um problema que envolve alguém que não está presente. Às vezes, se um problema envolver mais de uma sala, então uma Reunião de classe conjunta pode ser realizada. Isso geralmente é feito quando duas ou mais salas compartilham um ambiente externo du-

Reunião de classe nos ensinos fundamental e médio

rante o recreio, e surgem problemas que afetam todos os que estão lá fora ao mesmo tempo. Crianças de outras salas podem ser convidadas para uma Reunião de classe em outra sala, mas é recomendado que o professor participe com elas.

19. **Como consigo a adesão dos pais para a Reunião de classe?**
Considere reservar uma hora para a orientação dos pais depois da escola. Durante esse tempo, você pode discutir o que é uma Reunião de classe, como funciona e quais são os benefícios. Siga com uma simulação da Reunião de classe (usando um problema real) para que eles possam experimentar por si próprios e partilhar a sua experiência. Você também pode querer filmar uma de suas Reuniões de classe para esse evento. Eu (Chip) fiz isso, e os pais ficam sempre impressionados com a forma como os alunos são capazes de resolver problemas reais.

20. **E se os alunos não levarem a Reunião de classe a sério?**
Outro ótimo tópico para a pauta de uma Reunião de classe. Descubra por que os alunos não estão levando a reunião a sério. Quais são as suas preocupações? Considere filmar sua próxima Reunião de classe para ver se consegue identificar um padrão ou tendência. Se puder, traga o vídeo depois para a turma e analise-o com os alunos. Algumas razões comuns que levam os alunos a perderem o interesse ou o respeito pelo processo da Reunião de classe são:

– As reuniões demoram muito.
– Os alunos falam sobre os outros na terceira pessoa, em vez de falar diretamente um com o outro ao compartilhar um problema ou durante as partes da discussão e *brainstorming* da reunião.
– Os alunos não estão usando a Linguagem "eu", e o tom se torna de culpa.
– O professor não está intervindo quando os alunos fazem comentários desrespeitosos.
– Os alunos estão fazendo comentários imprecisos, vagos ou insinceros durante a parte de reconhecimentos e apreciações da reunião.
– As soluções sugeridas não são relevantes ou úteis, e o alunos começam a perder a confiança na reunião. Se você achar que esse é o caso, é mais provável que a causa ou natureza do problema não esteja sendo discutida na parte de discussão da reunião. Lembre-se de "discutir sem corrigir".

21. **Quanto tempo leva para que as Reuniões de classe ocorram sem problemas quando as começamos?**

Se você começar reservando um tempo para ensinar e praticar as partes da pauta da Reunião de classe, descobrirá que a reunião funcionará sem problemas em um curto espaço de tempo. A cada ano vai ficar mais fácil à medida que a Reunião de classe se torna parte da cultura da sala. No terceiro ano, seus alunos mais experientes naturalmente vão assumir a liderança para ajudar a ensinar e modelar as habilidades aprendidas na Reunião de classe.

22. **Como faço para encorajar as crianças a assumirem a responsabilidade por sua parte nos problemas?**

Uma maneira muito eficaz de criar uma atmosfera segura para assumir responsabilidades é fazer duas perguntas antes da discussão e do *brainstorming*.

– Quantas pessoas já tiveram esse problema (ou algum semelhante)?

– Quantas pessoas contribuíram para esse problema (ou algo parecido)?

Por exemplo, digamos que o problema de um aluno seja que as pessoas não estão colocando o material de volta no local ao qual ele pertence, o que significa que outras pessoas não conseguem encontrar o material quando precisam. Antes de solicitar uma discussão, o professor pode simplesmente perguntar:

Quantas pessoas tiveram dificuldade em encontrar o material porque não foi colocado de volta no local ao qual pertencia?

Quantas pessoas se esqueceram de colocar os materiais de volta no local ao qual eles pertenciam?

Os alunos levantam a mão para responder. Quando ouvem essas duas perguntas, eles sabem que não há problema em cometer erros. Depois de os professores fazerem essas duas perguntas, os alunos geralmente irão compartilhar abertamente se tiveram o problema ou foram responsáveis por contribuir para o problema.

23. **Todos os problemas precisam de discussão e *brainstorming* (elaboração de ideias)?**

Não. Às vezes, um aluno pode querer apenas dar um lembrete ou fazer um pedido para a turma. Por exemplo, se os alunos estão tendo dificuldade para encontrar lápis para usar, um deles pode fazer esta solicitação:

Estou encontrando lápis embaixo das prateleiras no final do dia ao varrer o chão.

Tenho notado que algumas pessoas estão tendo dificuldade para encontrar lápis quando elas precisam. Gostaria de pedir a todos que, por favor, coloquem seus lápis de volta na prateleira de suprimentos quando terminarem. Quando um aluno compartilha seu problema, o professor ou aluno facilitador pode pedir: *Você gostaria de ajuda para resolver o problema, ou gostaria de fazer um pedido ou dar um lembrete?*

PERGUNTAS PARA DISCUSSÃO

1. Como você se sente como adulto quando é incluído nas decisões que afetam você e seu ambiente/circunstâncias?
2. Você já trabalhou para alguém que tomava todas as decisões para a organização ou departamento sem envolver os afetados? Como foi trabalhar nesse ambiente?
3. Quais obstáculos você percebe que podem surgir à medida que implementa as Reuniões de classe? Elabore ideias que possam ajudar a superar alguns desses obstáculos.
4. Que hora do dia você acha que pode funcionar melhor para sua turma ao conduzir as Reuniões de classe? Quais dias da semana funcionariam melhor?
5. Atividade prática: imagine que você é um aluno e está praticando a condução de algumas Reuniões de classe do início ao fim com alguns de seus colegas professores. Discuta a experiência. Como foi participar das Reuniões de classe como aluno? Como você poderia estar se sentindo ao fazer parte dessa sala de aula? Que decisões você poderia tomar sobre seu próprio comportamento naquela sala?

Conclusão

PROGRESSO, NÃO PERFEIÇÃO

As histórias que você lê neste livro são todas verdadeiras. Elas ilustram como aplicar as ferramentas da Disciplina Positiva com sucesso. Muitas das histórias também mostram erros comuns que muitos de nós cometemos no caminho para resolver problemas reais. Um dos princípios fundamentais da Disciplina Positiva é que as crianças prosperam em um ambiente onde os erros são vistos como uma oportunidade de aprendizagem. Os adultos também prosperam nesse tipo de ambiente.

Todos nós vivenciamos o mau comportamento na sala de aula; é algo garantido todos os anos, quando recebemos nossos alunos no primeiro dia do ano letivo. Outra garantia é que todos cometemos erros em nossas respostas aos maus comportamentos, não importa há quanto tempo estejamos ensinando pelo método montessoriano e/ou praticando a Disciplina Positiva. Estamos lidando com o comportamento humano, que é confuso; nenhum de nós vai lidar com todas as situações perfeitamente. Contudo, a boa notícia é que nossos desafios e imperfeições não precisam levar ao desencorajamento. Eles podem ser nossos melhores professores se tivermos uma abordagem claramente definida para a disciplina que reflete nossa crença de que todas as crianças (e adultos) merecem ser tratados com dignidade e respeito. É essa abordagem que tem funcionado para muitas escolas montessorianas em todo o mundo, e esperamos que as ferramentas e os princípios deste livro o ajudem a implementá-la.

As ferramentas e os princípios da Disciplina Positiva não são técnicas. Nossa abordagem disciplinar é realmente uma abordagem para cultivar relacionamentos saudáveis e respeitosos baseados em princípios bem estabelecidos de comportamento humano, defendidos por Maria Montessori e Alfred Adler e validados pela neurociência.

A Disciplina Positiva é um guia para o progresso em nosso caminho para a criação de comunidades na sala de aula onde crianças e adultos encontram um senso de pertencimento e importância e descobrem quão capazes eles são.

Queremos oferecer algumas palavras de encorajamento e sugestões à medida que você começa a usar a Disciplina Positiva em sua sala de aula ou na escola.

1. **Você não está sozinho.** O trabalho de gerenciar o comportamento dos alunos é provavelmente a tarefa mais difícil e vital que desenvolvemos como educadores montessorianos. É uma área em que todos nós temos dificuldades. Mesmo o professor mais experiente pode ser pego de surpresa com uma turma difícil que o faz se sentir um professor de primeiro ano novamente.

2. **As habilidades da Disciplina Positiva podem ser ensinadas e aprendidas.** Você não precisa de um "pó mágico" nem nascer com essas habilidades. As ferramentas são práticas, acessíveis e eficazes, e se alinham com as crenças e práticas montessorianas. A boa notícia é que, assim como a educação montessoriana, a Disciplina Positiva tem sido usada e testada com sucesso por décadas.

3. **Inicie devagar.** Comece com ferramentas que façam sentido para você e com as quais se sinta confortável. Continue a revisar os princípios e ferramentas neste livro e implemente mais à medida que se sentir confortável e encontrar sucesso.

4. **Use o Quadro de objetivos equivocados** (páginas 32-33). Essa é uma das melhores maneiras de permanecer "conectado" à Disciplina Positiva, porque a crença por trás do comportamento é muito importante. Coloque o quadro em uma prancheta e carregue-o com você. Identifique os objetivos equivocados das crianças "malcomportadas" em sua sala para que você possa responder a elas de forma eficaz e com encorajamento.

5. **Tenha a coragem de cometer erros.** Algumas dessas ferramentas e habilidades podem parecer desconfortáveis ou contraintuitivas no início. Leva

tempo para desenvolver novas habilidades, especialmente aquelas que nos desafiam a mudar nosso próprio comportamento. Você terá algum sucesso quando primeiro começar a colocar as ferramentas da Disciplina Positiva em prática. E terá alguns desafios. Tudo bem. Dê a si mesmo bastante espaço para aprender e cometer erros. Qualquer coisa que vale a pena ser feita vale a pena ser feita de forma imperfeita. E lembre-se: nem toda ferramenta funciona para todas as crianças o tempo todo. Continue praticando. A prática proporciona a melhora, para os alunos e professores.

6. **Não jogue o bebê fora com a água do banho.** Quando os professores começam a implementar a Disciplina Positiva em suas salas, eles muitas vezes encontram algum sucesso imediato, como aumento da cooperação e colaboração. Depois de algumas semanas, as coisas geralmente parecem piorar em vez de melhorar. Os alunos começam a recuar. Nesse ponto é tentador ficar desencorajado e jogar fora o proverbial bebê com a água do banho e voltar aos velhos métodos que não funcionavam antes. Evite essa tentação e não se preocupe; essa mudança temporária é esperada. Quando os professores fazem mudanças positivas em seus estilos de interação, os alunos inicialmente respondem de forma positiva. Em seguida, os alunos começarão a testar os limites; os limites não são limites até que sejam testados. Os alunos querem saber se os adultos serão consistentes e se dirão o que vão fazer, e vão fazer o que disseram. Portanto, não desista. Confie no processo. Seja consistente ao continuar sendo gentil e firme ao usar as ferramentas deste livro. Conforme os alunos perceberem sua consistência, eles se sentirão seguros e a cooperação e colaboração voltarão.

7. **Cuidado com o que funciona.** Todos nós temos "ferramentas" que não são de Disciplina Positiva que funcionam no momento, que podem manter uma situação ou criança sob controle em curto prazo. No entanto, embora o controle possa "funcionar" no momento, raramente é eficaz em longo prazo e não desenvolve autorregulação. Ferramentas de Disciplina Positiva funcionam em longo prazo e ajudam as crianças a desenvolverem autorregulação, independência, cooperação, respeito e responsabilidade.

8. **Ensine outra pessoa.** Essa é uma das melhores maneiras de aprofundar sua própria compreensão dos princípios e práticas da Disciplina Positiva. Ajude um colega compartilhando o Quadro de objetivos equivocados e compartilhando seus sucessos. Ensine um assistente sobre o poder do si-

lêncio. Mostre a um pai como fazer um acordo com seu filho usando os Quatro passos para o acompanhamento.

9. **Cuide de si mesmo.** O "autocuidado" tem ganhado tanta atenção que se tornou uma piada corrente entre os professores, especialmente aqueles de nós com inclinação para o sarcasmo. Isso não tira sua eficácia. Ter uma boa noite de sono, dedicar um momento de manhã para fazer silêncio ou sair para uma corrida/caminhada pode ser o maior presente que você dá aos seus alunos (e a você mesmo) em determinado dia.

10. **Participe de um *workshop*.** Sem dúvida, a melhor maneira de aprender os princípios e práticas da Disciplina Positiva é vivenciá-los. Visite www.chipdelorenzo.com para obter informações sobre cursos de treinamento especificamente para educadores montessorianos, pais e escolas. Visite o *site* da Positive Discipline Association (www.positivediscipline.org) para obter informações sobre outros cursos e recursos.

A criança é capaz de se desenvolver e nos dar provas tangíveis da possibilidade de uma humanidade melhor. Ela nos mostra o verdadeiro processo de construção do ser humano. Temos visto crianças mudarem totalmente à medida que adquirem amor pelas coisas e como seu senso de ordem, disciplina e autocontrole se desenvolve dentro delas... A criança é uma esperança e uma promessa para a humanidade. – Maria Montessori[103]

NOTAS

Introdução

1. Angeline Stoll Lillard, *Montessori: The Science Behind the Genius* (New York: Oxford University Press, 2005), 29.
2. Idem, 232.

Capítulo 1

3. Maria Montessori e N. R. Cirillo, *The Child in the Family* (Amsterdam: Montessori-Pierson Publishing Company, 2007), 3.
4. Maria Montessori, *The Absorbent Mind* (Delhi: Aakar Books, 2018), 204.
5. Maria Montessori, *The Secret of Childhood* (Delhi: Aakar Books, 2013), 143-144.

Capítulo 2

6. Maria Montessori, *To Educate the Human Potential* (Cambridge: Ravenio, 2015), 6.
7. Maria Montessori, *The Secret of Childhood* (London: Longmans, Green & Co., 1996), 68.
8. Idem, 109.
9. Emma Seppälä, "Connect To Thrive," *Psychology Today*, Aug. 26, 2012, www.psychologytoday.com/us/blog/feeling-it/201208/connect-thrive.

Notas

10. Elizabeth G. Hainstock, *The Essential Montessori* (New York: Plume, 1986), 69.
11. "Gemeinschaftsgefühl: Community Feeling/Social Feeling/Social Interest," *Adlerpedia*, www.adlerpedia.org/concepts/15.
12. Maria Montessori, *Dr. Montessori's Own Handbook* (New York: Frederick A. Stokes, 1914), 79.
13. Maria Montessori, *The Absorbent Mind* (New York: Henry Holt and Company, 1995), 246.
14. Janet Metcalfe, "Learning from Errors," *Annual Review of Psychology*, 68:465-489, Jan. 2017. doi: 10.1146/annurev-psych-010416-044022.
15. Maria Montessori, *From Childhood to Adolescence* (Oxford: Clio Press, 1994), 73.
16. Diana Baumrind, "The Influence of Parenting Style on Adolescent Competence and Substance Use," *The Journal of Early Adolescence, 11*(1), 56-95, 1991. doi: 10.1177/0272431691111004.
17. Idem, 62.

Capítulo 3

18. Rudolf Dreikurs com Vicki Soltz, *Children: The Challenge* (New York: Plume, 1990), 36.
19. Maria Montessori, *The Absorbent Mind* (New York: Henry Holt and Company, 1995), 245.
20. Idem, 225.
21. Rudolf Dreikurs, Bernice Bronia Grunwald e Floy C. Pepper, *Maintaining Sanity in the Classroom: Classroom Management Techniques*, 2.ed. (Abingdon-on-Thames, UK: Taylor & Francis, 1998), 7.
22. Mats Johnson et al., "Attention-Deficit/Hyperactivity Disorder (ADHD) with Oppositional Defiant Disorder (ODD) in Swedish Children: An Open Study of Collaborative Problem Solving," *Acta Paediactrica, 101*(6), 624-630, 2012. doi: 10.1111/j.1651-2227.2012.02646.x.

Capítulo 4

23. Maria Montessori, *The Absorbent Mind* (New York: Henry Holt and Company, 1995), 295.

24. Alfred Adler, *What Life Should Mean to You* (New York: Beta Nu Publishing, 2019).
25. Erick E. Witherspoon, "The Significance of the Teacher-Student Relationship." Dissertation, University of Redlands, 2011. https://eric.ed.gov/?id=ED534004.
26. Brené Brown, *The Gifts of Imperfection* (New York: Random House, 2000), 151.
27. Diana Raab, "Deep Listening in Personal Relationships," *Psychology Today*, Aug. 19, 2017, https://www.psychologytoday.com/us/blog/the-empowerment-diary/201708/deep-listening-in-personal-relationships.
28. Amy M. Charland, "Focus on Progress, Not Perfection." Mayo Clinic, Nov. 30, 2016. www.mayoclinic.org/healthy-lifestyle/adult-health/in-depth/focus-on-progress-not-perfection/art-20267203.
29. Maria Montessori, *The Absorbent Mind* (Oxford: Clio Press, 1988), 250.

Capítulo 5

30. Maria Montessori, *The Secret of Childhood* (Delhi: Aakar Books, 2013), 106.
31. Rudolf Dreikurs, *The Challenge of Marriage* (Philadelphia: Accelerated Development, 1999), 187.
32. Maria Montessori, *The Absorbent Mind* (Oxford: Clio Press, 1988), 248.
33. Maria Montessori, *The Discovery of the Child* (Delhi: Aakar Books, 2004), 51.
34. Tuğba Turabik e Feyza Gün, "The Relationship between Teachers' Democratic Classroom Management Attitudes and Students' Critical Thinking Dispositions," *Journal of Education and Training Studies*, 4(12), 2016. doi: 10.11114/jets.v4i12.1901.
35. Maria Montessori, *To Educate the Human Potential* (Cambridge: Ravenio, 2015), 4.
36. Maria Montessori, *The Absorbent Mind* (Oxford: Clio Press, 1988), 225.
37. Michael I. Axelrod, "Promoting and Enhancing Academic Skills," in *Behavior Analysis for School Psychologists* (New York: Routledge, 2017).
38. Kathlyn M. Steedly et al, "Social Skills and Academic Achievement," *Evidence for Education*, *III*(II), 2008. www.parentcenterhub.org/wp-content/uploads/repo_items/eesocialskills.pdf.

Notas

39. Maria Montessori, *The Secret of Childhood* (Delhi: Aakar Books, 2013), 52.
40. Idem, 121.
41. Erin Klein, "Decrease Classroom Clutter to Increase Creativity," Edutopia, Aug. 2, 2016. www.edutopia.org/blog/decrease-classroom-clutter-increase-creativity-erin-klein.

Capítulo 6

42. Rudolf Dreikurs com Vicki Soltz, *Children: The Challenge* (New York: Plume, 1990), 36.
43. Maria Montessori, *The Discovery of the Child* (Delhi: Aakar Books, 2004).
44. Claudia M. Mueller e Carol S. Dweck, "Praise for Intelligence can Undermine Children's Motivation and Performance, *Journal of Personality and Social Psychology*, 75(1), 33-52, 1998. doi: 10.1037/0022-3514.75.1.33.
45. Online Etymology Dictionary, "courage," www.etymonline.com/word/courage.
46. Rudolf Dreikurs com Vicki Soltz, *Children: The Challenge* (New York: Plume, 1990), 36.
47. Jane Nelsen e Lynn Lott, *Teaching Parenting the Positive Discipline Way* (7.ed.) (Orem, UT: Empowering People, Incorporated, 2017).
48. Angeline Stoll Lillard, *Montessori: The Science Behind the Genius* (3.ed.) (New York: Oxford University Press, 2016), 232.

Capítulo 7

49. Maria Montessori, *The Absorbent Mind* (New York: Henry Holt and Company, 1995), 250.
50. Rudolf Dreikurs com Vicki Soltz, *Children: The Challenge* (New York: Plume, 1990), 154.
51. Maria Montessori, *The Montessori Method* (New York: Schocken Books, 1912/1964), 87.
52. Maria Montessori, *The Absorbent Mind* (New York: Henry Holt and Company, 1995), 254.

Disciplina Positiva na sala de aula montessoriana

53. Rudolf Dreikurs com Vicki Soltz, *Children: The Challenge* (New York: Plume, 1990), 164.
54. Maria Montessori, *The Absorbent Mind* (New York: Henry Holt and Company, 1995), 258.
55. Idem, 259.
56. Idem, 250.
57. Idem, 247.

Capítulo 8

58. Rudolf Dreikurs com Vicki Soltz, *Children: The Challenge* (New York: Plume, 1990), 79.
59. Maria Montessori, *The California Lectures of Maria Montessori, 1915: Collected Speeches and Writings* (Santa Barbara: ABC-Clio, 1997).
60. Sarah D. Sparks, "Why Teacher-Student Relationships Matter," *Education Week*, Abril 2, 2020. www.edweek.org/ew/articles/2019/03/13/why-teacher-student-relationships-matter.html.

Capítulo 9

61. Maria Montessori, "On Discipline: Reflections & Advice," *The Call of Education*, Volume 1, Nos. 3 & 4, 1924.
62. Rudolf Dreikurs com Vicki Soltz, *Children: The Challenge* (New York: Plume, 1990), 256.
63. Brock Bastian, "The Resilience Paradox: Why We Often Get Resilience Wrong." *Psychology Today*, Fev. 20, 2019. www.psychologytoday.com/us/blog/the-other-side/201902/the-resilience-paradox-why-we-often--get-resilience-wrong.

Capítulo 10

64. Maria Montessori, *Education and Peace* (Oxford: Clio Press, 1992).
65. Alfred Adler, *What Life Should Mean to You* (New York: Little, Brown, and Company, 1937), 14.
66. HeartMath, "The Heart-Brain Connection," https://www.heartmath.com/science/.

Notas

67. Phyllis Bottome, *Alfred Adler: A Portrait from Life* (New York: Vanguard, 1957).
68. "What's Wrong with Timeouts?" Aha! Parenting, www.ahaparenting.com/parenting-tools/positive-discipline/timeouts.
69. "Self-Regulation in Young Children." *Raising Children Network*, Junho 7, 2019. raisingchildren.net.au/toddlers/behaviour/understanding-behaviour/self-regulation.
70. NeuroPeak Pro, "Does Deep Breathing Really Do Anything?" Abril 23, 2019, https://www.neuropeakpro.com/does-deep-breathing-really-do-anything/.
71. Alvin Powell, "When Science Meets Mindfulness, "*The Harvard Gazette*, Abril 9, 2018. news.harvard.edu/gazette/story/2018/04/harvard-researchers-study-how-mindfulness-may-change-the-brain-in-depressed-patients/.
72. Jason N. Linder, "5 Ways Mindfulness Practice Positively Changes Your Brain, "*Psychology Today, Maio* 9, 2019. https://www.psychologytoday.com/us/blog/mindfulness-insights/201905/5-ways-mindfulness-practice-positively-changes-your-brain.
73. Stuart Wolpert, "Putting Feelings Into Words Produces Therapeutic Effects in the Brain; UCLA Neuroimaging Study Supports Ancient Buddhist Teachings. "UCLA Newsroom, Junho 21, 2007. newsroom.ucla.edu/releases/Putting-Feelings-Into-Words-Produces-8047.

Capítulo 11

74. Maria Montessori, *The Theosophist* (Adyar: The Theosophical Publishing House, 1942).
75. Phyllis Bottome, *Alfred Adler: A Biography* (New York: G.P. Putnam's Sons, 1939), 306.

Capítulo 12

76. Maria Montessori, *The Absorbent Mind* (New York: Henry Holt and Company, 1995), 246.
77. Rudolf Dreikurs com Vicki Soltz, *Children: The Challenge* (New York: Plume, 1990), 297.

Capítulo 13

78. Maria Montessori, *The Absorbent Mind* (New York: Henry Holt and Company, 1995), 78.
79. Alfred Adler, *What Life Could Mean to You* (London: Oneworld Publications, 1998).
80. Daniel J. Siegel, *Mindsight: The New Science of Personal Transformation* (New York: Bantam, 2010).
81. Maria Montessori, *The Absorbent Mind* (New York: Henry Holt and Company, 1995), 250-251.
82. Idem, 248-249.
83. Rudolf Dreikurs, *The Challenge of Parenthood* (New York: Plume, 1991), xv.

Capítulo 14

84. Maria Montessori, *The Absorbent Mind* (New York: Henry Holt and Company, 1995), 225.
85. Rudolf Dreikurs com Vicki Soltz, *Children: The Challenge* (New York: Plume, 1990), 51.
86. Tennessee Education Association e Appalachia Educational Laboratory, "Reducing School Violence: Schools Teaching Peace. A Joint Study," Office of Educational Research and Improvement, U.S Department of Education. https://files.eric.ed.gov/fulltext/ED361613.pdf.

Capítulo 15

87. Elizabeth G. Hainstock, *The Essential Montessori* (New York: Plume, 1986), 81.
88. Rudolf Dreikurs, Bernice Bronia Grunwald e Floy C. Pepper, *Maintaining Sanity in the Classroom: Classroom Management Techniques*, 2.ed. (Abingdon-on-Thames, UK: Taylor & Francis, 1998), 67.
89. Ann V. Angell, "Practicing Democracy at School: A Qualitative Analysis of an Elementary Class Council," Theory & Research in Social Education, 26(2), 149-172, 1998. doi: 10.1080/00933104.1998.10505842.

90. Dan Gartrell, "Guidance Matters," Young Children, Jan. 2012. https://cdn.ymaws.com/mnaeyc-mnsaca.org/resource/resmgr/docs/From_Rules_to_Guidelines_-_M.pdf.
91. Emily Vance e Patricia Jimenez Weaver, Class Meetings: Solving Problems Together (Washington, D.C.: NAEYC, 2002).
92. R. DeVries e B. Zan, "When Children Make Rules." Educational Leadership 61(1): 22-29, 2003.
93. Jessica L. Bucholz e Julie L. Sheffler, "Creating a Warm and Inclusive Classroom Environment: Planning for All Children to Feel Welcome," Electronic Journal for Inclusive Education, 2(4), 2009.
94. Tuğba Turabik e Feyza Gün, "The Relationship between Teachers' Democratic Classroom Management Attitudes and Students' Critical Thinking Dispositions," Journal of Education and Training Studies, 4(12), 2016. doi: 10.11114/jets.v4i12.1901.

Capítulo 16

95. Maria Montessori e Mario Montessori, "Peace Through Education," lecture delivered at the 6th International Montessori Congress, Copenhagen, 1937. https://montessori.org.au/sites/default/files/downloads/publications/AMIJournalPreviewDec2013.pdf.
96. Rudolf Dreikurs com Vicki Soltz, *Children: The Challenge* (New York: Plume, 1990), 14.
97. Felix Warneken e Michael Tomasello, "Altruistic helping in human infants and young chimpanzees," Science, 311(5765):1301-3, March 3, 2006. doi: 10.1126/science.1121448.
98. Rudolf Dreikurs, Bernice Bronia Grunwald e Floy C. Pepper, *Maintaining Sanity in the Classroom: Classroom Management Techniques*, 2.ed. (Abingdon-on-Thames, UK: Taylor & Francis, 1998), 164.
99. Jane Nelsen, Cheryl Erwin e Roslyn Ann Duffy, *Positive Discipline for Preschoolers: For their Early Years – Raising Children Who Are Responsible, Respectful, and Resourceful* (New York: Harmony, 2007) [publicado no Brasil com o título *Disciplina Positiva para crianças de 3 a 6 anos*. Barueri: Manole, 2021].

Capítulo 17

100. Maria Montessori, *The 1946 London Lectures* (Laren, Netherlands: Montessori-Pierson Publishing Company, 2012), 210.
101. Rudolf Dreikurs, Bernice Bronia Grunwald e Floy C. Pepper, *Maintaining Sanity in the Classroom: Classroom Management Techniques*, 2.ed. (Abingdon-on-Thames, UK: Taylor & Francis, 1998), 69.
102. Maria Montessori, *To Educate the Human Potential* (Cambridge: Ravenio, 2015), 4.

Conclusão

103. Maria Montessori, *Education and Peace* (Washington, D.C.: Henry Regnery, 1972), 35.

ÍNDICE REMISSIVO

A

Abordagem da Disciplina Positiva 10, 43
Abraços 77
Acompanhamento 116, 124
de soluções anteriores 214, 236, 241
Acordos 163
sobre uma solução 189
Ação punitiva 229
Adesão 204
Adler, Alfred 2, 7, 8, 16, 137, 150, 171
Adolescência 126, 134, 162
Adolescentes 66, 70, 192
Adultos autoritativos 21
Afazeres domésticos 4
Agrupamento de idades mistas de uma sala de aula montessoriana 211
Ambiente(s)
da sala de aula 105
de apoio 55
montessoriano 87
permissivos 20

socioemocional 9
Amor 23, 130
incondicional 5
Amostra
de uma Reunião de classe na educação infantil 220
do ritmo de uma Reunião de classe nos ensinos fundamental e médio 241
Ano letivo 25, 58
Anotações 221
Apreciações 212, 225, 226, 234
Armadilhas que comprometem o acompanhamento 124
Arrependimento ou admissão do erro 179
Atenção
indevida 12, 29, 30, 49, 82
plena 146
Atitudes egocêntricas 2
Atividade
da Roda de escolhas (para alunos da educação infantil) 153

da Roda de escolhas (para alunos dos ensinos fundamental e médio) 154
de conexão 219, 240, 241
do "cérebro na palma da sua mão" 139
Atmosfera da sala 112
Autoavaliação 65
Autocuidado 261
Autoestima 143
Autopercepção saudável 11
Autorregulação 57, 93, 137
emocional 156

B

Banho 260
Bem-estar 10
Bilhete 103
Bom senso 210
Bondade 51
Bons e velhos tempos 1
Brainstorming (elaboração de ideias) 163, 237, 256
da reunião 255
de soluções 246, 246
Brinquedos 3

C

Capacidade 6, 20
Carinho 36
Castigos punitivos 143
Cérebro 137
do pensamento 140
do sentimento 140
na palma da sua mão 139, 144
no coração 141, 144

racional 138
Choro 137
Ciclo
de trabalho 61, 249
de vingança 113
Círculos construtivistas 8
Colaboração 93
Como o cérebro funciona quando estamos irritados ou chateados 138
Componentes fundamentais da Disciplina Positiva 151
Comportamentos 10, 11, 37
desrespeitosos 252
inocentes 39, 40
Compreensão 46, 130, 172
Comunicação 75, 171
aberta e efetiva 172
entre adultos 59, 73
não verbal 102, 177
Comunidade 143, 230
de aprendizagem 199
escolar 202
Conexão 12, 28, 49
amorosa 141
antes da correção 42, 43, 141
fisiológica 141
humana 4, 46
Confiança 50, 81, 88, 89, 134
Conflitos 148, 152, 171, 188
sociais 164, 168
Conhecimento 139
Consciência coletiva da humanidade 8
Consequências
lógicas 110, 112, 113
naturais 130-132, 166
punitivas 113, 126
Contribuição 51, 213
Conversa 120, 167

paralela 151
Conversação 165
Cooperação 57, 93, 204
Coração 141
Coragem 80, 259
Córtex pré-frontal 138, 145
Crença 11, 27, 30, 32
  equivocada 30
Crescimento 44
Crianças
  com deficiência 39
  desencorajada 12, 13, 29
  seres sociais 10
Criatividade 72
Critérios da Disciplina Positiva 23
Culpa 136
Cultura 1
Cyberbullying 6

D

Decepção 130
Decisões 11, 27
Dedicação 74
Desafios comportamentais na sala de
  aula 46, 89
Desconforto 130
Desculpas 179
Desejos 15, 176
Desempenho 79
Desencorajamento 28, 171
Desenvolvimento 88
  de solucionadores de problemas
    independentes 150
  espiritual 85
  físico 85
  físico típico 39
  humano 9
  intelectual 85

socioemocional 85
Diálogo interno 36
Diferenças fisiológicas 39
Dificuldade(s) 90
  de comunicação 171
  em identificar o objetivo equivocado
    da criança 38
Dilema comum 137
Direitos humanos 3
Disciplina 19
Discussão 237
Disputas por poder 37, 126
Distrações 96, 97
  sociais 112
Diversão 47
Dizer
  "não" respeitosamente, sem
    explicação 132
  sim 133
Dreikurs, Rudolf 7, 8, 25, 57, 77, 92,
    110, 115, 126, 158, 186, 199,
    209, 229
Dweck, Carol 78

E

Educação 94, 160
  infantil 57, 68, 69, 102, 137, 190, 211
Educadores montessorianos 158
Elaboração de ideias (*brainstorming*)
    163, 237, 256
Elogio 14, 78-81
Emoções 138, 141, 145, 190
Empatia 23, 130, 205, 210
Encorajamento 9, 77, 80, 81
  não verbal 87, 88
  verbal 81, 82, 85
  versus elogio 79

Ensino fundamental 25, 69, 110, 119,
133, 150, 192
e médio 229
Entusiasmo 25
Envolvimento 98
Equilíbrio 197
Erros 10, 17, 53, 90, 194, 195, 206, 259
acadêmicos 17
comuns na resolução de conflitos
193
Escolas montessorianas 245
Escolhas 88
limitadas 99, 100
Escutar 46
Escuta reflexiva 146, 160, 192
para crianças 176
para todas as idades 159
Esforço 81
intencional 75
Espaço para a Pausa positiva 142, 148
Estágios de desenvolvimento 71
Estilos
de vida 6
primários de parentalidade 19
Estresse 128
Estruturas familiares 6
Exemplos de Rodas de escolhas 153
Exercício social 151
Expectativas 89
Experiências recreacionais 3
Explorando ideias 247
Expressão facial 178

F

Fala com respeito 189
Fatores cognitivos e sociais 9
Fazendo as pazes: os Três R da
reparação 179

Feedback positivo 78, 79
Férias 57
Ferramentas gentis e firmes 126
Filosofia
montessoriana 15, 50
por trás da Disciplina Positiva 8
Firmeza 10, 19
Foco em soluções 136
Forças neurológicas 138
Formato de Reunião de classe
na educação infantil 212
nos ensinos fundamental e médio
234
Foster, Steven 39

G

Gemeinschaftsgefühl 11, 14
Gentileza 10, 19, 116
Gerações 1
Gerenciamento/gestão da sala de aula
58, 85, 204
Graça e Cortesia 63, 88

H

Habilidades
da Disciplina Positiva 259
de comunicação 171, 195, 205, 222
de escuta eficazes 195
de Graça e Cortesia 59, 67
de liderança 207
de resolução de problemas 205
respeitosas de comunicação 176
sociais 28, 68, 139, 151
sociais e de vida 23
sociais na Reunião de classe 249
socioemocionais 210

Honestidade 172
Humanidade 51
Humor 45

I

Idade adulta 139, 142
Igualdade 15, 16
Impaciência 13
Inadequação assumida 13, 29, 30, 84
Incômodos e desejos 176
Independência 20, 87, 188
  social 150, 187
Indulgência 3
Informação 104
Insistência montessoriana 94, 95
Instabilidade emocional 40
Intenções 94
Interações 105
  adultas 18
Interesse
  coletivo 93
  social 9, 14
Interpretações errôneas 27
Irmãos 5
Isolamento da dificuldade 87

J

Jogo do silêncio 95
Jornada social 11

L

Lares centrados nas crianças 2
Leitura 120
Liberdade 3, 65, 188
Limitações 43

Limites 92, 106, 119, 133, 144
Linguagem
  corporal 178
  "eu" 172, 192
Lógica pessoal 27

M

Manipulação 94, 133
Materiais
  adequados para o desenvolvimento
    88
  autocorretivos 87
  montessorianos 88
Maturidade 44
Mau comportamento 1, 25, 26, 143,
    147
  na sala de aula 258
Mensagem
  codificada 30, 32
  por trás das palavras 160
Mente 36
Mesa da paz 189
Meta equivocada 37
Metodologia 93
Método(s) 23
  Montessori 99
  para se acalmar ou se autorregular
    145
Modelagem 108
  da comunicação respeitada 184
  para todas as idades 182
Modelo
  de resolução de conflito para a
    educação infantil 191
  de resolução de conflito para alunos
    dos ensinos fundamental e
    médio 192
  parental autoritário 3, 19, 22

parental autoritativo 21, 22
parental não envolvido 20, 22
parental permissivo 22
Momento
de conflito 92
especial 48, 49
especial individual 49
Montessori, Maria 2, 6, 7, 8, 16, 27, 42,
57, 62, 77, 92, 93, 110, 126, 137,
150, 158, 171, 186, 199, 229, 261
Movimentos 105
Mudança de cultura 1

N

National Association of School
Psychologists 67
Negociação 133
Neurociência 259
Nível fundamental 66
Normalização 99

O

Objetivos equivocados 29, 31, 37, 38,
82
Objeto da fala 221, 243
Observação 85, 98, 104
cuidadosa 204
Oportunidades 4
de aprendizagem 18
Ordem 59, 71
Outros métodos para se acalmar ou se
autorregular 145

P

Parentalidade 3

Parquinho 137
Passar das Consequências lógicas para
as soluções 116
Passividade 94
Pausa positiva 142, 146, 148, 178, 207
Pauta 214, 220, 236, 241
Pedido 101
Pensamento crítico 65
Perguntas curiosas
de conversação 165, 169
motivacionais 162, 163
para discussão 24, 41, 56, 76, 90, 109,
125, 136, 149, 157, 170, 185,
197, 208, 228, 257
Permissividade 3, 18, 20
Personalidade das crianças 8
Pesquisa 78
Planos
de jogo de comunicação para
professores 75
de trabalho 156
Poder
da escuta 158
das perguntas 158
do silêncio 95
mal direcionado 13, 29, 30, 83
Positive Discipline Association 261
Práticas de atenção plena 146
Preparando o ambiente: a Mesa da paz
189
Previsibilidade 93
Princípio(s)
orientador 147
da Disciplina Positiva 10, 258
Privilégio 116
Problemas 194, 215, 226
comportamentais 230
de grupo 217
individuais 215, 246

interpessoais 243, 251
pessoais 227
que afetam todo o grupo 246
sociais 152, 230
Processo 90
Professores montessorianos 1, 208
Programas de educação
individualizada (PEI) 156
Progresso 37, 52, 53, 258
Psicologia 2, 8, 9
Punições 13, 113, 116

Q

Quadro
de objetivos equivocados 32, 82, 259
de sentimentos 145, 175
Quatro passos
para o acompanhamento 89, 117,
119, 123
para resolução de problemas 188,
191, 192

R

Raiva 26, 161
Raízes do mau comportamento 25
Raphael, Arlene 39
Reativação do cérebro racional 174
Rebeldia 94
Receptividade 172
Recompensa 147
Reconhecimentos 213, 225, 226
e apreciações 212, 234, 241
Recreio 110
Redirecionamento 96, 97
Regras básicas 43, 59, 64, 93
Relacionamentos saudáveis e

respeitosos 259
Relação(ões)
horizontais professor-criança 88
professor-aluno 43
Reparações 180
para alunos mais jovens 181
Repreensão 13
Resolução de conflitos 152, 172, 186
para alunos da educação infantil 190
para alunos dos ensinos fundamental
e médio 192, 194
Resolução de problemas 89, 124, 130,
188, 210
com crianças 117
Respeito 133
mútuo 57, 93, 126, 188
Respiração profunda 146
Responsabilidade 4, 5, 20, 23, 89, 116,
256
pessoal 206
Respostas
de apoio dos adultos 131
proativas e empoderadoras 32
Ressentimento 171
Restrições na dieta 156
Reunião(ões) de classe 52, 121, 122,
143, 154, 171, 196, 199-204,
225, 241
com um grupo de idade mista 211
dos ensinos fundamental e médio
229, 248
na educação infantil 201, 209, 223
no ensino fundamental 202
Riscos acadêmicos 158
Ritmo 88
Roda 222
de escolhas 151, 152, 156
de escolhas em Reuniões de classe
154

de escolhas individual 155
de transição 64
Rotina 43, 44, 59-61
diária 61

S

Sala de aula
com várias idades 88
de adolescentes 70
de Disciplina Positiva 142
de educação infantil 77, 201
do ensino fundamental I 202
montessoriana 17, 59
montessoriana nos ensinos
fundamental e médio 232
Saúde pessoal 137
Segurança emocional 126
Senso
de aceitação 5, 12, 23
de comunidade 14, 204
de conexão humana 46, 204
de humor 45
de importância (responsabilidade) 5,
11, 23
de pertencimento/aceitação (amor)
5, 23
de respeito mútuo 201
de significância 5, 11, 23
Sentimentos 31, 175
Siegel, Daniel 174
Silêncio 95, 106
Sinais 103
não verbais 102
Singularidade 50
Sistema
esquelético 59
límbico 141

Situações problemáticas 135
Sociedade 16
Sócrates 159
Solucionadores de problemas 150
Soluções 30, 110, 194, 216, 217, 237
Status 14
Sugestões
de resolução de problemas 243
para facilitar a resolução de conflitos
197
para Reuniões de classe eficazes 219,
240
Supervisão/observação 96, 98

T

Talentos 50
Tarefas
da sala 51
dos alunos na Reunião de classe 242
Tempo para planejar 60
Tipos de problemas resolvidos na
Reunião de classe
da educação infantil 211
dos ensinos fundamental e médio 233
Todos no mesmo barco 134, 135
Tom de voz 105, 178
Trabalho
acadêmico 55
produtivo 194
Tradições 44
Transições 59, 62
bem-sucedidas 63
Transtorno
do déficit de atenção com
hiperatividade 39
opositivo-desafiador 39
Treinadores montessorianos 108

Treinamento 163
de parcerias 144
Três R da reparação 179, 180
Três "R" e um "U" 67, 114, 115, 239

social 27
Videogames 6
Vínculos 54
Vingança 13, 29, 30, 83

V

Validação 215, 217
Vida
prática 87

W

Workshops de Disciplina Positiva 112